深圳大学学术著作出版基金资助
Subsidized by Shenzhen University Foundation for the Production of Scholarly Monographs

深圳大学·学术文库

深圳大学学术文库

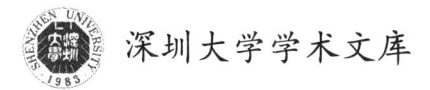

西方传媒内容监管机制的历史考察

Historical Survey of the Western Media Content Regulation Mechanism

黄春平 著

社会科学文献出版社
SOCIAL SCIENCES ACADEMIC PRESS (CHINA)

目 录

第一章 绪论/1
    第一节 研究的缘起与定位/1
    第二节 国内外研究现状/3
    第三节 研究思路、方法、难点重点与本书构架/15
    第四节 研究意义、创新之处及研究价值/18
    第五节 关键概念说明/23

第二章 西方传媒内容监管的源流/27
    第一节 西方传媒内容监管的思想源头/27
    第二节 西方传媒内容监管的理念变迁/36

第三章 印刷媒介的内容监管机制/45
    第一节 集权主义时期印刷媒介的内容监管机制/46
    第二节 英国早期新闻出版业的内容监管/71

第四章 广播媒介的内容监管机制/89
    第一节 早期无线电报的监管机制/89
    第二节 早期广播的内容监管机制/95
    第三节 英国公共广播电视的内容监管/112
    第四节 美国商业广播电视的内容监管/140

第五章 电影媒介的内容监管机制/169
    第一节 早期电影媒介的剧本审查/169
    第二节 电影媒介的内容监管机制/172

第六章　网络媒介的内容监管机制/197

第七章　传媒内容监管机制的演进规律与趋势/217

第八章　三网融合背景下传媒内容监管机制的创新/240

结　语/254

参考文献/257

后　记/264

CONTENTS

Chapter 1　Introduction　/ 1
　1. The origin and location of the study　/ 1
　2. Research status　/ 3
　3. Research ideas, methods, and difficulty with the book framework
　　　/ 15
　4. Significance, innovation and the value of the study　/ 18
　5. Key concepts　/ 23

Chapter 2　Origins of the western media content regulation　/ 27
　1. Ideological sources of the western media content regulation　/ 27
　2. Change of the concept of the western media content regulation　/ 36

Chapter 3　Content monitoring mechanism of the early print media　/ 45
　1. The content regulatory mechanism of the print media during the totalitarian period　/ 46
　2. Content regulation of the early British press and publication industry　/ 71

Chapter 4　Content monitoring mechanism of the early broadcast　/ 89
　1. The regulatory mechanism of the early wireless telegraphy　/ 89
　2. Content regulation mechanism of early broadcasting　/ 95
　3. Content regulation of the UK public radio and television　/ 112
　4. Content regulation of U. S. commercial radio and television　/ 140

Chapter 5　Content monitoring mechanism of the early film　/ 169
  1. Review of early script of the film medium　　　/ 169
  2. Content monitoring mechanism of the early film　/ 172

Chapter 6　Content regulation mechanism of network　/ 197

Chapter 7　The evolution trends of the media content regulation mechanism　/ 217

Chapter 8　Innovation of media content regulation mechanism in the context of media convergence　/ 240

Conclusion　/ 254

References　/ 257

Postscript　/ 264

第一章
绪 论

人类的传播媒介经历了三次飞跃式的技术革命（印刷媒介、电子媒介、网络媒介）。在每次技术革命的背后，与其紧紧相伴随的是统治阶级对媒介内容的控制，从早期印刷媒介的书报检查到电子媒介最初的频率控制再到网络媒介的内容管理，无不是如此。自从大众传播媒介诞生以来，无论传播技术如何变革还从来没有出现过不加内容管控的媒介，即使是专门用于通话的早期电信通信，官方对其传播的内容也有部分限制和规定。

各种媒介的内容监管最初都是如何出现的？其出现有何背景？最后形成了哪些内容监管机制？各种媒介的内容监管是否有着一定的历史发展规律？这些问题对于我们从新的角度解读媒介的历史演变有着重要的意义。本研究拟以三次技术革命为线索，专门从内容监管的视角来观照各种媒介的历史演变。

第一节 研究的缘起与定位

当今，传媒产业越来越成为各国经济的重要组成部分。随着数字、网络技术的出现与发展，传媒的技术形态出现了新的创新和调整，并呈现出整合的趋势，这使传媒生存和发展的原有环境发生了重大变化。在数字化技术背景下，过去根据传播技术因素把传播业分为印刷传媒、公共传输载体和广电传媒三大范畴进行分类管理的监管机制与框架，现在也遇到了挑战。

在这样的大背景下，欧美传媒监管机制的调整、最新的发展走向及其指导意义都引起了学术界的关注。在中国，随着市场经济的发展传媒业也正在逐步走向市场，追求社会效益和经济效益的现实呼唤着传媒政策与监管机制的创新，从而凸显出我们传媒监管机制研究的重大意义，传媒内容监管研究也就成为了我国新闻传播学科的前沿性课题。

针对传媒技术变革与重大变化，我们定位于研究欧美国家的传媒内容监管机制及其发展脉络，尤其突出当前欧美传媒业发生重大变迁背景下的传媒内容监管的调整。因为英美国家传媒历史悠久发达，并形成了自己独特的传统与模式，英国在价值取向上强调公共服务和市场的和谐，美国实施的基本上是商业化模式。英美两国在处理市场与传媒内容这个疑难问题中所积累的经验，对于中国而言肯定具有相当的启迪意义，因而我们研究其传媒内容监管机制非常必要。

欧美国家中我们重点选择了英国与美国为代表进行考察，主要基于以下原因：一方面，英国是西方言论出版自由的发源地，其历史上的传媒业管理机制自古老的封建社会时期开始就已经形成了鲜明的特色，后来的广电管理体制及其改革在欧洲国家中英国也是表现最为突出的国家，因而值得着重探讨；另一方面，美国的传媒业管理在世界上也是独领风骚的，其宪法第一修正案对言论出版自由的保护和市场化机制下对传媒的有效的内容监管也是一直备受推崇，尤其是它的《1996年电信法》引爆了近年来世界其他国家传媒业管理体制的改革。因此，选择传媒历史悠久的英美两国为代表来考察传媒内容监管的历史演变轨迹与规律自然具有相当的现实意义。不过遗憾的是，由于受制于资料的可获得性和处理外语文献资料的能力局限，难以兼顾对英美以外其他的西方国家进行全面的历史考察。

我国传媒内容监管的思想源流、体制机制与市场经济发展成熟的欧美国家截然不同，其创新的主要动力在于适应社会主义市场经济发展的需要，因而欧美的经验无法全部适用于我国。但欧美国家在传媒内容监管过程中如何处理市场经济利益与社会公共服务的手段和理念还是值得我们加以总结归纳，其经验能为中国当下的传媒改革提供一定的参考。

正因为如此，本书立足于当前我国社会主义市场经济体制下传媒政策创新的需要，力求通过对欧美国家传媒内容监管的源流、特点、走向及其背后多种复杂的推动因素进行系统考察，以便为我国在传媒体制改革过程中如何保证传媒的经济效益与社会效益的统一、如何保证传媒的意识形态与产业发展的统一提供若干参考与借鉴。

第二节　国内外研究现状

媒介的内容监管机制涉及内容较为宽泛，已有的较有影响的研究成果主要是：印刷媒介时期的书报检查制度；广播媒介时期的频率分配和执照续展制度；影视媒介时期的内容分级制度；网络媒介时期的内容管理制度。由于网络媒介带有融合性质，因此其内容监管几乎集中了前面几种常见的媒介内容监管机制而带有一定的综合性。

研究的对象因涉及印刷媒介、广播电视媒介、电影媒介以及网络媒介，还关涉到相关的文化政策，为了叙述的翔实和方便，下面按照媒介的类别来展开简要的文献回顾和分析。

一　印刷媒介的内容监管机制研究

国外学者从历史的角度对印刷媒介进行研究，开印刷媒介史研究先河的是20世纪五六十年代法国人吕西安·费弗尔（L. Febver）所著的《书的来临》和马丁（H. J. Martin）所著的《17世纪巴黎的书籍、权力和社会（1598～1701）》，后来的研究主要集中在英、美、德三国[1]。

后来的研究中值得关注的几部专著是：1955年德国斯坦伯格（S. H. Steinberg）的《印刷五百年》、英国学者阿尔提克（R. D. Altick）的《英国的大众读者》和瓦特（T. Watt）的《廉价印刷物和大众虔行，1550～1640》，它们分别从印刷史、文化史、心态史的角度对印刷媒介的历史发展、印刷媒介对社会生活尤其是人阅读心态所产生的影响进行了研究。而美国史学家爱森斯坦（E. L. Eisenstein）的《作为一种变革动力的印刷出版》则从印刷术所带来的传播革命的新角度论述了西欧印刷媒介变革的主要特征以及它在文艺复兴、宗教改革和科学革命中的历史作用。达恩顿（R. Darnton）在1984年出版的《法国文化史中的大屠杀以及其他事件》则从印刷媒介史的视角透视了法国从旧制度到大革命的社会文化变迁[2]。

---

[1] 项翔：《多元学科视野中的印刷媒介史研究》，《华东师范大学学报》1999年第6期，参见 http://www.laomu.cn/wxzp/ydzx/wenxueqikan/Xhwz/xhwz2000/xhwz20000371.html。

[2] 项翔：《多元学科视野中的印刷媒介史研究》，《华东师范大学学报》1999年第6期，参见 http://www.laomu.cn/wxzp/ydzx/wenxueqikan/Xhwz/xhwz2000/xhwz20000371.html。

这些研究采用的多是历史学、文化学以及社会学的研究视角。

而真正单纯关注媒介史的研究不是很多。现有的研究探讨最多的是欧洲早期的书报检查制度，以下几部专著在内容监管的研究方面做出了重要贡献。

英国近代书报审查制度的影响最大。而被公认为英国图书审查研究领域扛鼎之作的是1952年美国学者弗雷德里克·赛伯特（Fredricks Siebert）发表的《1476~1776年英国出版自由：政府控制的兴衰》。他以都铎时代、早期斯图亚特时代、清教革命时期、后期斯图亚特时代和18世纪的印刷控制为时间顺序，从如下几个方面探讨了英国的书报审查制度①。

第一，书报审查的三种控制模式：都铎—斯图亚特理论、布莱克斯通—曼斯菲尔德理论和卡姆登—厄斯金—杰斐逊理论。这三种控制模式的力量来源分别是绝对主义王权、议会和普通法、自然法。这三种模式依次递进，奠定了15~18世纪英国政府对印刷的控制由集权主义向自由主义过渡的基本发展趋势。

第二，导致审查制度发生变化的原因有三：其一，政体的变化；其二，伦敦的印刷商和出版商对财富的追逐；其三，自由理论的发展。

第三，政府维护国家的安全、稳定和人民福祉的需要是审查制度存在的根源。绝对的出版自由是不存在的，只是控制的形式不同而已。

弗雷德里克·赛伯特关于近代早期英国书报审查的研究影响深远，此后一段时间西方学者仍将近代早期英国书报审查制度视作绝对主义王权压制思想和言论自由、维护集权统治的工具，其"目的是遏制危险思想在普通民众中的传播"②。作者在研究中秉持的是由专制到自由的渐进式历史发展观，该观念一直影响到我们现在的研究视野。

国内对英国的书报审查作出专门研究的是陈金锋的《近代早期英国书报审查制度研究》（2008年东北师范大学博士论文）。该研究以1476~1695年英国书报审查制度的演变为考察对象，探讨了审查制度形成、确立、转折和衰落的整个过程，并试图揭示出社会转型与书报审查制度的演变之间

---

① 陈金锋：《西方学者对近代早期英国书报审查制度的研究述评》，《历史教学·高校版》2008年第3期。
② 陈金锋：《西方学者对近代早期英国书报审查制度的研究述评》，《历史教学·高校版》2008年第3期。

的互动关系。

陈金锋的研究与弗雷德里克·赛伯特的研究的不同点是：陈金锋重点突出了书报审查制度与英国社会变更的相互影响，而弗雷德里克·赛伯特研究的重点在于书报检查制度的本身，讨论得更多的是机制层面的问题。

除了有关英国的研究之外，国内也有学者将研究的视野扩大，旁及整个欧洲，如沈固朝和项翔等。尽管二人研究的都是欧洲的书报检查制度的情况，但重点有异。

沈固朝研究的是欧洲书报审查机制在各国的兴衰。他所著的《欧洲书报检查制度的兴衰》系统地介绍了书报检查制度在英国及其他欧洲国家的兴衰，讨论了欧洲教会和王权对早期印刷媒介出版的控制手段和影响，该研究展现了有关印刷媒介内容监管机制的演变史。它介绍了欧洲封建王权时期印刷媒介的内容控制制度、控制机制以及控制解除的历史演变。沈固朝的研究有助于我们了解早期印刷媒介的内容监管手段、监管机制以及监管历史，同时为我们了解欧洲书报检查制度提供了许多一手资料。

与沈固朝研究相对的是项翔对早期印刷媒介所产生的社会影响的研究。他所著的《近代西欧印刷媒介研究——从古腾堡到启蒙运动》，从新文化史和知识社会学等视角进行研究，选择西欧历史上划时代的标志性事件文艺复兴、宗教改革和启蒙运动为个案来进行探讨，有助于我们了解早期印刷媒介是如何发展、如何传播并如何对社会产生重大影响的。作者搜集和梳理了相当多的史料，为我们了解早期印刷媒介的传播影响以及内容管制政策产生的原因提供了新的视角。

除了近代的书报检查制度之外，也有学者对当代西方国家的出版管理机制进行了研究。余敏的研究报告《国外出版业宏观管理体系研究》，分国别介绍了欧美国家的出版管理体系，还专门对国外的出版管理机制从理论上进行了剖析。

事实上，印刷媒介的内容监管除了书报检查这一项非常有特色的机制之外，在早期它还有着其他的监管手段，如禁书目录、诽谤叛逆的定罪、津贴与知识税等。这方面的介绍也较多，只不过是单篇的零散论文较多，缺乏像检查制度那样全面系统的探讨，在此我们不一一详细介绍。

二 广播电视媒介的内容监管机制研究

广播电视的内容监管研究方面，国内涌现了一系列较为有影响的成果。

就广播电视的基本监管体制而言，国家广电总局发展研究中心编著的《国外广播影视体制比较研究》对英、美等13个国家和地区广播影视体制的历史沿革、组织机构、模式特征、法律规制和演变趋势等进行了详细的梳理和分析。其中部分章节也专门介绍了英美国家广播电视的监管机制，在附表中对广播电视节目的规制具体地进行了详细的说明。该著作对我们从宏观角度了解西方国家的广播电视内容监管体制有着重要的参考价值。

另外，国家广电总局发展研究中心课题组编著的《发达国家：广播影视管理体制和管理手段研究》专门对国外广播影视管理体制与管理手段进行了研究。它梳理了发达国家广播影视管理的现状、制度安排和运作特点，并紧紧围绕广播影视管理、政策与体制展开了分析。该书重点在于对发达国家广播电视管理政策的介绍，对我们具体了解英美国家广播电视的内容监管手段和机制非常有益。

张咏华等的专著《西欧主要国家的传媒政策及转型》[①]对英、德、法的报刊、广电传媒政策法规的历史脉络和新近发展的趋势做了系统的介绍，并探讨了各国传媒在市场经济下运作的经验以及在经验的背后各国是如何在政治、社会和经济价值理念之间寻找监管的平衡点的。该研究以可供中国借鉴为出发点，为我国社会主义市场经济体制下的传媒政策与体制创新提供了一定的决策参考。

就广播电视的监管制度而言，国家广电总局涂昌波的著作《广播电视法律制度概论》系统地介绍了国外广播电视的立法制度、监管制度、许可制度、所有权制度、节目制度、法律责任和法律救济等，并阐述了广播电视立法的依据、体系、框架和制度设计，包括频率资源稀缺理论、公共利益理论、自由主义理论和社会责任理论等，追根溯源，条分缕析。理论性非常强，有利于我们深入了解西方广播电视监管制度的来龙去脉。

对广播电视内容监管机制进行直接探讨的是夏倩芳的博士论文《公共利益与广播电视规制——以美国和英国为例》[②]，她以美国和英国为例，从历史的角度考察了公共利益目标下英美国家媒介管制的历史。其中有部分章节专门介绍了英美广播电视内容规制的现状，资料来源较为丰富。

---

① 张咏华等：《西欧主要国家的传媒政策及转型》，上海人民出版社，2010。
② 夏倩芳：《公共利益与广播电视规制——以美国和英国为例》，武汉大学博士学位论文，2004。

至于国别研究，当属唐亚明的专著《英国传媒体制》和英国学者詹姆斯·卡瑞和珍·辛顿著的《英国新闻史》，他们对英国的广播电视体制进行了详细的介绍。

对于美国的介绍，克里奇（Kenneth C. Creech）的著作《电子媒体的法律与管制》①系统地对美国广播电视业的管制变迁作了详尽的阐述，并提供了有关美国媒体法律的最新动态、FCC（美国联邦通信委员会）的政策和新的技术发展情况，通过大量的真实案例、法院判例和对美国联邦通信委员会法规的解读，让我们全面了解美国电子媒体的管制变迁和发展趋势尤其是政府管制框架的最新变化和发展趋势。其中对美国宪法第一修正案的解读、广播电视管制基本原理的分析、电子媒介的内容监管这些重要的章节与我们研究的对象非常切近。另外，还先后有约瑟夫·多米尼克的论文《美国电视的自我规范与道德准则研究》、《美国电视法规与管理研究》（上、中、下），王朋进的著作《美国电视节目内容管制分析》，宋华琳的著作《美国广播管制中的公共利益标准》，梁山的著作《中美广播电视宏观管理体制比较》，温飚的著作《发达国家广播电视监管体系与机制浅探》都较为详细地对美国的广播电视内容管理进行了探讨。

就已有的这些成果来看，它们多相对集中地对英美国家广播电视的管理体制进行了研究，直接研究内容监管或以内容监管为研究视角的成果不多。很多研究只是在介绍英美国家的监管机制时顺便提及了内容监管方面的内容，如节目审查、执照续展、内容分级、黄金时间规则等。介绍比较零散，不成系统，根本无法借此管窥英美国家广播电视系统的内容监管状况。

三　电影媒介的内容监管机制研究

电影媒介内容监管机制的研究多关注英美国家的电影审查与分级。国内在这方面的研究还没有出现相关的专著。少数几个学者对欧美国家电影媒介的审查和内容分级机制进行了介绍。

如罗洪涛的论文《外国和我国香港地区视听产品审查制度综述》较为详细地探讨了西方国家视听产品的审查分级情况，具体内容涉及有视听产

---

① 〔美〕克里奇：《电子媒体的法律与管制》，王大为等译，人民邮电出版社，2009。

品的审查分级机构、审查分级的指导原则和标准、审查分级程序、收费标准，等等。审查分级工作有的是由独立的非政府组织负责，如英国的 BBFC（英国电影分级委员会）；有的是由行业协会下设的自愿性组织负责，如美国的电影协会下设的电影分级管理部门；有的是由政府的专门职能部门负责，如新西兰的电影与文学分级办公室。大多数国家的审查分级有强制性法律效力，没有经过分级或拒绝分级的产品不能进入流通和大众传播领域，如澳大利亚和新西兰等；有的只是对社会公众提供参考性意见，没有强制性法律效力，如美国的审查分级。

此外，还有石同云、孙绍谊、宋姗姗等对英美国家的电影审查与分级机制进行了专门的介绍。

事实上，早期电影媒介是否也同样存在着内容监管，其政策机制最初是如何形成的，这方面很少有学者进行深入的探讨。

在研究欧美国家的电影机制的论著中，美国学者罗伯特·C.艾伦的著作《电影史：理论与实践》相当有价值。这部电影史论名著突破了传统电影史研究方法的局限，提出将电影史研究置于一般历史语境的方法论，重视和加强理论在历史阐释中的核心作用，书中重点阐释了传统的电影史研究方法，对电影史的主要范畴如美学、经济、技术、社会的生成机制做了深入的研究，有利于我们从多角度解读电影的发展历史，也为我们思考电影媒介内容监管机制的出台提供了多条线索。另外，该书的第十章列有大量文献书目，有利于我们对某些问题进一步开展研究。

四　网络媒介的内容监管机制研究

网络媒介是一种新兴的媒介，近年来在内容监管的研究方面已经取得了较多的成果，但这些成果多以单篇的论文为主，而且这些单篇的论文又多以国外内容管理经验的介绍为主。在介绍的同时能够作出一定理论分析的有梁宁、王雪飞、谢新洲、康彦荣、刘兵、姜群、王静静、严三九等专家学者（见参考文献），其中一些值得关注的成果如下。

郝振省的互联网内容管理立法研究，其著作《中外互联网及手机出版法律制度研究》[①]是国内第一部全面、系统地阐述中外互联网及手机出版法

[①] 郝振省：《中外互联网及手机出版法律制度研究》，中国书籍出版社，2008。

律制度建设状况的专业性论著，该书对美、英、德、澳、新、韩的互联网内容管理及其法律制度进行了介绍，并探讨了内容管理方面的一些突出问题如与宪法权利保障的冲突、网络服务提供商的内容责任承担的确定、国际间合作所存在的问题等，既有经验的介绍又有深入的理论探讨。

钟瑛的互联网内容管理体制研究。其专著《网络传播法制与伦理》对我国互联网法规管理与道德控制进行了系统的探讨。同时该书专门用了一章对英国、美国及新加坡三个代表性国家的互联网管理体制进行了比较分析，认为美国的管理经验丰富，英国则倚重行业自律，新加坡则由政府主导进行管理。

刘兵的互联网内容管制理论研究。其博士论文《关于中国互联网内容管制理论研究》（2007 年，北京邮电大学）以互联网内容管制作为一个专题，首先描述了国外互联网内容管制的现状、背景和原因，然后总结了西方内容管制方法如加强立法、倡导自律、内容审查分级、技术过滤、举报投诉、国际合作等。最后构建了我国互联网内容管制系统的模型：立法、技术、行业自律、民众道德教育等，并提出我国互联网内容管制应采取以政府主导为主的"自上而下"第三方机构的管制模式。

刘兵的研究其特色在于：从管理学的角度将国内外互联网内容管制经验进行了较为完整的整理、归纳，完善了互联网的内容管制理论。

与刘兵相较，徐妮娜则专门研究了互联网内容管制方法问题，并提出了具体的监管建议。她的论文《因特网内容管制方法之比较研究》[①]通过对因特网内容管制模式的国际、区域和国别比较，总结和归纳了当前因特网内容管制模式的发展趋势，并针对现实国情提出了完善中国网络内容管制方法的可行性建议。

另外，还有姜群的《英国互联网管理体制透视》和王静静的《从美国政府的互联网管理看其对中国的借鉴》专门介绍英美国家互联网的管理体制。

除了对成功经验的具体探讨之外，也有学者对网络内容监管所出现的问题进行了分析。因为互联网的内容监管要远比印刷媒介、电子媒介复杂，它牵涉一系列的问题，如宪法问题、规范标准的地区差异性问题、司法管

---

① 徐妮娜：《因特网内容管制方法之比较研究》，武汉大学硕士学位论文，2003。

辖权问题以及技术方面的问题等，梁宁对这些问题作了专门的讨论和介绍①。

外文文献方面，国外互联网的内容监管研究成果较多，它们大多关注英国、美国、新加坡、韩国、法国、德国以及欧盟的互联网内容管理体制与经验（见参考文献部分）。而我们国内的研究则大多是对国外研究成果的介绍和总结。

顺便需要提及的是，也有数十篇论文专门针对我国互联网的内容监管开展了研究，其代表性成果如下。

吴辉的《新媒体/监管要创新》一文讨论了我国网络媒体的监管原则、监管方式以及监管策略。国家广电总局监管中心黄为群的《关于互联网视听服务的内容监管》一文，专门结合多年来的监管实践，从信息来源的角度将互联网上的视听内容分为转发和原创两种节目类型及五种网络视听服务形态（"主要节目类型和主流传播形态"），认为这才是内容监管的重点。郭平和樊亚平的文章《数字化对媒体内容监管的冲击和挑战》则分析了数字化给我国传统媒体的内容监管带来的各种挑战，提出了建立科学、完善的数字媒体内容监管体系和操作机制的设想。这些成果为我国传媒政策的创新提供了新的思路。

总之，当前互联网的内容监管研究主要以互联网的内容管制为主题，研究主要集中于国外内容监管机制的介绍、经验的探讨以及立法情况的介绍等，至于对西方的基本内容监管机制体系则鲜有总结。

五　文化传媒政策与法规研究

研究各种媒介的内容监管机制，其最终的落脚点是为了解决我国当前文化产业中核心层的内容管理问题。

为此，我们还很有必要梳理一下与传媒相关的其他的文化传媒政策理论。

就国外的文化传媒政策与法规研究而言，内容比较集中的是金冠军、胡文佩以及英国学者詹姆斯·卡伦的相关研究成果。

---

① 梁宁：《信息内容：网络安全法制的非常地带——国际社会互联网管理的特征及面临的问题》，《信息网络安全》2003年第3期，第18~20页。

金冠军主编的《国际传媒政策新视野》①从全球化、新技术、跨国公司、公民社会、国家、超国家等多向角度探讨了国际传媒政策的当代特征。其中最值得一提的是麦奎尔所著的《媒介政策的范式转变：一种新的传播政策范式》一文，它专门对传媒政策的发展历程进行了归纳和总结。他将欧美国家的传播与媒介政策划分为三个阶段：新兴传播业政策范式（二战前）；公共服务媒介政策范式（1945～1980/1990年）；现阶段的政策范式（1990年至今）。第一阶段的传播与媒介政策主要涉及的对象是新兴的电报、电话和无线电技术。当时传播政策的重点主要基于政府和财政集团的利益。第二次世界大战结束后，媒介政策主要基于社会和政治因素的考虑，而不太关注经济或国家战略因素。1980年至今，国家对媒介的垄断被打破，出现了私有化浪潮。传统的旧媒介政策正在受到挑战，新的传播政策范式正在形成之中。

英国学者詹姆斯·卡伦所著的《媒体与权力》②从历史的角度对英国的传媒管制机制进行了介绍。它探讨了媒体是如何被权力阶层操控的，其中诸多章节涉及媒体的政府管制（如报业管制）问题。

奥弗贝克的《媒介法原理》（英文版）对美国的媒介法进行了综合的介绍，内容涉及美国的法律体系、新闻自由的传统、对现代媒介的限制、隐私权、知识产权问题、信息的自由传播、电子媒介法规与管制等方面，还有出版前约束、英国的审查制度等。该书为我们了解美国的传媒法制提供了第一手资料。

就国内传媒监管政策的研究而言，其中与内容监管相关的代表性成果如下。

陈欣新的论文《网络时代的传媒管理制度》从宏观管理的角度探讨了我国传媒的监管体制改革，指出了我国目前监管体制方面的问题如准入许可制度、事前监管模式、传媒自律制度等，并提出了完善、健全我国信息内容市场监管体制的相关措施。

对于媒介融合，傅玉辉的专著《大媒体产业：从媒介融合到产业融合——中美电信业和传媒业关系研究》介绍了美国电信业和传媒业的融合历史与经验启示，从技术、制度、产业、市场等角度为我国电信业与传媒

---

① 金冠军等主编《国际传媒政策新视野》，上海三联书店，2005。
② 〔英〕詹姆斯·卡伦：《媒体与权力》，史安斌、董关鹏译，清华大学出版社，2006。

业的融合提出了政策建议。而朱春阳的论文《媒介融合规制研究的反思：中国面向与核心议题》在梳理近年来媒介融合规制研究成果的基础上，一反常态地提出媒介融合要考虑中国的特殊国情和特殊的传播格局，面向中国的现实与未来。该文章视角新颖，非常切合中国的实际。

六 研究现状评述

结合以上的这些研究成果，我们可以发现当前媒介内容监管的相关研究表现出如下特点。

1. 这些成果大多关注传媒的规制研究

这些成果多为传媒规制探讨，内容多涉及传媒的产业政策、产权结构等。有的研究侧重于国外传媒规制法律法规的介绍，有的研究侧重于国外传媒结构规制问题的讨论，还有的研究侧重于传媒的产业规制政策的制定，等等。

如国家广电总局发展研究中心编著的《国外广播影视体制比较研究》介绍的主要是英、美等13个国家和地区广播影视体制，而《发达国家：广播影视管理体制和管理手段研究》则偏重于对国外广播影视管理政策与管理手段的介绍。夏倩芳的《公共利益与广播电视规制——以美国和英国为例》也偏重于英美国家媒介管制历史的介绍，其他一些研究也都属于这种情况。

研究中针对我国传媒监管体制提出的对策也各有千秋，但要么局限于我国传媒的产业监管体制层面，要么局限于对规制手段和方式的探讨，很少有成果能宏观与微观兼顾，以国外发展传媒产业与加强传媒内容监管二者密切结合所取得的经验教训来开展专门的研究，从而提出我国传媒内容监管体制的改革策略和具体的管制手段与方式。

2. 这些研究大多关注单一媒介的规制，很少涉及内容监管

现有研究成果针对性强，它们大多只就某一类型的媒介监管（规制）机制进行专门的探讨，或为早期的印刷媒介，或为广播影视媒介，或为网络媒介。讨论中能充分结合当时媒介的发展背景展开分析，确实使我们了解到了每一种媒介规制机制出台的历史背景、相关措施、影响等。因此，就某一专门媒介的规制研究而言已经体现出了一定的深度，尤其是互联网的讨论，提出了监管问题并最终上升到了内容管理的研究高度，这是印刷

媒介与电子媒介的规制研究中未曾出现的新情况。但就内容规制的纵深研究来看，现有成果似乎很少涉及这方面的问题。

3. 这些研究大多为产业经济学或管理学领域，研究的视角单一

由于传媒业是西方经济领域研究的一个重要课题，因此，对媒介规制的研究多集中于产业经济层面，即便是媒介规制政策层面的分析，也大多集中于经济维度或管理维度的分析。

相关研究一般都将传媒内容产品视为公共产品，从公共利益的角度提出传媒业的规制依据，介绍的是国外的经验和做法，但立足点都是为了解决中国的问题，即为如何协调我国传媒业的事业属性与产业属性的问题提供解决的路径，从而使我国的传媒在国际化的大环境下摆脱当前的体制性困境。如刘兵在《关于中国互联网内容管制理论研究》一文中就对国外网上的信息进行了归纳、分类，提出了我国应管制的网络信息的具体范围，并运用了管理学中的博弈论和成本收益理论对互联网的内容管理进行了推演和论证。

考虑到中国媒体事业属性的本质规定，这种单纯经济维度或管理学维度的规制考虑尚不够完善，还需要把媒介内容规制对传播管理机制中传播与政治层面的革新要求纳入研究范畴。

4. 现有相关研究的不足

（1）媒介内容监管机制的历史源流与发展轨迹一直未能被厘清。

文化产业管理的核心问题是内容管理，传媒的内容监管又是其中的重中之重。

内容监管机制是如何随着媒介的发展历史而逐步形成的，这个问题在新闻传播学领域和文化产业领域都未有专门的研究来进行澄清。

由于这一问题本身的复杂性，无论是有关国外的还是国内的传媒内容监管研究，大多只是就某个单一媒介的内容监管进行介绍和阐释，很少有研究能够从印刷媒介—电子媒介—网络媒介这个纵深的历史演变视角来展开分析。因为从印刷媒介到网络媒介的时空跨度过于宏大，对其内容监管的规律进行总结和归纳存在相当的难度，而且也未必有规律可循。

其实传媒的内容监管本身有它自身的历史规律，只不过我们目前的研究一直未能对此加以全面的概括和总结。如果能以宏观的历史视角对整个传媒业的内容监管机制展开历时性的分析、比较和归纳，总结其经验和教训，这无疑可为我国传媒的内容监管提供良好的经验与借鉴，对当前的传媒业管理和文化体制改革而言有着突破性的意义。

（2）内容监管领域一直未能形成系统的专门研究，尚待充实和完善。

从印刷媒介开始发展到广播电视、电影媒介，无论是政府部门还是学者都很关注其内容监管问题。但很少有专门的、成体系的深入研究，直到互联网出现后这种状况才有所改变。

对印刷媒介的内容监管研究多集中于从史学的角度对书报检查制度进行探讨，很少有研究从传播学、文化政策学的角度对其监管体系的形成进行归纳和总结。

对广播电视媒介的规制问题探讨很多，也有顺便提及其内容规制的，讨论的视角多是广播电视的监管体制、手段等，至于具体的内容管理问题虽有个别论文论及，但很少有全面而成体系的专题探讨。

有关电影，很多研究多偏向于国外分级制度的介绍，至于其最初的内容监管机制是如何形成的，甚至连比较权威的电影史也只有零散的介绍和说明。

互联网出现后因其内容难以掌控给各国带来了很多传播方面的负面影响，至此互联网内容管理才成为一个研究专题得以在媒介的内容监管研究中凸显出来。

由上述的这些研究轨迹我们可以发现媒介的内容监管研究虽然早有探究，但真正从理论的角度将其作为一个专门问题提出来开展研究还只是近几年的事情。

正因为如此，各种传媒最初的内容监管机制如何形成？它们经历了怎样的演变轨迹并表现出哪些历史性规律？这些领域的研究都还有待进一步充实和完善。

（3）已有的研究未能摆脱西方价值判断的窠臼，对中国问题的特殊性兼顾较少。

在文献检索时我们发现，现在相关研究的成果要么以经济学的视角研究传媒产业的发展，提出政府如何对其进行管理和规制；要么从新闻传播学的角度审视传媒本身规制的历史演变轨迹，这些研究大多只是顺便提及传媒的内容监管问题，并无专门详细的讨论，很少有学者将传媒产业的发展与规制置于我国文化体制改革的大环境背景下进行研究。这样的研究虽然能够借鉴西方的一些经验，但大多难免落于西方价值判断的窠臼，与切实解决中国的实际问题仍有很大的差距。另一方面，西方学者虽然对传媒内容监管有所研究，但他们多立足于西方社会，因而一般并不能洞观欧美传媒经验对中国的启示问题。

我国的传媒业既有经济属性，又有事业属性。仅单纯从产业经济的视角进行研究，对我国传媒业本身的现实实际以及中央有关精神很难吃透，其提出的对策往往多是产业层面的，很难落到内容监管的实处。从新闻传播学角度进行的研究往往能把握好我国传媒的意识形态本质，但虽能结合产业经济学展开研究，可常常囿于一隅，就传媒论传媒，不能提出既可切实符合传媒产业化规律又能维护国家利益和公共利益的对策性建议。

而就我国目前的文化体制改革来看，媒介融合下的视听传媒业是一个关键性的有待突破的硬核，其改革的关键在于传媒内容的管理和控制。然而，如何管理和控制，仅是简单地借鉴国外现有的政策措施显然是远远难以应对的。必须总结国外在不同阶段的内容监管经验，掌握其本身的规律。才能在新的传媒生态下设计有的放矢的内容监管机制。

第三节　研究思路、方法、难点重点与本书构架

一　研究思路

传媒业作为文化产业的核心层，其管理的重点是内容管理。各种媒介的内容管理最初是如何形成的？其历史渊源何自？

本研究以媒介的历史发展为主线，分印刷媒介、电子媒介和网络媒介三大块，以英、美等国家的媒介内容监管机制作为个案，回顾并归纳出三大媒介的内容监管机制、监管手段，并总结出西方国家在媒介内容监管机制方面的历史特点，以期为数字化背景下我国传媒的内容监管提供一定的政策借鉴和启示。研究的具体问题如下。

1. 早期的印刷媒介有哪些内容监管机制

如早期印刷媒介的内容监管机制渊源何自？它除了书报检查制度之外，还有哪些监管措施和手段？后来的出版自由机制是如何形成的？

2. 早期的广播电视媒介有哪些内容监管机制

早期广播电视媒介的内容监管是如何开始的？后来它为何会形成独立

规制？公共广播电视和商业广播电视各有哪些内容监管体系？

3. 早期的电影媒介有哪些内容监管机制

早期电影媒介的内容监管是如何开始的？它后来为什么能够形成完全独立于政府的自我监管机制？

4. 目前的网络媒介有哪些内容监管机制

网络媒介的历史短暂，目前网络媒介的内容管理机制是什么？它与前面三种传统媒介的内容监管机制有何区别？有哪些创新？

5. 从媒介发展史的角度看，媒介的内容监管机制有哪些演变规律与趋势

媒介内容监管机制的基本框架是什么？它有哪些基本原则？从印刷媒介发展到网络媒介，其内容监管机制可以总结出哪些规律？其发展趋势是什么？媒介内容的监管与媒介产业的发展之间有何关系？

6. 三网融合背景下西方传媒的内容监管出现了哪些创新与变革

三网融合背景下传媒原有的内容监管框架体系面临着一些新的挑战，西方国家如何进行机制创新并采取了哪些基本对策？

二 研究方法

本研究采用如下研究方法。

1. 纵向历史分析

通过采用历史分析的方法，以不同媒介最初内容监管机制的出台过程为考察对象，结合印刷媒介到电子媒介再到网络媒介的发展过程，展开媒介内容监管机制形成的历史纵深的分析。从媒介内容监管机制的历史演变中分析和推导出其发展规律和趋势。如分析印刷媒介、电子媒介（广播电视、电影）内容监管的发展历程和变化，有助于我们了解、把握现代传媒业内容监管机制形成的历史渊源及未来的走向。

2. 横向对比分析

通过对不同对象在一定时期或阶段所呈现的特点、状态、内部规定性和表现形式的研究对比，分析其中的趋同性和差异性以及形成这种异同的内外因素。如同样是广播电视，美国和英国的内容监管机制有何不同？造成这种不同的原因是什么？等等。

3. 案例分析

媒介的内容监管虽然是一个特定的范畴，但其影响因素非常复杂，与政治、经济、法律、道德等都有着密切的关系，也与各国的具体国情有着密切的关系。为对内容监管机制作深入的分析，本文多以英、美两个传媒业发达的国家为个案，试图具体描述和归纳出各种媒介内容监管的手段、特点和机制等，以供观照。

三 研究难点重点

就本书的研究难点而言，首先，本研究需要融实用性的研究意图和系统性的基础研究于一体，即将服务于中国的实际需要和了解英美传媒内容监管的变革融于一体，前者是研究动机，后者是实现前者的途径。但由于传媒管理牵涉各国的国情、政治经济、社会体制、文化价值观等多种因素，因此如何通过借鉴英美的经验为中国传媒管理的创新提出有价值的决策参考是本研究的一个难点。为此需要对英美国家的传媒监管做客观、细致的背景分析，力避为中国之应用而对英美国家的经验进行支离破碎的解析、生吞活剥的借鉴，而应该讲究其传媒监管规律性、系统性的分析与归纳，这自然会有相当的难度。

其次，本研究还涉及一些政治哲学与西方法学原理知识，这是研究者本身的知识盲点，因而具有相当的挑战性。

最后，由于资料的可获取性等原因，本研究的目标与研究中所搜集的基础资料（尤其是第一手的外文文献资料）可能存在一定的差距，所以最后得出的结论未必全面、完整。

本书的研究重点是：①各种媒介早期"内容监管"的探源与基本梳理；②从横、纵两方面呈现比较完整的"传媒内容监管"发展概貌；③对各种媒介内容监管的主体、监管手段、监管特点、监管起因进行呈现并分析比较；④归纳总结传媒内容监管的演进规律及其发展趋势。

四 本书构架

第一章，绪论部分确定了研究的主题，介绍了选题的意义、研究的现状以及研究的主要内容，研究方法和研究的创新之处等。

第二章，追溯西方传媒内容监管的最早源头并就其内容监管理念的历史沿革进行梳理。

第三章，按媒介发展的历史沿革，分析早期印刷媒介的内容监管机制，并以英国为代表探讨其新闻出版业的内容监管机制。

第四章，分析了早期广播电视媒介的内容监管机制。以英国、美国为代表，分别探讨了商业广播电视和公共广播电视是如何实现内容监管的。

第五章，分析了早期电影媒介的内容监管机制，重点探讨了政策出台的背景、内容、特点等。

第六章，分析了目前网络媒介的内容监管机制，集中分析西方国家网络媒介的内容监管现状、特点与相关启示等。

第七章，总结了媒介内容监管机制的若干特点、演进规律及演进趋势。

第八章，探讨了三网融合背景下传媒内容监管面临的难题及其机制创新。

第四节 研究意义、创新之处及研究价值

一 研究意义

传媒内容监管的历史考察既是对传媒内容监管传承关系的探讨，也是对传媒内容监管发展脉络的厘清，同时它还是研究传媒规制历史的一个非常好的切入点。现阶段，透过西方传媒自由的表象，追踪其内容监管的最早源流及其传承脉络，了解其监管历史，探索清楚监管过程中公益内容与商业利益之间关系的处置技巧，这对于中国传媒改革突破意识形态的管理困境而言，意义尤其重大。具体而言，本书的研究意义有三。

1. 有利于为数字时代传媒的内容监管提供历史借鉴

数字时代各种媒介出现了融合的趋势。原来对广播、电视、电影、出版以及网络等传媒行业的内容实行分业监管的情况已经难以适应这种新的局面。如何在数字时代设计好传媒内容监管的发展路径，这是目前各国政府迫切需要解决的一大重要问题。

为此，很有必要对各种媒介产生以来最初所形成的相关的内容监管机制作一次全面的梳理和归纳，总结出其中的若干规律，以期为数字时代媒介的内容监管提供前瞻性的历史经验借鉴。

本研究拟按照大众媒介的发展线索，考察印刷、电子、网络等三种主要媒介在早期走向产业化的过程中各国出台了哪些相关的内容监管机制，

其政策背景如何，等等。虽然国别国情有异，但内容监管的政策措施大致相同。本研究排除了各国具体的历史、文化背景差异，从单纯的媒介视角考察了各种媒介在发展早期的内容监管状况，最后归纳和总结了媒介内容监管机制的发展规律，为数字时代的媒介内容监管提供了历史的借鉴。

2. 有利于厘清并回答文化产业的内容管理问题

文化产业和其他产业最大的区别是它在本质上是"内容产业"。"内容"是文化产业的灵魂[①]。文化产业的内容关系到国家安全（文化安全），没有哪一个国家的政府能够放手让它自由发展。因此各国都制定相关政策对文化产业进行调控和监管。

"不论在哪个国家，文化产业政策都不可回避以下三个重大问题：即所有权问题、内容管理问题和文化产品国际贸易问题。"[②] 内容管理是"非常重要的一项文化产业政策"[③]。很多国家都通过采取内容管理来规范文化产业。这种规范有的是出于保护本国、本民族的文化独立性，也有的是出于关注意识形态安全的原因，还有的是出于发展文化产业所带来的经济效益等。它在新闻出版、广播电视、音乐、电影和新媒体等文化产业核心领域都有涉及。

作为既有强烈的产业属性又有强烈的意识形态属性的媒介内容产品，它既可以实现竞争性消费，又关乎公共舆论和公共利益。西方国家在媒介的内容监管方面取得了哪些历史经验，其内容管理最初是如何设计和发展起来的，内容管理对媒介产业的形成和发展有何影响，我国如何参照西方的经验教训做出特殊的制度安排等，这些问题至今很少有过专门集中的有针对性的研究。

本研究以媒介的发展史为线索，对各种媒介早期的内容监管机制进行了初步的梳理和总结，它有助于澄清文化产业核心领域的一个重大问题——内容管理的历史渊源问题。它可以为以后文化产业内容管理政策的制定提供重要的历史依据。

---

① 张玉国：《文化产业与政策导论》，高等教育出版社，2007，第1页。
② 张玉国：《文化产业与政策导论》，高等教育出版社，2007，第25页。
③ 张玉国：《文化产业与政策导论》，高等教育出版社，2007，第27页。

3. 在一定程度上为当前的传媒体制改革提供相关的启示

"目前,文化体制改革遇到的难点,从产业领域看主要集中在传媒领域。"① 而传媒领域改革的难点又在于如何在国家垄断的情况下妥善处理其"公共性"和"产业化"之间的关系。说到底它本质上是内容管理问题,即如何在让传媒发挥经济效益、产业效益的同时保证其意识形态功能和社会效益的实现。

事实已经证明,英美等西方发达国家一直将传媒作为重要的产业部门,并将其发展为新的经济增长点和支柱产业。数百年以来,它们是如何在发展壮大传媒业的同时保证传媒内容的"公共性"的?虽然国情不同,但其监管经验仍有可借鉴之处。

二 创新之处

本研究在宏观与微观相结合的基础上通过对英美国家传媒内容监管机制演变的历史沿革的系统研究,把握其历史脉络和新近发展的趋势,分析其特点和规律,探讨其在处理传媒的公共责任(传播内容)与市场效率(经济效益)之间、国家干预(内容管制)与市场效率之间的关系所取得的经验,找出其可供中国借鉴之处,从而为我国社会主义市场经济体制下的传媒体制改革与监管创新提供决策参考。

本书在如下几个方面进行了创新性的尝试。

1. 比较系统、全面地描述了各类媒介早期内容监管的历史源流

从前面的文献回顾我们可以看到,已有的研究对印刷媒介、电子媒介、网络媒介的内容监管都有或多或少的介绍和探讨,而且有的探讨已经非常深入,如印刷媒介早期的书报检查制度、电子媒介时期影视节目的内容分级制度以及网络媒介时期的内容管理机制等。这些研究都重点突出了某一媒介在内容监管方面的特色,但就其全面、深入的研究而言似乎还大有文章可做。

如早期印刷媒介的内容监管机制,它除了书报检查制度之外,还有哪些措施和手段?早期电影媒介的内容监管是如何开始的?它后来为什么能够形成完全独立于政府的自我监管机制?早期广播电视媒介的内容监管是

---

① 齐勇锋:《文化体制改革难点探析》,见张晓明主编《2007年:中国文化产业发展报告》,社会科学文献出版社,2007,第46页。

如何开始的？后来它为何会形成独立规制？网络媒介的内容管理机制与前面三种传统媒介有何区别？等等。这些历史源流问题都有待全面、系统地澄清。

本研究将带着对上述问题的追索，试图对各种媒介的内容监管体系进行比较全面的梳理和归纳，以探清各类媒介内容监管的源流。

2. 第一次全面梳理了西方传媒内容监管的整体概貌与发展脉络

对单一媒介内容监管机制的研究目前已经取得了一定的成果，有的研究甚至还非常深入。但对于印刷媒介—电子媒介—网络媒介—融合媒介内容监管机制的发展脉络与整体概貌则鲜有研究。

这些媒介的内容监管机制是否随着媒介发展史的演进产生一定的联系？它们之间如何传承、如何创新、如何演进，是否有着一定的脉络和规律？它将继续呈现何种演进趋势？等等。

这些研究因媒介时空跨越度较大，研究的内容相当复杂，所以已有的研究鲜有涉及。因为前人已经在单一媒介的内容监管研究方面具备了一定量的研究积累，本书通过对各种资料的收集、归纳、分析研究，尝试在其基础上进行媒介内容监管规律的进一步探索与揭示，以归纳影响媒介内容监管的外在因素与内在机制，总结出其基本准则与基本规律、趋势。

3. 为数字化背景下我国的内容监管问题的解决提供了新的参照视角

数字技术和网络技术发展起来以后，各种媒介开始出现了融合现象。在这种背景下传统的分类监管方式面临着新的挑战。如何解决这个问题？

借鉴英美国家应对媒介融合的监管经验显然是解决这个问题的有效手段之一。此外，如能从历史的角度审视和总结出媒介的内容监管本身有何发展规律，从这些规律中寻找解决媒介融合所带来的内容监管问题的补充答案，将会更有利于问题的解决。

我们拟在研究媒介内容监管机制演变规律的基础上，重点关注如何借鉴以往的监管经验来解决目前的数字化技术所产生的内容监管问题。这样的研究视角将突破现今诸多共时性的欧美经验的探讨，提供的将是已有成果未曾尝试过的解决数字内容监管问题的历史纵深视角。

研究的最后将综合考虑国外经验和媒介的内容监管规律，从理论上提供一些具有前瞻性和总体性的思路和构想，本研究成果将具有一定的决策参考价值。

三 本书的理论价值与应用价值

世界各国由于社会制度、法律体系、文化传统等的差别，各自的传媒内容监管机制也存在着或多或少的差异，有的甚至完全不同。要对各类传媒的内容监管制度作系统而细致的梳理阐述，很不容易。本书以英美国家为代表，以各种媒介最初的内容监管机制的创建为主线进行了历史性的回顾与勾勒。

1. 理论价值

（1）从世界看中国。

此书具有世界性的视野，在世界传媒内容监管的历史演变背景下来观照中国的相关问题。全书主要以英国、美国为代表，将其各类传媒的监管体制及其历史源流进行了系统的介绍和阐述。然后分别阐述中国的相关问题。

尽管各国传媒内容监管机制有着不同的国情与背景，但是其监管手段与技巧却有着一定的共同性。中国有着不一样的国情，既要立足于本国，同样也可以从西方传媒的内容监管制度中得到有益的借鉴。

（2）从历史到现状。

全书以阐述西方传媒的监管现状为主，但对相关制度的历史追根溯源，说明来龙去脉。对于各种媒介最初的内容监管机制的兴起和沿革也有清楚的说明。个别地方对新中国成立以来传媒监管制度的形成、变迁和发展也能做到初步概括，并对我国传媒监管机制的缺陷和不足提出一定的批评和建议。这种从历史到现状的追溯，有助于全面系统地把握传媒监管机制的全貌和未来的发展走向，开阔视野，深入思考。

（3）由制度说理论。

作为研究和阐述传媒内容监管制度的专著，本书不是仅仅照搬、照引和解释那些现行的内容监管制度，研究中不仅要说明现行的内容监管制度是什么，而且一直重点探求和说明为什么会是这样，这就使本书带上了相当的理论色彩。

如对传媒内容监管的理论源头的探究、对各种媒介最初内容监管理据的介绍和阐述以及对传媒内容监管的演进规律、发展趋势的总结与归纳，这些理论与规律虽然属于西方，但是它在不同程度、从不同侧面反映了传媒内容监管活动中的某些客观规律,可以为我国传媒的改革和创新提供借鉴。

2. 应用价值

西方传媒的内容监管机制是如何创建的?本研究对于我们认识西方传媒的内容监管机制很有帮助,它可以作为高等学校新闻传播专业的教材或教学参考书,也可以作为传媒界了解和研究传媒内容监管的入门书。书中的许多内容,可以补充外国新闻传播史的相关知识,同时对于我国传媒改革与体制创新,也具有一定的决策参考价值。

总而言之,西方传媒的内容监管机制是一个全新的研究课题。在该课题的研究过程中,无论是大的相关理论构架,还是小到点滴的资料搜集与汇总,或是整个内容监管脉络的呈现,这些方方面面都是前人尚没有深入、系统做过的,因而具有一定的开拓性。

第五节 关键概念说明

一 媒介

媒介有很多不同的定义。依据邵培仁的定义,它就是介于传播者与受传者之间的用以负载、传递、延伸、扩大特定符号的物质载体[①]。构成传播媒介的三个基本要素是:物体、符号和信息。

媒介最显著的一个特征是其负载性,负载符号和信息。如金、木、石、纸是负载文字符号和图像符号的合适媒介,磁带、唱片是负载声音符号的最佳媒介,拷贝、胶片、影碟则是负载图像符号与声音符号的较好媒介。由于传播媒介不仅负载符号而且通过符号负载了信息或内容,因此,当人们说"传播媒介"时,往往既指其物质实体(纸张、收音机、电视机、放映机),也指媒介实体、符号、信息的混合物(报纸、书刊、广播、电视、电影)[②]。

国外也有学者(戴维·桑德曼等,1991)认为媒介即负载的内容:"当我们说到大众媒介的时候,我们往往不仅指大众传播的渠道,而且指这些

[①] 邵培仁:《传播学》,高等教育出版社,2002,第148页。
[②] 邵培仁:《传播学》,高等教育出版社,2002,第148页。

渠道的内容，甚至还指那些为之工作的人们的行为。"① 正因为媒介有这种深刻的内涵，我们的研究对象"内容监管"又与媒介作为渠道所传播的"内容"密切相关，所以本书使用的概念是"媒介"。

至于"媒体"与"媒介"，有学者认为："一个'介'字体现出的是传媒的技术性和工具性的微观层面；一个'体'字则更突出了传媒所蕴涵的政治、经济、社会和文化的宏观意义。"② 因此，在研究中我们使用了"媒介"这个概念用来指印刷媒介、影视媒介以及网络媒介，同时包含了它们所负载的信息或内容。

二 规制、管制

它们是其他学者在传媒领域研究中使用得比较多的概念，而我们在这里使用了"监管"这个概念。因此有必要加以说明。

规制本是经济学领域中的一个专用名词。国内外不同的学者对它有着不同的解释。后来这个术语被援引到传媒领域，并被赋予了新的含义。英国学者格雷姆·伯顿在其著作《媒体与社会：批判的视角》中认为：规制，指政治/经济/法律上的正式或非正式的机制。通过这一机制，媒体生产和媒体产品受到了监管和限制。换言之，这一机制界定了在媒体的运作过程中，可以做什么，不可以做什么③。"进行规制的目标是防止任何掌控媒体的人在思想的'市场'上获得过度的权力。"（Robinson，1995）④ "媒体规制所蕴涵的是文化规范"，"媒体规制并不是只跟道德事务和国家安全有关"，"媒体规制无论是从其含义还是其运作来看，都是意识形态化的"，"所谓媒体规制，更倾向于运用政治和经济的管制手段，而不是按照社会和文化规范来进行规制"。⑤

具体到"管制"与"规制"，有学者这样解释："我们认为，在汉语词汇中，管制容易使人联想到统制和命令经济形式，而规制更接近英文原来

---

① 邵培仁：《传播学》，高等教育出版社，2002，第146页。
② 〔英〕詹姆斯·卡伦：《媒体与权力》，史安斌、董关鹏译，清华大学出版社，2006。
③ 〔英〕格雷姆·伯顿：《媒体与社会：批判的视角》，史安斌译，清华大学出版社，2007，第389页。
④ 〔英〕格雷姆·伯顿：《媒体与社会：批判的视角》，史安斌译，清华大学出版社，2007，第18页。
⑤ 〔英〕格雷姆·伯顿：《媒体与社会：批判的视角》，史安斌译，清华大学出版社，2007，第22页。

的词义，它所强调的是政府通过实施法律和规章制度来约束和规范经济主体的行为，故译作规制更恰当。为了体现规制与管制的这一区别，在论及计划经济体制时，使用管制；在论及市场经济体制时，使用政府规制。"①

这是"规制"与"管制"的细微区别。我们在论述媒介的内容监管时一般都是以政府或官方为主体对媒介内容施加监控，有时甚至不排除采取强制性的内容审查手段，所以在论述中倾向于认可"管制"，很少用"规制"。

三 监管

监管本是西方经济学领域的一个概念，"监管是制定并实施规则的一种活动"②。"监管是一个经济个体通过各种手段试图有意识地影响另一个经济个体或者其他多个经济个体行为的活动。"③

政府对媒介内容与媒介产业采取的是完全不同的管理理念。对产业的管理要尊重其经济规律因而只能"规制"，而对内容则不存在这种情况。因此我们在研究中不使用"规制"，而使用"监管"，除了强调它有"管制"这个基本含义之外，还有"监督"之义。

另外，监管分为社会性监管与经济性监管。前者指政府为了保护广大公众的健康与安全而对产品和服务、广告、工作场所以及环境的质量进行管制，其侧重点在于对产品或服务质量的监控，从而保护公众的利益；而经济性监管则是政府对某些特定行业如运输、金融证券以及广播电视等具有自然垄断属性行业的干预，它更多地涉及对价格、市场准入和退出条件、特殊垄断行业服务标准等方面的管理和控制。典型的如英国的"执照契约监管"、"执照竞标制"。目前，放松经济性管制是全球传媒业发展的普遍趋势，但只有加强社会性管制，才能保证传媒业健康、有序发展。

四 内容监管

又可以称为"内容管制"，这个概念除了台湾少数学者用来指媒介内容的规范之外，至今为止国内外几乎还没有一个确切的定义。我们这里所称

---

① 陈富良：《放松规制与强化规制》，上海三联书店，2001，第2页。
② Gowland D., *The Regulation of Financial Market in the 1990s*, Edward Elger Publishing Limited, 1990.
③ Needham D., *The Economics and Politics of Regulation: A Behavioral Approach*, Little Brown and Company, 1983.

的"内容监管",主要指国家机关、政党及其他社会团体在特定时期为调节和管理媒介的编辑方针,监控媒介的传播行为(产生的内容)以符合社会的公共利益和国家利益而采取的政治行为或规定的行为准则。它包括一系列法规、法令、措施、手段等。

我国最早使用"内容监管"这个概念的官方文件是2003年文化部颁布的《互联网文化管理暂行规定》,其第6条规定:文化部负责制定互联网文化发展与管理的方针、政策和规划,监督管理全国互联网文化活动;依据有关法律、法规和规章,对经营性互联网文化单位实行许可制度,对非经营性互联网文化单位实行备案制度;对互联网文化内容实施监管,对违反国家有关法规的行为实施处罚。这里提出了互联网文化内容的监管问题。

媒介的内容监管内涵非常复杂。宏观上,它涉及国家的政治经济、文化制度、文化政策、传媒的产权结构、运作模式、传媒内容产品的流通、传播技术的发展等多种因素。微观上,它是一系列法规、法令、措施、手段等。通过这些措施来对媒介的必载内容、禁载内容和应该达到的某些基本政治和文化标准作出规定。这里为了便于对上述内容的把握和操作,我们以"内容监管机制"这个概念来加以总括。它基本涵括了行政、经济、法律、技术等方面的内容。

内容监管的主体是参与政策制定和执行的组织或团体,如国家、政党或政府及其权力机关。其客体主要指媒介及传媒领域中的问题等。它包括内容审查(针对传播内容制定相关的传播审查制度,比如电影审查、书报检查等);传播限制(采取内容分级以及对传播和流通范围的控制,以实现控制内容的传播和流通);版权管理(专门有版权法的研究,故不列入我们的研究范围)等。

第二章
西方传媒内容监管的源流

英国新闻史学者威廉姆斯认为,"在某种意义上,大众传播的历史就是惧怕大众的历史"①。正因为如此,纵观西方传媒的发展史,我们可以发现它一直是两方斗争的发展史,"一方面是那些试图扩大民众获得休闲、信息和娱乐途径的力量,另一方面是力图控制和规范这些途径的力量"②。这两方力量之间的较量与斗争从未间断过。

这种控制和规范,本质上是西方政府对传媒内容的一种控制和监管。而且这种控制和监管在不同时期有着不同的监管理念,并最终形成了各自不同的监管机制。如果说,"传媒可以被看做是具有特定历史的特定制度和结构……它们始终是决定一个社会本质和发展的核心力量"③,那么我们同样可以认为,西方传媒的内容监管在不同的历史条件下因监管思想理念的不同而形成了不同的监管机制。因此在分析西方传媒内容监管机制之前,我们很有必要对其监管思想的源流与发展变化做一番简要的分析与梳理。

第一节 西方传媒内容监管的思想源头

"大众传播的历史就是审查制度、自我审查制度和管理规范改变形式的

---

① 〔英〕威廉姆斯:《一天给我一桩谋杀案:英国大众传播史》,刘琛译,上海人民出版社,2008,第9页。
② 〔英〕威廉姆斯:《一天给我一桩谋杀案:英国大众传播史》,刘琛译,上海人民出版社,2008,第16页。
③ 〔英〕威廉姆斯:《一天给我一桩谋杀案:英国大众传播史》,刘琛译,上海人民出版社,2008,第10页。

历史。"① 这种审查制度与管理规范实际上就是我们所说的传媒内容监管。它在什么时期形成？最早源自何处？

斯拉姆认为它最早源自集权主义。集权主义理论、自由主义理论和社会责任理论是后来广播、电视、电影、互联网内容管理的基本理论依据，它们构成了调和社会关系与传媒内容的主要框架。

而媒介的内容控制最早是由集权主义的代表柏拉图提出来的，后来的代表人物有马基雅维利、黑格尔等。而柏拉图生活的古希腊时期，还没有后来的印刷、电子媒介。当时的信息主要以人际传播和群体传播为主，群体传播中人们用得最多的是诗歌、故事、音乐等，通过这些原始媒介来传播信息、表达思想。柏拉图最早注意到这些媒介内容尤其是影响广泛的诗歌所产生的影响，在其所著的《理想国》中提出了如何控制诗歌的内容，即我们下文所概括的诗禁思想。因此在考察西方传媒内容监管之前，我们很有必要对柏拉图的以诗禁为代表的传播内容控制思想进行一番简单的梳理和介绍。

一 柏拉图的诗禁目的

集权主义理论认为国家是集体组织的最高形式，个人必须依靠国家，没有国家个人就无从发挥一个文明人的特质。它要求对所有个体的智力活动实行统一管理，这样才能使国家顺利地为公众的利益服务。这些原则成为管理公众通信（报刊）的制度基础。该理论的始作俑者是柏拉图。他最初以诗歌为例对诗歌的创作与传播问题提出了一系列的审查和传播控制主张，他认为对诗歌包括与此相关的音乐进行传播内容控制有如下好处。

1. 可以避免对年轻人产生影响

柏拉图认为，年轻人缺乏分辨力，"分辨不出什么是寓言，什么不是寓言。先入为主，早年接受的见解总是根深蒂固不易更改"，所以他主张"为了培养美德，儿童们最初听到的应该是最优美高尚的故事"②。"绝不该让年轻人听到诸神之间明争暗斗的事情（因为这不是真的）"，"无论如何不

---

① 〔英〕威廉姆斯:《一天给我一桩谋杀案：英国大众传播史》，刘琛译，上海人民出版社，2008，第16页。
② 柏拉图:《理想国》，郭斌和、张竹明译，商务印书馆，2002，第73页。

该让它们混进我们的城邦里来"①。

对于一些荒诞不经的言行，他认为对听者有害无益，因为它会使人认为"自己的作恶没什么了不起，如果他相信这些坏事神明的子孙过去都曾做过"，所以它很容易"在青年人心中引起犯罪作恶的念头"②，因此必须禁止这些故事的流传。

所以，出于铸造孩子心灵的需要，他主张"鼓励母亲和保姆给孩子讲那些已经审定的故事，用这些故事铸造他们的心灵，比用手去塑造他们的身体还要仔细。他们现在所讲的故事大多数我们必须抛弃"③。

2. 可以确保诗歌写作符合规范

柏拉图认为，诗人在创作诗歌时，必须符合有关的规定，并遵循一定的写作规范。"缔造者应当知道，诗人应该按照什么路子写作他们的故事，不许他写出不合规范的东西。"④

他认为需要制定相关标准，提出关于诸神、诸灵、英雄以及冥界的正确说法，并规定和提出"什么应该讲，什么不应该讲"⑤。如果在故事中涉及神的时候，则要表现出对神的崇敬，将神描述得至善至美。"故事要在这个标准下说，诗要在这个标准下写——神是善的原因，而不是一切事物之因。"⑥"应当不把他们描写成随时变形的魔术师，在言行方面，他们不是那种用谎言引导我们走上歧途去的角色。"⑦ 在故事和诗歌的创作中都要遵守这样的标准。

诗人在创作中应该有一定的善恶标准，"我们一定要禁止他们把这些痛苦说成是神的意旨。如果要这么说，一定要他们举出这样说的理由……我们无论如何不能让诗人把被惩罚者的生活形容得悲惨，说是神要他们这样的。但是我们可以让诗人这样说：坏人日子难过，因为他们该受罚。神是为了要他们好，才惩罚他们的"⑧。

他还认为关于人的说法也需要正确的规定。"因为我恐怕诗人和故事作

---

① 柏拉图：《理想国》，郭斌和、张竹明译，商务印书馆，2002，第73页。
② 柏拉图：《理想国》，郭斌和、张竹明译，商务印书馆，2002，第93页。
③ 柏拉图：《理想国》，郭斌和、张竹明译，商务印书馆，2002，第71页。
④ 柏拉图：《理想国》，郭斌和、张竹明译，商务印书馆，2002，第73页。
⑤ 柏拉图：《理想国》，郭斌和、张竹明译，商务印书馆，2002，第93页。
⑥ 柏拉图：《理想国》，郭斌和、张竹明译，商务印书馆，2002，第73页。
⑦ 柏拉图：《理想国》，郭斌和、张竹明译，商务印书馆，2002，第81页。
⑧ 柏拉图：《理想国》，郭斌和、张竹明译，商务印书馆，2002，第76页。

者,在最紧要点上,在关于人的问题上说法有错误。他们举出许多人来说明不正直的人很快乐,正直的人很苦痛;还说不正直是有利可图的,只要不被发觉就行;正直是对人有利而对己有害的。这些话我们不应该让他们去讲,而应该要他们去歌唱去说讲刚刚相反的话。"①

而对于一些有违统治者所制定的关于"诸神标准"甚至是"诽谤诸神"的诗人,柏拉图建议"不让他们组织歌舞队演出,也不让学校教师用他们的诗来教育年轻人"②。

3. 可以维护法律和理性

柏拉图认为,诗歌与法律和理性是相对的。"我们一定不能太认真地把诗歌当成一种有真理作依据的正经事物看待。"③ 因此他建议要警告诗的听众,"当心它对心灵制度的不良影响,要他们听从我们提出的对诗的看法才好"④。

为此,他倡导诗歌的教育功能而抵制其娱乐功能。他认为应该拒绝那些为娱乐而制作的诗歌和戏剧进入城邦传播,理由是它们容易导致管理秩序的混乱。"我们仍然申明:如果为娱乐而写作的诗歌和戏剧能有理由证明,在一个管理良好的城邦里是需要它们的,我们会很高兴接纳它们。"⑤

他认为,即使是荷马的诗歌,因为甜蜜的抒情诗和史诗进入城邦会替代至善之道的法律和理性原则,所以也必须加以传播控制,拒之城外。柏拉图也承认荷马确是最高明的诗人和第一个悲剧家,但他认为:"实际上我们是只许可歌颂神明的赞美好人的颂诗进入我们城邦的。如果你越过了这个界限,放进了甜蜜的抒情诗和史诗,那时快乐和痛苦就要代替公认为至善之道的法律和理性原则成为你们的统治者了。"⑥

对于与诗歌关系密切的音乐,柏拉图的认识亦是如此。他认为音乐对人心灵有理性的培养作用,"音乐和体育是相对的,它通过习惯以教育护卫者,以音调培养某种精神和谐(不是知识),以韵律培养优雅得体,还以故

---

① 柏拉图:《理想国》,郭斌和、张竹明译,商务印书馆,2002,第93页。
② 柏拉图:《理想国》,郭斌和、张竹明译,商务印书馆,2002,第81页。
③ 柏拉图:《理想国》,郭斌和、张竹明译,商务印书馆,2002,第408页。
④ 柏拉图:《理想国》,郭斌和、张竹明译,商务印书馆,2002,第408页。
⑤ 柏拉图:《理想国》,郭斌和、张竹明译,商务印书馆,2002,第407页。
⑥ 柏拉图:《理想国》,郭斌和、张竹明译,商务印书馆,2002,第407页。

事（或纯系传说的或较为真实的）的语言培养与此相近的品质"①，音乐和体育教育"主要是为了心灵"②。

但对于任何翻新的或者是复杂的音乐，他则毫不留情地主张加以防止。"因为音乐的任何翻新对整个国家是充满危险的，应该预先防止。"③"复杂的音乐产生放纵；复杂的食品产生疾病。至于质朴的音乐文艺教育则能产生心灵方面的节制。"④ 所以他主张年轻人应该接受那种简单的音乐文艺教育的陶冶，养成节制的习惯，这样才能形成理性，"自己监督自己，不需要打官司了"⑤。

柏拉图的这些诗禁主张反映的是早期书写媒介时期的传播内容管控，虽然这些认识较为零散，但基本上形成了早期媒介内容监管理念的雏形。

二 柏拉图的诗禁手段

柏拉图认为，要对诗歌、故事的内容进行传播控制，可以采取如下这些手段。

1. 从源头上对诗歌的创作者进行监管

柏拉图认为要对诗歌进行内容方面的控制，最简单的方式莫过于从诗歌的创作者——诗人着手。他主张国家"要任用较为严肃较为正派的诗人或讲故事的人"⑥，这样可以消除诗歌、故事的腐蚀性影响。对于"非正派"的诗人他认为国家可以采取警告的方式提醒"诗人应该按照什么路子写作他们的故事，不允许他们写出不合规范的东西"⑦，也可以对他们加以监督，"要求他们称赞地狱生活，不要信口雌黄，把它说得一无是处。因为他们所讲的既不真实，对于未来的战士又是有害无益的"⑧。还有，诗人在创作中"不应该把诸神或巨人之间的斗争、把诸神与英雄们对亲友的种种怨仇作为故事和刺绣的题材"⑨。另外，为禁止为娱乐目的而进行的诗歌创作，他认

---

① 柏拉图：《理想国》，郭斌和、张竹明译，商务印书馆，2002，第283页。
② 柏拉图：《理想国》，郭斌和、张竹明译，商务印书馆，2002，第121页。
③ 柏拉图：《理想国》，郭斌和、张竹明译，商务印书馆，2002，第121页。
④ 柏拉图：《理想国》，郭斌和、张竹明译，商务印书馆，2002，第113页。
⑤ 柏拉图：《理想国》，郭斌和、张竹明译，商务印书馆，2002，第121页。
⑥ 柏拉图：《理想国》，郭斌和、张竹明译，商务印书馆，2002，第102页。
⑦ 柏拉图：《理想国》，郭斌和、张竹明译，商务印书馆，2002，第73页。
⑧ 柏拉图：《理想国》，郭斌和、张竹明译，商务印书馆，2002，第82页。
⑨ 柏拉图：《理想国》，郭斌和、张竹明译，商务印书馆，2002，第73页。

为在必要的时候，要禁止抒情诗人进入"我们的城邦"①。这样带有娱乐性质的抒情诗就可以被拒之于国门之外。

2. 对诗人的作品进行内容审查

柏拉图认为要对诗歌进行内容方面的控制，可以建立一套"严格的文化规范"，由执政者根据规范来对诗歌的内容进行审查。这种"严格的文化规范"可以用来"'调整'公民的生活，凡与他的主张不合的各种艺术和思想都加以禁止"，"执政者可以判断那些作品是否有益于公民的精神健康"②。如在谈到有关诸神争斗的内容时他明确指出："还有荷马所描述的诸神之间的战争等，作为寓言来讲也罢，不作为寓言来讲也罢，无论如何不该让它们混进我们的城邦里来。"③

对于故事，柏拉图认为，"我们首先要审查故事的编者，接受他们编得好的故事，而拒绝那些编得坏的故事"④，这样才能够确保内容的安全。他甚至认为作品越好越有影响就越需要审查："我们请荷马不要见怪。我们并不否认这些是人们所喜欢的诗。但是愈是好诗，我们就愈不放心人们去听。"⑤

3. 删改作品、惩罚诗人

柏拉图主张对于不符合国家意图和规范的作品进行删改，即使是荷马的优秀作品也不例外。柏拉图说："那么让我们从史诗开始，删去下面几节……如果我们删去这些诗句，我们请求荷马不要见怪。我们并不否认这些是人们所喜欢听的好诗。"柏拉图提出删改的理由是："愈是好诗，我们就愈不放心人们去听，这些儿童和成年人应该要自由，应该怕做奴隶，而不应该怕死。"⑥

此外，柏拉图还主张剔除诗歌词汇中那些可怕的凄惨的名字，如"悲惨的科库托斯河"、"可恶的斯土克斯河"以及"阴间"、"地狱"、"死人"、"尸首"等名词。因为"它们使人听了毛骨悚然……我们担心这种恐惧会使

---

① 柏拉图：《理想国》，郭斌和、张竹明译，商务印书馆，2002，第73页。
② M.麦克依弗：《政府的谎言》，1947，第322页。转引自〔美〕斯拉姆等《报刊的四种理论》，中国人民大学新闻系译，新华出版社，1980，第13页。
③ 柏拉图：《理想国》，郭斌和、张竹明译，商务印书馆，2002，第73页。
④ 柏拉图：《理想国》，郭斌和、张竹明译，商务印书馆，2002，第71页。
⑤ 柏拉图：《理想国》，郭斌和、张竹明译，商务印书馆，2002，第84页。
⑥ 柏拉图：《理想国》，郭斌和、张竹明译，商务印书馆，2002，第84页。

我们的护卫者软弱消沉，不像我们所需要的那样坚强勇敢"①。

除了直接删诗外，柏拉图主张对不服从法律和规范的诗人进行法律惩罚甚至处死。他认为国家不能允许"正式任命的教师和教养者对人们随意进行训练"，对于一切不敬神的、不服从法律的诗人、故事作者，可以用"处死、流放和剥夺最重要的公民权利的刑罚除去他们"②。

三 柏拉图的诗禁影响与意义

由于时代的局限性，柏拉图的诗禁思想本身很值得批判。但如果从传媒发展史的角度来辩证地看，这种思想理念本身却历史影响深远，并具有一定的积极意义。

1. 它在理论上成为媒介内容监管的最早源头

柏拉图是传媒史上较早提出诗禁主张的哲学家。尽管他所处的时代远在印刷媒介出现之前，但他提出了一系列的限制诗歌创作、剥夺诗人、故事作者创作自由甚至是行动自由的主张，其本质是倡导统治者对媒介内容实行严格的管理。在这种理念的倡导之下，古代希腊就曾出现过将作品焚毁的情况。当时雅典的长官就将许多"渎神和无神论的文字"及"诽谤中伤的文字"予以焚毁③。

柏拉图的这套诗禁理念后来经过意大利政治学者马基雅维利的进一步倡导和完善而成为教皇和封建世俗势力管理印刷媒介的主要理论依据。接受政府权力原则的著名人物马基雅维利超越了柏拉图对诗歌监控的微观认识框架，开始将其上升到制度层面，他提出了传播的内容控制。他认为：以爱国的理由为政治行动的基础，严格控制讨论和控制消息的大量传播；国家的稳定和进步高于一切；公民的个人考虑是从属的④。

再后来现代集权主义政治学说的主要代表人物黑格尔也认为：自由意味着个人有自由知道他是不自由的，知道他的行动决定于历史、社会，尤其是绝对观念，而国家就是绝对观念的最高形式。⑤ 这种国家至上的集权主

---

① 柏拉图：《理想国》，郭斌和、张竹明译，商务印书馆，2002，第84页。
② 柏拉图：《理想国》，郭斌和、张竹明译，商务印书馆，1995，第120页。
③ 〔英〕约翰·弥尔顿：《论出版自由》，吴之椿译，商务印书馆，1959，第6页。
④ 〔美〕乔治·卡特林：《政治哲学家的故事》，转引自斯拉姆等《报刊的四种理论》，中国人民大学新闻系译，新华出版社，1980，第13页。
⑤ 〔美〕斯拉姆等：《报刊的四种理论》，中国人民大学新闻系译，新华出版社，1980，第15页。

义理念以剥夺个人的权利和自由为基础，在传播层面主张实行信息内容的传播禁止和控制，甚至以法律的形式或强制的焚毁手段予以制裁。这些都是对柏拉图诗禁理念的进一步推进。

因此柏拉图的诗禁理念最早开启了传媒的内容管制，并为后来集权主义原则的形成做了前期的理论铺垫，从而成为近代集权主义传媒管制理论的源头。

2. 它在实践上至今影响世界各国的传媒管理

柏拉图的诗禁理念因孕育出后来的集权主义传媒理论而影响了后来对印刷媒介、电子媒介甚至是网络媒介的内容管理。

从公元800年开始，罗马教皇"想象从前控制人们的判断一样，把自己的统治之手伸出来遮住人们的眼睛，凡属不合他们口味的东西他们都要禁止阅读，并且付之一炬"①。"教会和国会最关切的事项是注意书籍与人的具体表现，然后对于作恶者加以拘留、监禁并严予制裁。"②"后来的历史表明，欧洲一些专制国家的封建君主就是根据柏拉图开出的方子来管理本国的印刷媒介的。"③

以诗禁为源头孕育而成的集权主义原则后来随着各国资产阶级革命的兴起和资产阶级革命政权的建立而逐步退出历史舞台，但它最后还是产生了相当的残余影响："地球上大部分地方在相当长的一段时期中，接受了集权主义的基本原则，用它作为社会行动的指导。这些原则在控制、管理和利用公众通信工具上特别普遍。虽然集权主义理论本身在大多数民主国家已经被摒弃了，但是集权主义国家的实践仍然影响了民主主义的实践。"④

尽管传媒的自由主义原则与社会责任论在世界各国都占优势，但某些情况下"自由主义理论往往只是装饰罢了，一些政府在它后面实行集权主义的措施"⑤。而对于集权主义性质的政府，它们更是如此。"在它们的组织上点缀了一些自由主义的装饰，正如今天大多数民主主义国家还保留着专

---

① 〔英〕约翰·弥尔顿：《论出版自由》，吴之椿译，商务印书馆，1959，第9页。
② 〔英〕约翰·弥尔顿：《论出版自由》，吴之椿译，商务印书馆，1959，第1页。
③ 张昆：《传播观念的历史考察》，武汉大学出版社，1997，第37页。
④ 〔美〕斯拉姆等：《报刊的四种理论》，中国人民大学新闻系译，新华出版社，1980，第42页。
⑤ 〔美〕斯拉姆等：《报刊的四种理论》，中国人民大学新闻系译，新华出版社，1980，第33页。

制主义的遗迹一样。"①

因此无论各国的传媒制度如何，无论民主主义国家还是集权主义国家尤其是集权主义国家在传媒的内容管制方面都或多或少地遗留或残存过去集权主义的媒介监管方式，只是在各个国家程度不一罢了。

3. 它在本质上以表达限制的方式来保护言论自由

我们应该知道，柏拉图提出的诗禁主张在当时有着一定的时代背景，他对言论自由有着如下的先见之明：古希腊还在奴隶制时代就出现了民主制度，在雅典城邦中发展成完备的民主制度。虽然柏拉图并不赞成民主制度，认为民主制度会产生无原则的宽容、个人的无政府状态等一系列相反的结果，但可以看出，柏拉图认为言论自由是民主社会中公民的基本自由，他在一定程度上承认这种言论自由是多数人喜爱的，问题在于不能让它失去分寸，产生极端自由的无政府状态②。正是在这种强调言论自由的时代背景之下，才产生了柏拉图比较系统的诗禁理念。而这种诗禁理念本质上是一种以表达限制为基础的较为原始的传播内容控制，它主要是为防止极端自由而设，一定意义上讲它也是对言论自由的一种积极保护。

在英国著名作家约翰逊博士看来，这种集权主义性质的传媒内容控制在政治上无疑是正确的："每个社会都有维持和平和秩序的权利，因此就有权禁止宣传带有危险倾向的意见。要说执政者有这个权利，这是用词不当，实际上是社会有这个权利，而执政者乃是它的代理人。执政者在限制他所认为的危险意见时，他在道德上或神学上可能有错误，但是他在政治上则是正确的。"③

事实上，在印刷媒介出现以后，英国国王试图通过发放特别许可证来达到对出版的垄断和控制，在许可证前言中国王写道，发放许可证的目的是为了抑制"名誉侵害、恶意、宗派、异端"④。

这本身有着一定的积极意义。一方面很多情况下对表达自由的典型限

---

① 〔美〕斯拉姆等：《报刊的四种理论》，中国人民大学新闻系译，新华出版社，1980，第32页。
② 汪子嵩等：《希腊哲学史》，人民出版社，1997，第1096页，转引自王冰《浅议柏拉图的传播思想》，《青年记者》2008年10月（中）。
③ 〔美〕詹姆士·鲍思威尔：《塞缪尔·约翰逊的一生》1934，第249页。转引自〔美〕斯拉姆等《报刊的四种理论》，中国人民大学新闻系译，新华出版社，1980，第42页。
④ 许正林：《欧洲传播思想史》，上海三联书店，2005，第149页。

制,并不直接针对作者,而常常是针对用以表达的传媒方式。另一方面如果不进行相关的限制,"公共秩序就有可能导致对表达和信息自由的完全损毁或导致规则和例外的颠倒,所以对某一个法定限制必要性(相称性)必须提出极为严格的要求。正是在这一前提下,我们制定人权法、新闻法的基本原则是:一方面保护言论自由,另一方面防止乱用新闻自由"①。

传媒发展的历史已经证明,任何严厉的禁书手段或言论控制,无论多么疏而不漏,都是徒劳无益的。柏拉图的诗禁理论完全是从维护统治阶级利益的角度提出的对媒介内容的一种管控,它本质上是对被统治阶级言论表达自由的一种约束与限制。当我们追溯传媒内容监管的源头时,才发现提出诗禁理念并具备比较系统的传媒内容监管理念的始作俑者原来就是柏拉图。

第二节 西方传媒内容监管的理念变迁

前面我们分析了西方传媒内容监管的理论源头,这里我们再梳理一下其内容监管理念的历史变迁。

斯拉姆等人所著的《报刊的四种理论》将世界上的新闻体制归为四类:集权主义制、自由主义制、社会责任制和苏联共产主义制。并对各种报刊体系的差异做了哲学根源上的探究,如"集权主义理论,基于从柏拉图到马基雅维利几百年来的独裁主义政治思想;自由主义理论基于密尔顿、洛克、米尔和启蒙运动;社会责任理论基于通信工具的革命及对启蒙运动的哲学的某些行为派的怀疑论点;苏联共产主义理论基于马克思、列宁、斯大林和苏联共产主义的专政"②。尽管这"四种理论"既无法涵盖现今世界各种不同的传媒体系,也没有完全、彻底地揭示出各种经济制度对传媒的影响,但这种哲学根源上的分析框架却具有相当的启发意义和学术影响,后来的研究几乎都没有跳出这种窠臼。

从某种意义而言,这四种理论实际上考察的是言论出版自由的成型与历史,而言论出版自由又直接牵涉媒介的内容管控问题,因此,研究西方

---

① 许正林:《欧洲传播思想史》,上海三联书店,2005,第199页。
② 〔美〕斯拉姆等:《报刊的四种理论》,中国人民大学新闻系译,新华出版社,1980,第20页。

传媒内容监管理念的历史变迁，我们自然不能回避这"四种理论"。

实际上，传媒内容监管主要是监管主体政府对客体媒介内容的一种操控和干预。纵观整个传媒史，西方传媒的内容监管理念经历了如下几个发展阶段①。

一 无限干预阶段

印刷术出现以后，它最初成为基督教扩大影响的新工具，但同时它也成为民间思想传播的重要手段。而民间思想的传播，在某种意义上是与公共空间的扩大相联系的，它强调的是个体和群体表达自由的延伸与扩展。这样便意味着"印刷传媒与统治权威是彼此矛盾的，这是因为后者畏惧人民和舆论。这种恐惧，无论是真实的还是假想的，都会带来对大众传播进行控制和规范的念头"②。主要出于印刷媒介政治功能的影响考虑，所以到后来大多数集权主义国家最为关注的主要问题，"是对于私营通信工具建立有效的限制和控制"③。

这些限制和控制手段有特许制（国家垄断）、检查制、叛乱煽动罪的检举起诉、津贴与特别税（广告税、发行税）制度。以16世纪英国国王及政府对报刊出版的限制为例，当时控制报刊有三大措施：第一，出版许可；第二，星法院；第三，事前审查制度。在这些控制印刷媒介的手段中，特许制和津贴、税收制度是通过对准入机制实施的内容方面的一种间接控制，而检查制和检举制则是媒介文本内容的一种直接管制。

我们把这一阶段称之为内容监管的无限干预阶段。无限干预就是由国家实行特许制或垄断制直接掌控印刷媒介，对印刷媒介内容进行事前审查，甚至事后追惩。其中审查制度是无限干预的一个重大内容。有论者揭示了审查制度的本质：权势阶层压制某种媒体内容的传播或命令创作者修改或

---

① 以下有关发展阶段的划分与特点的探讨择自中国社科院文化研究中心张晓明研究员的若干演讲、报告中的观点及本人对张晓明的访谈。演讲、报告的具体出处、时间不详。张晓明曾经作为本人博士后的合作导师，为本书的撰写指点迷津，并给本人提供了有关发展阶段的大纲（属于未发表稿，本人做了系统的整理与补充），这些观点与论述属于导师的个人学术成果，在此特向导师深致谢意。

② 〔英〕威廉姆斯：《一天给我一桩谋杀案：英国大众传播史》，刘琛译，上海人民出版社，2008，第11页。

③ 〔美〕斯拉姆等：《报刊的四种理论》，中国人民大学新闻译，新华出版社，1980，第7页。

重写,旨在剥夺被统治阶层发表言论的权利,从而确保舆论有利于权势阶层①。

事实上,这种干预体现的国家意志原则,带有强烈的集权主义特点。斯拉姆曾评价:"较旧的集权主义是基于一种企图维持下去的严格的阶级制度,要求较低的阶级遵照统治阶级的意愿服务。"②

总体上,无限干预的出发点主要是主导印刷文化发展的价值取向以及保证和维护统治秩序的稳定。无限干预的具体执行主体是教会或世俗王权,由它们主持实施和负责监督落实,教会和王权是一种独立于当时监管制度之外的一种强有力的行政调节力量。它几乎置印刷媒介的市场化利益于不顾,考量的完全是印刷媒介的政治传播功能,即"报刊的第一个义务就是避免妨碍国家的目的。这些目的是由一个统治者或卓越人物来决定,而不是像自由主义论者所说的由'思想市场'来决定"③。这一点,到了后来的电子媒介时期,一些集权主义国家甚至还采取无限干预的手段,"常把通信工具,特别是新兴的广播、电视国有化或社会化。现代集权主义的政府对于广播,总是加以垄断的"④。

二　消极干预阶段

现代印刷技术发展起来以后,从教会到封建王权再到新兴资产阶级,西方国家经历了近300年才使印刷出版从集权模式走向自由模式,"到十八世纪末,自由主义原则已经通过保护言论和出版自由的宪法条文而被认为是各国基本法的神圣原则了"⑤。这时才最终确立了自由市场经济下的印刷出版自由机制。

这种机制在本质上是以废除过去的集权主义压制和一切出版约束为前

---

① 〔英〕格雷姆·伯顿:《媒体与社会:批判的视角》,史安斌译,清华大学出版社,2007,第380页。
② 〔美〕斯拉姆等:《报刊的四种理论》,中国人民大学新闻系译,新华出版社,1980,第176页。
③ 〔美〕斯拉姆等:《报刊的四种理论》,中国人民大学新闻系译,新华出版社,1980,第32页。
④ 〔美〕斯拉姆等:《报刊的四种理论》,中国人民大学新闻系译,新华出版社,1980,第32页。
⑤ 〔美〕斯拉姆等:《报刊的四种理论》,中国人民大学新闻系译,新华出版社,1980,第50页。

提的一种公民个人文化权利的保护。这种保护最大的特点是去除任何约束个人的政府行为的管制，确保个体的言论出版自由。

相对于前面集权主义原则下的无限干预，"自由主义理论是从消极自由的概念里诞生出来的，这种消极的自由概念，我们可以概括为'免于……的自由'，更精确地说，就是'不受外界限制的自由'"①。因此，在印刷媒介发展的后期，其内容监管理念更多的是基于自由市场机制，印刷媒介的内容不再受到官方的严厉控制，我们将这一阶段的内容监管称之为"消极干预"阶段。

这种"消极干预"式的内容监管是以尊重自由市场为前提和基础的。它基本上是反对政府对印刷内容的直接干预而支持走向市场的，遵循的是市场化、多样化原则，通过市场力量让公众有机会接触多样化的媒介内容。"就这样，贵族国家用最严厉的压制手段都无法办到的事情，市场做到了。"②"市场的力量成功地将报业纳入社会秩序之中，而这正是先前通过立法的压制所没有完成的。"③

其典范是美国宪法第一修正案。该法案规定："国会不得制定关于下列事项的法律：确立国教或禁止信教自由，剥夺言论自由或出版自由，或剥夺人民和平集会和向政府请愿申冤的权利。"

但该法案并没有明确说明人民有言论自由或出版自由权，而是说国会不得制定剥夺人民言论自由或出版自由的法律。它实际上是限制国会立法剥夺或限制人民的言论出版自由，以保证"言论的自由市场"。对此，有学者评价："美国宪法第一修正案就是印刷术意识形态偏向的一座丰碑。"④

同样，法国《人权宣言》的颁布也宣告了封建王权对印刷媒介审查制与特许制的结束，为现代新闻出版自由机制的实现奠定了基本原则。

"消极干预"总体上是尊重市场、放开市场的，但它同时还强调管好市场，如在媒介内容上的反垄断和产权保护方面应该采取一定的"消极干

---

① 〔美〕斯拉姆等：《报刊的四种理论》，中国人民大学新闻系译，新华出版社，1980，第110页。
② 张隆栋、傅显明编著《外国新闻事业史简编》，中国人民大学出版社，1997，第83页。
③ 转引自向淑君《自由还是压制——从英国激进主义报刊的兴衰史解读出版自由》，《浙江传媒学院学报》2008年第3期，第26页。杨击：《传播·文化·社会——英国大众传播理论透视》，复旦大学出版社，2006，第86页。
④ 〔美〕尼尔·波斯曼：《技术垄断》，何道宽译，北京大学出版社，2007，第39页。

预",以建立基本的法律法规制度来管好市场。这种以印刷技术为基础的基于市场利益的言论出版自由机制,构成了后来西方传媒内容监管机制中的基本制度层面。

马克思在谈到出版法时说:"出版法就是出版自由在立法上的认可。""它反映自由的肯定存在。它认为自由是出版物的正常状态,出版物是自由的存在;因此,出版法只是同那些作为例外现象的出版物的罪过发生冲突。"①

这样,发达市场经济国家在数百年前的工业革命初期,以现代印刷技术为前提,完成了适应市场经济发展的、以出版和言论自由为主干的、对个人文化权利"消极"保护的内容监管机制,它构成了西方国家传媒内容监管上的"基本文化制度"。

三 积极干预阶段

现代通信电报和广播技术出现以后,在19世纪末20世纪初,形成了以积极干预理念为基础的广播通信内容管理机制。

1876年电报的发明标志着第二种媒介的产生。电报出现以后很快发展成为垄断性的私营企业。如美国的西部联合电报公司在同行业中脱颖而出,成长为美国头号大型垄断实体和美国最大的有限公司②。同时它也通过互利合同与美联社一起推动了新闻垄断,并影响了大多数人。"在日常生活中,尽管人们未能直接感受到电报的存在,但电报最终通过它所帮助创造的大众新闻间接地影响到大多数人。它不可能是一种独立的道德力量,无论是崇高的或不崇高的。"③

对此,有学者指出:"20世纪初,作为私营的垄断企业而不是人类共同财富的电报已经发展了,尽管它是一个公共的信息传播者,但它却不是一个真正的大众通信工具。这些体制上的先例,对美国传播事业的未来,尤

---

① 马克思、恩格斯:《马克思恩格斯全集》第1卷,人民出版社,1956,第71页。
② 〔美〕丹尼尔·杰·切特罗姆:《传播媒介与美国人的思想——从莫尔斯到麦克卢汉》,曹静生、黄艾禾译,中国广播电视出版社,1991,第21页。
③ 〔美〕丹尼尔·杰·切特罗姆:《传播媒介与美国人的思想——从莫尔斯到麦克卢汉》,曹静生、黄艾禾译,中国广播电视出版社,1991,第29页。

其是广播的未来,将被证明是极为关键的。"①

针对这种通信因私营垄断而影响传播公众性的情况,20世纪20年代,贝尔电话公司开始从事无线电广播事业并由其总裁提出"普遍服务"的概念,这样,电报、电话和广播逐步转变为由企业经营的一种基于市场面向大众的服务。这种市场化的服务促使广播演变成为一种融娱乐、信息、教育节目以及其他形式的信号于一体的,一种既可作为收音机也可作为电视机使用的集录音、录像技术于一体的复数"播放式媒介"。

对这种新出现的广播通信的内容是否应该继续如同对印刷媒介一样将其完全置于自由市场的控制之下,实行"消极干预"式的管理呢?

一方面,西方国家最初确实对此采取了与对印刷媒介同样的控制手段。当时基于两个主要因素:"第一,集权主义的一般原则为管理它们提供了有力的根源,广播和电视像旧有的通信工具一样,必须增进政府的利益,必须协助促进中央政府的文化和政治目标。第二,是这个工具的电子通信工具的性质。"② 因此最终以电波资源属于国有财产的方式实现了国家对电子媒介的准入控制和电波资源的国家垄断。

但另一方面,这种电波资源的国家垄断与最初印刷媒介的特许制式的国家垄断是有区别的,因为当时欧美大多数国家认为"电子媒体是战略上至关重要的工程和基础设施,不能被抛入自由市场的不确定性中。它们很少被视为是消费性产品或服务"③,只能实行垄断性的严格管理,以保证公共性的频谱资源不被商业目的所利用,公共利益不被商业利益所侵蚀和控制。基于这种考虑,国家实施了有限干预和管理。

如20世纪初,英美国家已经禁止对报纸、杂志、图书等印刷媒介实行许可管理,却允许对广播实行许可管理。"报纸有漫长的争取自由的历史,另一方面,广播刚一出现就被置于国家的管理之下。"④ 在广播出现的早期,对于"舒勒案"美国联邦法院就认为:与出版业不同,广播电台的言论自

---

① 〔美〕丹尼尔·杰·切特罗姆:《传播媒介与美国人的思想——从莫尔斯到麦克卢汉》,曹静生、黄艾禾译,中国广播电视出版社,1991,第29页。
② 〔美〕斯拉姆等:《报刊的四种理论》,中国人民大学新闻系译,新华出版社,1980,第40页。
③ 〔美〕库伦伯格、麦奎尔:《媒体政策范式的转型:论一个新的传播政策范式》,见金冠军等主编《国际传媒政策新视野》,上海三联书店,2005,第20页。
④ 〔日〕佐藤卓己:《现代传媒史》,诸葛蔚东译,北京大学出版社,2004,第142页。

由在方式上和范围上应当有某些限制条件①。这样既确保了宪法规定的言论出版自由，又避免了市场的完全控制和侵蚀，保障了"公共利益"，从而也保障了个体言论出版自由的有效实现。

与第一阶段带有"消极保护"性质的言论出版自由机制相比，这一阶段广电的内容监管很显然带有"积极保护"的性质，它重在监管，"规范和政治上的考虑要多于技术的思考"②。丹尼斯·麦奎尔对此解释更为详细：广播和电视的特征是受到高度管制，受到公共权威的控制或执照管理，这种管制最初是源自技术的需要，后来则演变成民主选择、国家自身利益、经济便利以及纯粹的制度习惯等需要的混合体……尽管（或者说因为）它们和权力联系甚密，几乎任何地方的广播与电视，都难以获得像报业一样自由表达意见以及独立于政治之外的权利③。

因此我们可以认为，广播通信技术条件下所形成的内容监管理念是一种以国家干预为主导的对个人言论出版自由进行"积极保护"式的"积极干预"。

这种干预本质上是由国家将传媒的硬件和通道列入产业管制和支持对象，从而间接地控制了传媒的内容。西方国家正是在对广播事业实施"公共管理"和"积极的国家干预"的过程中形成了其现代广电的内容管理体制。

四　有限干预阶段

最初的"积极干预"只是从频谱资源上解决了广播通信系统在内容上的公益性问题。它使用的基本手段仍然是过去的自由主义式的媒介资源的"国家垄断"和许可登记制。

但问题还是出现了：原来对印刷媒介的内容监管主要是基于印刷媒介的政治功能与传播影响，而自由主义理论只解决了印刷媒介因政治功能而产生的内容失控问题；现在的电子媒介如最初的电影和广播除了政治功能之外，更重要的是还增加了娱乐功能。正如斯拉姆所分析的："新的通信工具包括电影和各种形式的广播，迫使自由主义理论家面临一堆新奇而复杂的问题。最初是根据印刷物在政治上的贡献来判定其作用的，当政治作用

---

① 马庆平：《外国广播电视史》，北京广播学院出版社，1997，第149页。
② 〔美〕库伦伯格、麦奎尔：《媒体政策范式的转型：论一个新的传播政策范式》，见金冠军等主编《国际传媒政策新视野》，上海三联书店，2005，第23页。
③ 〔美〕丹尼斯·麦奎尔：《麦奎尔大众传播理论》，崔保国译，清华大学出版社，2006，第22页。

上增加了娱乐作用的时候，就有了加以调整的必要。"①

如何保证电子通信在娱乐功能的发挥方面不至于失控，这是在以前的传媒内容监管中未曾遇到的新问题。它不是在自由主义理论指导下能够彻底解决的问题，而集权主义理论的运用只是以电波资源国有的方式解决了电子媒介的政治风险问题。自由主义理论虽有其优越之处，但它最大的缺点是，"对公众通信工具逐日进行的工作未能提供严格的标准——简言之，即区分自由和滥用自由的固定公式，它是含糊的、不确定的，而且有时是不一致的"②。

在这种情况下社会责任论的出现很好地解决了因电子媒介的娱乐功能而产生的内容管控问题。

社会责任论与自由主义理论相反，"它是以积极的'有做……的自由'为基础的"③。也就是说，自由主义理论对传媒内容的控制更多强调的是去除过去集权主义制度下约束性的管制机制和手段，免于政府的直接控制；而社会责任论则主张广播媒介必须对其传播的内容承担社会责任，甚至主张由政府直接出面干预，以确保其传播内容对社会的正向作用。

我们把这种强调媒介自我承担传播内容的社会责任以及政府在有限范围内出面干预的内容管制方式称为"有限干预"。

20世纪70~80年代以后随着私有化浪潮和数字、网络技术的出现，西方传媒开始了大规模的"放松管制"。欧洲广电私有化浪潮出现，频谱资源的"公共性"逐渐减弱，"私有性"逐渐增强。而原有的广播通信内容监管机制是一种基于对硬件进行积极管制的传统模式，其合法性在于消除因电波的稀缺性所导致的广电性质上的垄断性以及保证内容的多样性。现在，数字技术已经结束了这种垄断性。同时还因数字技术导致传媒汇流而使传媒手段过剩，内容不足。

因此，此时的有限干预除了指对传统的基于广播通信的硬件管理体制实施放松管制之外，它还指国家对成为最重要国家资源的内容积极进行政

---

① 〔美〕斯拉姆等：《报刊的四种理论》，中国人民大学新闻系译，新华出版社，1980，第74页。
② 〔美〕斯拉姆等：《报刊的四种理论》，中国人民大学新闻系译，新华出版社，1980，第83页。
③ 〔美〕斯拉姆等：《报刊的四种理论》，中国人民大学新闻系译，新华出版社，1980，第110页。

策创新，以促进"内容为王"的背景下媒介内容产业的发展和内容的丰富多样性。

综上言之，西方传媒内容监管理念的发展，大致经历了如下四个阶段。

第一阶段形成了集权主义原则下的以印刷复制技术为基础的无限干预模式，它的特点是国家通过立法对媒介内容实施严厉的控制和全面的介入。其内容监管机制是通过印刷媒介的国有、特许检查制来保证媒介内容在政治上的安全性。

第二阶段形成了自由主义原则下的以市场经济为基础的消极干预模式，它的特点是去除集权主义原则下束缚性的严厉管制，在媒介内容上强调对个体文化自由表达权利的基本保障。其内容监管机制是自由市场的意见自由表达。

第三阶段形成了工业化中后期基于现代广播通信技术的积极干预模式，它的特点是实施带有"积极保护"性质的国家干预，以保障公民自由表达权利在电子技术环境中的实现。其内容监管机制是通过对频谱资源的国家垄断和分配来保证广电内容的公益性。

第四阶段形成了后工业化时期基于广播通信系统自我承担传播内容的责任和国家积极干预管理的有限干预模式，它一方面强调对个体表达自由的保护，另一方面又主张传播内容的自由与承担社会责任的统一，倡导内容的多样化和原创，这种模式属于国家的有限干预。

这四种干预理念存在着一个基本的内在历史逻辑：内容监管制度的确立—基本法律制度的创新—法规的创新—政策的创新。

应该说明的是，以上各个阶段的内容监管理念并无明确的具体界限。事实上，无论是电子媒介还是印刷媒介，它们的内容监管理念与国家对媒介的支持态度之间存在着非常密切的关系，"各通信单位应当支持和促进政府的政策，一般政府能够实现它的目的。在公众通信工具发展时期，这个目的一般是从消极的方面来实现的，那就是通过对通信工具的控制以阻止其妨碍实现国家的目的。在后期，就采取了一种较积极的政策。根据这种政策，国家积极参加通信事业，并利用公众通信工具作为完成目的的一种重要手段"[1]。因此以上对内容监管理念的区分主要依据的是在媒介的各个发展阶段政府对媒介的管控态度。

---

[1] 〔美〕斯拉姆等：《报刊的四种理论》，中国人民大学新闻系译，新华出版社，1980，第20页。

第三章
印刷媒介的内容监管机制

欧洲的封建统治者一直实行比较严厉的言禁，对各种社会传播活动严加监管，甚至连讲故事这种传播手段也被列入监控范围。以英国为例，当时的英王室在1547~1551年间先后发布了9道公告，以控制有关时局猜疑和谣言的传播。1547年英王室规定四处漂泊讲故事者将被当做流浪者受到处罚；1549年在另一项命令中又威胁说要将此类"煽动性"人士罚做"划船的奴隶"；后来又对宣扬异见的招贴、文章和书籍严加管制①。当时的封建统治者对一般传播手段和传播内容的管控之严厉由此可见一斑。

1450年古腾堡的印刷术改进以后，当时正值文艺复兴运动遍及欧洲，印刷技术和复兴思潮的结合在欧洲引发了一场思想大地震，威胁到了封建王朝的统治，本能的恐惧使各国封建统治者（教会和王权）先后颁布了种种法令，严厉压制新闻出版物。资产阶级革命以后，各国虽然陆续结束了原来的集权主义媒介管制模式，但一直到19世纪，西方各国的新闻出版才彻底走向自由和独立。

纵观近代印刷媒介的历史，它实际上就是集权主义和自由主义媒介模式的历史。15~18世纪作为西方印刷媒介的发展期，也正是它从集权主义媒介模式向自由主义媒介模式过渡的最关键时期。印刷媒介在当时作为一种新的技术手段刚刚出现，集权主义背景下的欧洲各国统治者肯定不会将其置之于传播的管控之外，因而印刷媒介的最初内容监管机制很值得我们探究。

---

① 张咏华等：《西欧主要国家的传媒政策及转型》，上海人民出版社，2010，第15页。

第一节　集权主义时期印刷媒介的内容监管机制

新兴的印刷媒介发展起来以后，当时西方各国在内容监管方面都面临着怎样的挑战？为了限制和控制印刷媒介在内容传播方面的影响，它们都普遍采取了哪些监管对策？在这几百年的历史时段中这些对策总体上经历了怎样的演变？这里我们试图以印刷媒介内容监管的发展为视角做一个较为全面的概括和总结，以探究清楚近代印刷媒介的内容管制情况。

一　印刷媒介带给内容监管的新挑战

印刷媒介最初在欧洲发展起来后，当时的统治者并没有在一开始就将其扼杀，而是经历了一个由最初支持发展然后转为严厉控制的过程。

为何各国统治者最后都由支持走向严厉控制，尤其是对传播内容的严厉控制呢？这与印刷媒介给传播内容的监管带来新的挑战有着极大的关系。

1. 复制数量激增，内容监管难度加大

印刷媒介的内容监管之所以在当初形成一种制度，是随着书籍数目的剧增和思想的广泛传播而产生的。印刷术出现以前，手工抄书在12世纪的速度是一天5页，抄一本《圣经》一般需要6个月。[1] 因此抄本时代对异端思想的内容控制难度并不大。焚书和对作者处以火刑是当时最有效的一种控制手段。

但印刷媒介发展起来以后，因出书方法的改变而大大增加了图书的产量。按照爱森斯坦的估算，每个工人的印书量大约提高了100倍[2]。15世纪中叶以后，一个专业的出版商在不足两星期内便可以出版400~500本图书[3]。有数据显示，1448~1450年，欧洲246个城市中建立了1099个印刷所，出版了4万种书，印数达1200万册。[4] 仅在1450年到1500年间，欧洲

---

[1] 沈固朝：《欧洲书报检查制度的兴衰》，南京大学出版社，1999，第15页。
[2] 〔英〕詹姆斯·卡伦：《媒体与权力》，史安斌、董关鹏译，清华大学出版社，2006，第89页。
[3] 〔英〕房龙：《宽容（人类的解放）》，刘成勇译，河北教育出版社，2004，第104页。
[4] 董进泉：《西方文化与宗教裁判所》，上海社会科学院出版社，2004，第266页。

大约制作了 2000 万本书。① 尽管如此，印刷媒介发展到 16 世纪，出版品的数目还不算特别多。当时执行一些宗教或政治方面的出版物的检查，并不十分困难。因为当时出版品的数目较少，检查工作可以交给教会和政府的秘书来做。②

但到了 17 世纪末，情况则有了很大的变化，这时若想充分检查出版材料已经有了明显的困难。以法国为例，在 17 世纪末，宗教类图书约占巴黎印刷商书籍产量的 1/2；但到了 18 世纪 20 年代、50 年代和 80 年代这一比例迅速下降为 1/3、1/4、1/10，而以艺术和科学为主题的书籍在 1720~1780 年间所占的比例却翻了倍。③ 从 18 世纪初到大革命之前，法国印刷书籍的产量增加了 3~4 倍。④

印刷数量的激增造成了印刷领域严重的市场混乱。有学者对当时混乱的局面进行了如下描述：在 17 世纪的欧洲，几乎没有任何印刷品是值得信赖的。印刷领域以其盗版、不文明、剽窃、未经许可的翻印、出处上的错误、煽动言论和谬误而臭名远扬。⑤

印刷品的洪流日益汹涌澎湃，教士们惶惶不可终日，就像面临着即将把他们席卷而去的新的洪水一样。他们不择手段，企图筑起阻拦这股洪水的堤防。⑥

面对数量如此庞大的出版物，教廷原来最先采用的火刑、革除教籍、焚书等监管方式此时都已经显得黔驴技穷了，新的复制技术远远扩大了监管对象的数量和范围，如何才能进行有效的内容监管成了一个大难题，这迫使教廷和王权不得不对原有的监管方式进行调整。

2. 丰厚利润的回报，违禁内容防不胜防

印刷术发展起来以后，印刷媒介的商业功能很快显露出来。早期的印

---

① 〔英〕詹姆斯·卡伦：《媒体与权力》，史安斌、董关鹏译，清华大学出版社，2006，第 89 页。
② 〔美〕斯拉姆等：《报刊的四种理论》，中国人民大学新闻系译，新华出版社，1980，第 23 页。
③ 项翔：《近代西欧印刷媒介研究——从古腾堡到启蒙运动》，华东师范大学出版社，2001，第 143 页。
④ 项翔：《近代西欧印刷媒介研究——从古腾堡到启蒙运动》，华东师范大学出版社，2001，第 160 页。
⑤ 〔美〕艾伦·柏默：《追寻全球传播的历史道路》，见叶海亚·R. 伽摩利珀编著《全球传播》，尹宏毅译，清华大学出版社，2003，第 12 页。
⑥ 董进泉：《西方文化与宗教裁判所》，上海社会科学院出版社，2004，第 266 页。

刷商最先把印书业作为一项有利可图的商业活动来经营。

就印刷的地点而言，15～16世纪时的印刷所大多设在商业中心城市而不是集中在当时的大学所在地。这也在一定程度上说明，作为一项商业事业的印刷业为了进行更有效率的市场营销活动而将印刷所选择在商业发达之地，并以市场的需求来安排印刷活动①。当时德国和意大利一些规模较大的印刷所还在欧洲各地初步建立了印刷品销售体系。

无论是在英国还是在法国，印刷媒介出现以后，各国的统治者都先后出台了相关政策以约束有政治问题或宗教问题书籍的出版，并对有这类问题的出版商进行严惩，甚至在最初还出现过火刑。但出版商终因受印刷媒介丰厚利润的诱惑，多想方设法进行地下印刷。

在17世纪的英国，原来那些印刷事业的垄断者急于扩大他们的生产和利润，训练了大量的徒工。后来这些徒工因政府的法令限制印刷商的数目而甘冒被捕和处罚的危险，从事秘密的印刷业务。当时的印刷商很容易找到宗教界或政治团体资助的需要秘密出版的攻击政府的小册子②。1550～1700年，英国约有3000多种歌谣得到了许可印刷，但当时似乎共有9000多种歌谣在流传③。这些歌谣大多属于政治题材，多以讽刺的语调出现。可见，在既有的内容监管政策框架之下，当时印刷媒介违禁内容之多之昌盛。

在法国，尽管启蒙运动时期的印刷媒介受到来自多方的控制，但当时的印刷出版商和销售商都在想方设法应对这些限制。当时的出版环境是高风险带来高回报。出版商要么率先推出轰动性的作品来占领市场，要么出版更便宜更方便的版本进行市场竞争。如他们意识到启蒙思想家的作品有广泛的市场需求时，便想尽办法用各种版本去满足这些需求，甚至在原著的基础上针对不同的消费者量身定制。④ 又如他们将当局视为"非法"的"坏书"称为"哲学书籍"，只要顾客有需求，他们就通过秘密渠道印制来

---

① 项翔：《近代西欧印刷媒介研究——从古腾堡到启蒙运动》，华东师范大学出版社，2001，第88页。

② 〔美〕斯拉姆等：《报刊的四种理论》，中国人民大学新闻系译，新华出版社，1980，第22页。

③ 项翔：《近代西欧印刷媒介研究——从古腾堡到启蒙运动》，华东师范大学出版社，2001，第131页。

④ 项翔：《近代西欧印刷媒介研究——从古腾堡到启蒙运动》，华东师范大学出版社，2001，第150页。

提供。当时的禁令越多，禁书贸易的生意就越好，以至于每当有一本书受到公开谴责时，地下出版商就会兴高采烈地说："哈，又出了一个版本。"①

3. 知识禁锢的瓦解，"危险思想"广泛传播

马克思在谈到印刷媒介所产生的影响时认为："封建制度甚至随着个别文明，例如印刷机而没落了。"② 印刷媒介之所以能对欧洲文明产生颠覆性的影响，最后使欧洲的封建制度走向没落，最主要的原因还是在于印刷媒介瓦解了原有的知识禁锢，广泛传播了"危险思想"。

印刷媒介的出现加速了书报的流通，它大量而迅速地复制信息，便利了知识的广泛传播，最重要的是它瓦解了奴隶主、封建主、教会上层的知识垄断，原先"禁锢在独卷手抄书内的思想，无法传播四面八方"，"印刷术的推广……所有这一切都给市民阶级和王权反对封建制度的斗争带来了好处"③。"印刷术发明之前，欧洲就已经在使用文字，但仅限于富裕的精英和教会的学者……一般欧洲人的生活酷似无文字民族的生活。伴随印刷术而来的容易复制信息的希望推动了各种力量的发展，于是，文化普及成为欧洲社会的理想。印刷术发明之后的最初几百年里，读写技能在欧洲文化里深入的程度大大超过了以前一切有文字的人类社会。"④

科学知识从此大规模地扩散开来，新的思想、新的信息随着印刷时代的到来变成了统治者无法遏制的潮流。马丁·路德依靠机器印刷的书籍，将其作为宣传手段。他本人也承认印刷品对他完成宗教改革使命的重要性。然而印刷机超乎预料的威力有时还是让他吃惊。他致信教皇写道："我写的文章怎么能够传播到这么多地方……对我而言这是一个谜。"⑤ 1840年一位法国演说家在古腾堡雕像前盛赞："现在，印刷机的有力的滚筒每日每夜印出的成千上万张纸……用它那智慧的炮弹，轰击着无知和专制，思想就像和平之军，在未来的战场上奋勇直前，靠思想的宣传机器和出版自由，你们将无往不胜。"⑥

---

① 沈固朝：《欧洲书报检查制度的兴衰》，南京大学出版社，1999，第135页。
② 项翔：《近代西欧印刷媒介研究——从古腾堡到启蒙运动》，华东师范大学出版社，2001，第163页。原文见《马克思恩格斯全集》第46卷下册，人民出版社，1982，第34页。
③ 项翔：《近代西欧印刷媒介研究——从古腾堡到启蒙运动》，华东师范大学出版社，2001，第163页。原文见《马克思恩格斯全集》第46卷下册，人民出版社，1982，第457页。
④ 〔美〕林文刚编《媒介环境学——思维沿革与多维视野》，何道宽译，北京大学出版社，2007，第295页。
⑤ 〔美〕尼尔·波斯曼：《技术垄断》，何道宽译，北京大学出版社，2007，第38页。
⑥ 沈固朝：《欧洲书报检查制度的兴衰》，南京大学出版社，1999，第163页。

有了印刷媒介以后,"危险思想"才有机会实现大众性质的广泛传播,"危险思想"传播的结果是带来了大革命。"从印刷术发明到学校体制的建立从而把文化素养普及到了民众,花了一段时间,但不到200年,各种学说的出现最终导致了美国革命和法国革命。"① 学者莫奈(Daniel Mornet)在研究法国大革命思想的起源时总结了启蒙思想渗透进公众思想并成为公众意识的三条规律,其中有一条认为,1750年前拥有新思想者还占少数,18世纪中叶之时有持续的和决定性的斗争,1770年之后新思想得到了空前广泛的传播,莫奈因此指出:"正是这些,在某种程度上导致了法国的大革命。"②

当时正值文艺复兴运动遍及欧洲,印刷技术和复兴思潮的结合在欧洲引发了一场思想大地震。这场大地震对欧洲原有的社会秩序产生了重大的影响。印刷术扩展以后,"欧罗巴吵吵嚷嚷,多么激动,多么震惊;熊熊的火焰,宛如狂飙,喷射而出"③。美国传播学者阿特休尔曾形容:当时"商人、工匠和政治叛逆者转而求助于印刷页码点燃革命火焰,此火焰在宗教改革运动以后熊熊燃烧,燎原一片"④。被统治阶级视为"危险思想"的人文思想、科学知识和宗教改革派的学说都随着印刷出版业的发展而广为传播。

此时印刷机成了"魔鬼的"可怕武器,成了人文主义者、清教徒、自然科学家和一切进步人士反对教会的强大手段⑤。面对这种逐步威胁到教会和封建王朝统治的印刷媒介所带来的"危险思想"狂潮,本能的恐惧使当时的统治者(教会和王权)不得不采取种种手段,颁布种种法令,并改良原有的内容监管机制,以对新闻出版物进行严厉的压制。

4. 自由出版令教会和王权恐惧不安

印刷术在欧洲传播之后,它作为一种全新的传播手段,改变了原来落后的手工抄书状态,这首先被教会加以利用。

当时印的最多的就是宗教书籍,其次才是各类教科书。如在印刷媒介的发源地德国,传教士阿肯皮斯的《效法基督》在15世纪以前曾被印制过

---

① 〔美〕林文刚编《媒介环境学——思维沿革与多维视野》,何道宽译,北京大学出版社,2007,第295页。
② 项翔:《近代西欧印刷媒介研究——从古腾堡到启蒙运动》,华东师范大学出版社,2001,第139页。
③ 《马克思恩格斯全集》第41卷,人民出版社,1982,第44页。
④ 〔美〕赫伯特·阿特休尔:《权力的媒介》,黄煜、裘伯康译,华夏出版社,1989,第10页。
⑤ 董进泉:《西方文化与宗教裁判所》,上海社会科学院出版社,2004,第266页。

99个版本，其发行量仅次于《圣经》。① 16世纪以后，尽管宗教著作的印刷产量并没减少，但它在印刷物中所占的比例中逐步地萎缩。这时是世俗题材作品广为流传。

很快教会就对印刷术的广泛传播忧心忡忡，因为新技术使新教和非宗教的图书得到了大批量的出版，它们成为"误导"信徒、传播"谬误"的罪魁祸首。当时的印刷商甚至可以嚣张地说："有二十六个铅字兵我就可以征服世界！"②

因此随着书报市场的扩大，新思想大量地、迅速地得以传播，加之各种生产范围内私营企业的快速成长，所有这一切已经对权力构成了严重的威胁，欧洲教会和王权开始为此不安。

印刷媒介的出现，使"文字材料再也不必用手工费力地抄写，教士再也不能享有千年之久的书写消息的垄断权利，结果，今天的教会就注定要大权旁落"③。但在此过程中，教权是不会轻易放弃这种垄断权而让大权旁落的。1501年，教皇亚历山大下达禁令宣布对印刷商实行全面控制，防止他们把有害于天主教信仰的书或毒害教徒的思想传播出去。④ 这是教会最先以法令的形式对出版自由进行限制。

当时的王权也是如此。在法国，随着各类被中央集权的王国政府视为"坏的"印刷物的增加，1660~1680年间这种自由印刷的局面出现了转折，中央政府开始建立细致有效的控制印刷媒介的制度，这种制度一直延续到法国大革命。⑤

此后数百年，欧洲几乎所有君主制国家的统治者都把出版自由看成洪水猛兽。1824年在德意志联邦大会上，一位奥地利代表称出版业正在"搜罗一切难以形容的邪恶，诋毁一切权威，怀疑所有原则，试图重建真理"。1832年巴登的一位官员称报纸正在企图"推翻德国一切现存的东西"。1850年俄国秘密警察机构向上级报告："出版界是我们这个帝国看到的一切骚乱

---

① 项翔：《近代西欧印刷媒介研究——从古腾堡到启蒙运动》，华东师范大学出版社，2001，第102页。
② 沈固朝：《欧洲书报检查制度的兴衰》，南京大学出版社，1999，第16页。
③ 〔美〕赫伯特·阿特休尔：《权力的媒介》，黄煜、裘伯康译，华夏出版社，1989，第6页。
④ 沈固朝：《欧洲书报检查制度的兴衰》，南京大学出版社，1999，第154页。
⑤ 项翔：《近代西欧印刷媒介研究——从古腾堡到启蒙运动》，华东师范大学出版社，2001，第145页。

中的最起劲的部门"①。甚至还有欧洲学者认为:"受到商业利益支持的自由报刊的成长,以其发行量迅速增长超过保皇派的报刊,是导致波旁王朝1830年垮台的一个重要因素。"②

拿破仑上台之后,他深谙报纸对政治的影响力,"4家有敌意的报纸比一千把刺刀更可怕","如果允许一家自由出版物存在,我在位就不会超过3个月"③。他因而对新闻出版业实行文化专制主义。

综上所言,印刷媒介的蓬勃发展已经逐步向统治者提出了新的挑战,这些挑战有技术本身的因素,也有商业利益的因素和印刷内容的影响因素,还有原始出版自由理念的因素,等等。而统治者是不会对这种新媒介所造成的威胁袖手旁观、坐以待毙的,阶级本能使他们开始想方设法地寻找新的控制手段来阻止这股强大的思想"洪水"。他们主要采取两种基本方法扼杀带有潜在颠覆性的印刷业:镇压(如焚毁图书)或者预防(颁发王室的特许专权证)来对印刷业进行限制。对此下面将展开详细的论述。

二 集权主义时期印刷媒介的各种内容监管举措

从教会到王权时代,再延续到资产阶级革命时期,每一个阶段的政权对印刷媒介基本都形成了一套内容监管体系,并有着独特的内容监管方式。教会和王权尽管属于两个不同的制度体系,但它们在共同对付印刷媒介的内容管制这一点上几乎有着一致的认识,并先后遵循和沿袭了彼此的监管体系。甚至到后来的资产阶级政权初期,由于不同的历史原因,各国都先后在很大程度上秉承了原来的王权对传播内容的监管体系。

如1695年英国废除了出版检查制度,并把刊前检查制改为事后追惩制,其新闻出版法规仍然保护封建王权的利益,规定"凡是指责、攻击国王、内阁大臣的人,无论其言论对错,都犯有煽动诽谤罪,应被判刑和罚款"④。原来的煽动诽谤罪依旧有效,直到1792年通过了《福克斯诽谤法》,这项条款才被彻底废除。

从教会的禁书目录到王权的特许制度和事前检查,再到资产阶级革命

---

① 沈固朝:《欧洲书报检查制度的兴衰》,南京大学出版社,1999,第162页。
② 张咏华等:《西欧主要国家的传媒政策及转型》,上海人民出版社,2010,第84页。
③ 沈固朝:《欧洲书报检查制度的兴衰》,南京大学出版社,1999,第145页。
④ 黄瑚:《新闻法规与职业道德教程》,复旦大学出版社,2003,第44页。

后的事后追惩制，从这里我们可以看到印刷媒介的内容监管在这数百年间所经历的清晰的政策演变轨迹。

1. 最初教会的控制：禁书目录

前印刷时期也就是手抄本时期，教会为了维持教士和僧侣对宗教知识的控制，常常限制公众获得接触《圣经》的途径，并采取火刑进行威慑，或焚毁书籍。这种控制手段最大的特点是对传播的源头进行控制，因而非常奏效，有学者形容焚毁一本书就等于焚毁了一座图书馆。

但印刷术出现以后，书籍以大量的标准形式得到复制，此时焚毁一本书虽然比较容易，但要集中和彻底焚毁已经分布到各地的一批书却不是很容易的一件事。焚毁书籍的效用已经大大降低。于是在这种新的形势下教廷大规模禁书并推行书籍审查制度。当时为控制印刷媒介，采取的一个重要手段是禁书目录。利用禁书目录来限制书籍的流通，以对直接抵触、质疑或抨击宗教信仰或政治的书籍进行查禁。

这和前面的源头控制不同，它从流通的环节对印刷媒介的内容进行控制。当时的禁书目录委员会，犹如宗教法庭一样声名赫赫。这一政策直到1966年才由梵蒂冈第二次普世会议宣告撤销[1]。

1487年，教皇英诺森八世要求所有印刷商在付印前将书稿送交教会审查。

1559年罗马教皇保罗四世编录第一部教廷禁书目录——《禁止作家与书籍目录》，这部禁书目录收录了被禁作者名单、被禁图书名单以及被禁出版商的名单等。当时被禁的出版商达61家[2]。

1564年在保罗四世禁书目录的基础上，第二版教廷禁书目录——《特伦托目录》出版。该禁书措施的目的是使社会变得"纯洁"、文坛变得"干净"。

1758年，本尼狄克十四世发布《本尼狄克禁书目录》，该目录不再列数禁书书名及作者，而是将禁书划为若干类别或范围，并附以相关禁规，实现了从逐本禁止到按类禁止的转变。它作为信徒的指南，能使他们毫无困难地确定某种书是否属于禁读之列，因而被称为"天主教文献和阅读管制的现代政策的起点"[3]。

---

[1] 艺衡：《文化权利：回溯与解读》，社会科学文献出版社，2005，第147页。
[2] 沈固朝：《欧洲书报检查制度的兴衰》，南京大学出版社，1999，第26页。
[3] 沈固朝：《欧洲书报检查制度的兴衰》，南京大学出版社，1999，第38页。

除了禁书目录之外，教廷还采取了特许制、检查制等手段对印刷媒介进行控制，只不过前者对印刷媒介的内容监管所产生的影响要深远得多。直到1966年教会才最终宣布取消禁书目录。但教廷实行的特许制、检查制被后来的封建王权继承了下来。

2. 封建王权的监管：特许制度和检查制度

到了欧洲的封建王权时代，对印刷媒介的内容监管普遍实行特许制和检查制。此时出版检查被"非教士化"（declericalized），成为专制王权的一种统治制度[①]。

特许出版是当时各国统治者最先采用的一种较为温和的出版控制手段，而出版检查制度则是一种刚性控制手段，它们共同组合，构成了早期印刷媒介内容控制的网络。

在英国，当时最著名的是"星法院法令"。它由英国伊丽莎白女王于1586年颁布。该项法令的核心就是特许制，它规定一切印刷品均须送皇家特许出版公司登记，印刷任何刊物必须事先请求许可；皇家特许出版公司有权搜查、扣押、没收非法出版物及逮捕嫌疑犯等。英国王室借此控制任何批评王室的言论。该法令一直维持到英国资产阶级革命爆发。

在法国，印刷物也遇到了同样的命运。1631年法国路易十三建立了一批皇家出版社，专印政府法令和宗教、科学书籍等，同时还授予雷诺道特和他的后代独家特权，以出售国内外新闻书报。路易十四特许授予雷诺道特不受检查的特权，这一特权使其垄断法国报业达131年之久[②]。1639年，路易十六的大臣黎塞留在卢浮宫创办了王室印书馆，以加速印刷有利于国王威望、宗教进步和文学发展的出版物。此后，印刷界立即受到国家控制，所有出版由获得认可的印刷商负责。黎塞留同时还建立了"王室印刷官"体系，只给可信的人授予这一称号。

特许制的实质是出版的权力机关（教会与王室）与出版人之间的一种协定。前者颁给后者以独占权，而后者则只有经过特许才能取得印刷出版的特权。后者取得特权的前提是必须给予前者以内容安全上的支持和保证。对统治者而言，它有利于将印刷出版的特权牢固掌握在自己手中，从而在

[①] 项翔：《近代西欧印刷媒介研究——从古腾堡到启蒙运动》，华东师范大学出版社，2001，第145页。

[②] 沈固朝：《欧洲书报检查制度的兴衰》，南京大学出版社，1999，第129页。

印刷媒介的源头上杜绝了不利于统治阶级的内容。

但随着教育的普及以及因教育普及所带来的印刷物的大量发展，新教派的学说和民主制的政治学说得以广泛传播，它们使国家对印刷媒介的垄断难以持续下去。

统治者不得不调整原来的控制手段，转而采取许可制。"这种制度在十七、十八世纪被称为检查制，它有时也允许有特许的或独占的报刊存在；有时是使私营印刷业和印刷所受官方管理。"①

其实许可制最早源自教廷。1542年，罗马天主教廷恢复"宗教法庭"。1543年该法庭规定所有图书的书名页需印有主教授予的"准印许可"；未经教会同意，任何图书均不得印刷或出售。首先遭到宗教法庭酷刑惩罚的是德国的新教徒印刷商，其中不少人因印刷出版新教图书而被判处火刑。

到王权时代，许可制度最终通过国家机器以立法的方式被固定下来。在英国，1662年，英国皇室正式颁布名为"制止出版诽谤、叛国和未经许可之图书及小册子"的法案，它规定凡印刷出版图书，都必须在出版商公司登记并领取印刷许可证；凡取得许可证者，均有权禁止他人翻印或进口有关图书。该法案简称"许可证法"。有人统计，1550～1700年，英国约有3000多种歌谣得到了许可印刷，但当时似乎共有9000多种歌谣在流传。这些歌谣的舆论效能十分可观，以至于1647年下议院禁止给所有的歌谣颁发印刷许可证，从那时至1656年没有一种歌谣被获准印刷②。在法国，1723年，路易十五颁布禁令，规定在法国出版的书籍必须先经过出版检查官的检查，在未得到盖有官方印玺的批准文书之前，任何出版商或任何人均不得在王国内任何地方出版或再版书籍。

许可制本质上是一种变相的事前内容审查，它是当时统治者控制印刷媒介的一种较为有效的间接内容管制方式，它将不利于统治者的印刷内容进行过滤和剔除。

3. 资产阶级政权管制：法律手段和经济控制

特许制度、检查制度随着封建王权的结束和资产阶级政权的建立最终退

---

① 〔美〕斯拉姆等：《报刊的四种理论》，中国人民大学新闻系译，新华出版社，1980，第23页。
② 项翔：《近代西欧印刷媒介研究——从古腾堡到启蒙运动》，华东师范大学出版社，2001，第131页。

出了媒介内容监管的历史舞台。但印刷媒介并没有因此真正获得自由，而是继续会受到叛逆罪、诽谤罪的起诉，这是一种直接的事后监管方式，它从封建王权一直延续到资产阶级革命以后。另外，印刷媒介的内容还受到更为间接的知识税、津贴制等方式的监管和制约。知识税更使监管带有隐蔽性，它使印刷品的价钱昂贵而限制了销售，从而让监管减少了敌对内容的对抗。

在英国，从18世纪开始，普通法已经逐渐成为控制出版的工具。当时的加以煽动诽谤罪成为钳制书报和小册子内容的主要法律手段，知识税成为辅助性的经济手段。1694年许可证法的废除意味着从预防性的出版前检查转向惩罚性的出版后检查。但英国新闻出版面临的另一情况是："在1694年检查制度取消后，报刊发现受到煽动叛国罪的迫害，也受到更为间接的例如特别税、津贴、禁止采访国会活动等条令限制。"① 当时英国政府以及在美洲的殖民政府都企图用煽动叛国罪来控制对政府活动的公开批评。

1707年英国议会的一项法令规定，用手写或印刷方式攻击女王或是传播消息，说女王是非法的、错误的，便是犯了最高的叛逆罪。1720年一位19岁的印刷工因印刷了一本支持詹姆士·爱德华觊觎王位的小册子被判为叛逆罪。②

在法律上规定的对煽动性诽谤罪或叛逆罪的制裁，便利了统治者对印刷媒介内容的控制。叛逆罪可以惩处那些企图动摇国家基础的出版内容，而煽动罪则可以被利用来对付那些持反对意见或异议的出版内容。

在整个18世纪，随着自由主义原则逐步向前发展，集权主义逐步转向颓势，防止印刷媒介妨害政府的传统武器，如国家垄断、特许制以及叛乱罪、诽谤罪等措施都已经失效了。最后统治者不得不遵循印刷媒介发展的市场规律，从经济方面对媒介的内容施加间接的影响。

当时的奥地利、匈牙利、西班牙、德国、英国和法国都很重视用经济手段控制出版物。而保证金和知识税是经济控制的两个重要手段。

保证金制用于对违反法规行为的处罚，最后的结果是导致报刊出版控制在极少数富裕的出版商手中。1848年，法国自由派天主教发言人罗贝尔·德·莱蒙那指出，保证金意味着你必须要有一大笔钱才得以享有发言权③。

此外，印花税也是控制印刷媒介的一个杀手锏。19世纪荷兰、比利时、

---

① 〔美〕斯拉姆等：《报刊的四种理论》，中国人民大学新闻系译，新华出版社，1980，第55页。
② 沈固朝：《欧洲书报检查制度的兴衰》，南京大学出版社，1999，第109页。
③ 沈固朝：《欧洲书报检查制度的兴衰》，南京大学出版社，1999，第160页。

奥地利、法国和德国都征收报纸印花税，法国的印花税吃掉其最大报纸至少1/3的收入，荷兰的印花税、广告税占报纸收入的50%，德国报纸税占报纸收入的25%，而奥地利的报纸税使报纸价格翻了一番。奥地利于1867年废除出版前检查，报刊从1862年的345种上升至1882年的1300种，废除保证金和印花税后，增至1912年的4500种①。

知识税有利于将报刊控制在少数富人手中，从而限制了小报小刊的种类和数量。它在印刷媒介的内容监管方面产生的效果是显著的。国外有学者曾评价："向出版物征税是代替许可证法的新发明，既可增加财源，又可达到寓禁于征的目的。""没有比报纸税更能抑制诽谤性出版物的传播了，因为它能吓住那些为生计而敢于印刷任何东西的穷出版商。""向出版物征税，就是向新闻征税……向知识征税……向人类进步征税。"②

加以叛逆罪、诽谤罪与征收知识税、津贴制是管制出版业的强、硬两种手段。向报纸、广告、纸张征税，使报价昂贵而限制了销售，这是出版后检查的一种新形式，它比加以诽谤罪更有效、更隐蔽，也更少招致激烈对抗的危险。英国学者詹姆斯·卡伦以英国报业为例对这两种管制手段进行了评价：19世纪中叶并没有开创报业自由的新纪元，相反，这段时间所建立起来的一整套报业审查制度比以往任何时候都更加有效；统治者试图通过法律压制将报业改造成进行社会管制的工具；当这种努力遭到失败之后，市场力量取而代之，并且同样把报业改造成了进行社会管制的工具，这对现代英国社会的发展产生了深远的影响。③

4. 印刷行会控制：内部检查

除了以上几种监管政策外，印刷媒介的行业协会还实行行业内部的内容检查，它也是王权时期国王对印刷出版内容进行控制的一个重要的御用工具。因其与王权关系密切，并成为王权对传播内容监管的另一种变相手段，故此亦将其列入内容监管范畴。

随着印刷媒介影响的扩大，它逐步发展了自己的行业协会。这种初期的行业协会在很大程度上受到集权政府的控制。法国、英国等国家最早都出现过这样的行业监管组织。

---

① 沈固朝：《欧洲书报检查制度的兴衰》，南京大学出版社，1999，第160~161页。
② 沈固朝：《欧洲书报检查制度的兴衰》，南京大学出版社，1999，第119页。
③ 〔英〕詹姆斯·卡伦：《媒体与权力》，史安斌、董关鹏译，清华大学出版社，2006，第106页。

1403年英国书商公会成立,最初它是英国伦敦一个由图书印刷商、出版商、装订工等组成的同业者行会。1557年玛丽女王颁发国家特许状,授予书商公会印刷出版特权,同时授予它们可以对其他书商和印刷商的非法印刷品进行搜查、没收、焚毁、查封、扣押的特权。它们可以检查、没收和销毁被认为是诋毁王室或教会的出版物。很显然,玛丽一世的动机只是为王室对印刷媒介的内容监管找一个有效率的代理人。1559年,伊丽莎白女王再次确认公会宪章,赋予书商公会垄断权。

在法国,1618年路易十四为了规范印刷出版业,建立了类似于英国书商公会的机构——行业公会。和英国书商公会不同的是,该组织主要在履行该行业组织的经济职能方面发挥重要作用。当时对印刷出版的控制主要来自教会。但它后来演变成控制出书的机构,与巴黎大学一起构成双重审查,甚至有权检查、没收、销毁被认为是诋毁国王或教会的出版物[①]。它是法国18世纪以前出版检查的主要执行者。

王室赋予书商公会垄断权,它们以公会形式分享印刷的专属权利,而当时的统治者却希望借此控制对政局不利的印刷出版品,这使得书商的独占利益与政府的统治相结合。实际上书商公会在获取印刷出版特权之后便成为了国王控制印刷出版内容的一大御用工具。

以上各个不同政权下所出现的禁书目录、特许登记、书报审查、叛逆诽谤罪、知识税等都是从监管手段上对印刷媒介实施的一种内容控制,而行业公会的设置则是从组织维度上对媒介内容实施的另一有效控制机制。表3-1是各个政权控制下的早期印刷媒介内容监管机制一览表。

表3-1 早期印刷媒介内容监管机制

政权或团体	主要监管手段	监管特点	备注
教会	禁书目录	传播渠道控制	还有特许制、检查制
王权	特许制与书报检查制	源头控制与内容控制	
议会	叛逆诽谤罪与知识税	事后惩罚	
公会	行业垄断	源头控制	御用工具

资料来源:个人整理。

[①] 边春光:《出版词典》,上海辞书出版社,1992,第702页。

通过以上的梳理我们可以发现，集权主义时期印刷媒介的内容监管从最初教会推行禁书目录，到后来王权实行特许检查制以及资产阶级革命后推行的立法管制和经济控制，在这种渐进式的政策发展演变中，印刷媒介的内容监管逐步形成了一个历时性的较为系统的早期传媒内容监管框架。

在这个框架之下，印刷媒介的内容监管政策既有政府的行政调控，也有立法监管，还有经济控制和官方主导的行业监管。因为政权变更的原因，尽管这些政策并没有共时存在，但它们各自作为历史上一套曾经行之有效的内容监管机制为现代新闻出版业内容监管体系的建立提供了不少的参照和借鉴。

三 集权主义时期印刷媒介内容监管的特点

集权主义时期印刷媒介的内容监管表现出如下几个方面的特点。

1. 媒介的政治功能首先受到管控

印刷媒介一经诞生，其本身固有的商业特性和政治特性随即被开发出来，而且被发挥得淋漓尽致。一开始当时的各个阶级阶层都积极利用这种新兴的媒介为自己服务。教士用它来传播教义；商人用它来传播商品信息；政客用它来做宣传。赫伯特·阿特休尔是这样具体描述的[①]：

> 长期惯于书面交流的教会牧师在新近问世的大众化周刊中找到了一条传播教义的途径；船主和经商者则窥察到了报刊作为一种迅速提供市场信息工具的有益之处；政治上的统治人物和那些正在兴起的正统势力的挑战者也都求助于印刷文字，将它作为宣传各自政治信仰的工具。

正因为如此，所以一开始传媒内容监管的重点是关注政治和宗教方面的问题。尽管印刷媒介本身还有着更重要的商业功能，而且很多的印刷商也竭尽全力地开发其商业功能，但当时的统治者似乎忽略了这一点，他们谨小慎微地对待这种新发展起来的媒介，并逐步制定了很多内容监管方面的政策。当然，这些政策的制定是有着集权主义思想背景的，而非当时的

---

① 〔美〕赫伯特·阿特休尔：《权力的媒介》，黄煜、裘伯康译，华夏出版社，1989，第10页。

统治阶级本来就有这么专业独到的监管眼光。

此前曾有一大批的集权主义理论家都强调出于政治目的必须对信息传播进行控制。如集权主义理论的代表柏拉图在《法律》一书中，要求"诗人首先把他的作品送给执政者审阅，执政者可以判断那些作品是否有益于公民的精神健康"①。

后来接受政府的权力原则的著名人物马基雅维利也认为：应以爱国的理由为政治活动的基础，严格控制讨论和控制消息的大量传播；国家的稳定和进步高于一切；公民的个人考虑是从属的②。

最有说服力的是，18世纪初英国作家约翰逊博士在总结集权主义理论时说："执政者在限制他所认为的危险意见时，他在道德上或神学上可能有错误，但是他在政治上则是正确的。"③

甚至还有人认为："如果每个空想的革新家可以宣传他的计划，那就将不知所从；如果每个对政府有怨言的人都可以散播不满情绪，那就不会有安定；如果每个神学的怀疑论者都可以宣扬他的愚蠢想法，那就不会有宗教。"④

如此等等，这些跟我们今天所认同的言论出版自由几乎是完全不同的对立。但正是有这些先期的集权主义传播理念的支持和准备，才使当时的统治者面对这种新出现的媒介时不至于手足无措，而是积极强化对媒介内容政治功能的控制。

媒体发展到今天，传播技术虽在不断进步，但上述的内容监管手段一直是当今各国控制、管理和利用其他媒介的依据和借鉴。这种集权主义式的媒介内容监管实践仍然有着很好的市场，尤其是它突出对传媒政治功能监管的经验至今还影响着对其他新媒介的监管方式。

2. 内容的控制制约了产业化发展

印刷媒介在最初发展起来以后，它除了具备前面提到的政治特性之外，还有着固有的商业潜能。它曾经几乎在一夜之间造就了一个新的史无前例的信息技术专家阶级，这些人后来成为商人甚至贵族。

---

① 〔美〕斯拉姆等：《报刊的四种理论》，中国人民大学新闻系译，新华出版社，1980，第13页。
② 〔美〕斯拉姆等：《报刊的四种理论》，中国人民大学新闻系译，新华出版社，1980，第20页。
③ 〔美〕斯拉姆等：《报刊的四种理论》，中国人民大学新闻系译，新华出版社，1980，第42页。
④ 〔美〕斯拉姆等：《报刊的四种理论》，中国人民大学新闻系译，新华出版社，1980，第42页。

第三章　印刷媒介的内容监管机制

印刷革命的信息技术人员是早期的印刷商。1450年时他们是不存在的，但25年后却活跃在欧洲各地，成为社会名流。与以前的工匠不同，印刷商是高贵的绅士，受到国王、贵族、教皇和富裕商业城市的青睐，得到数不清的金钱和荣誉。① 当时第一个这样显赫的印刷巨头是威尼斯的阿尔德·马努蒂乌斯（1449～1515年），他创办的印刷所印制的图书总数远远超过1000种。最后一个这样的印刷贵族是著名的印刷专家、安特普卫的克里斯托弗·普朗坦（1520～1589年），他在欧洲建立了最大和最著名的印刷厂，并为自己建造了一座宫殿。② 可见印刷媒介最初作为一种新兴技术因其商业属性在短暂时间内爆发而产生出的巨额财富之多之快。

但不幸的是，因印刷媒介的这种商业潜质快速产生财富的情况很快就难以为继了。到1580年左右，印刷商已成为普通工匠。诚然他们是受尊敬的商人，但无疑不属于上层贵族，他们的地位很快被出版商取代了。③

为什么会出现这种情况？是早期的印刷商没有壮大印刷产业的眼光还是他们受到了客观条件的限制？有学者认为是因为后来人们和企业的注意力已不再放在信息技术的"技术"上，而是放在了信息技术的"信息"上。④ 这种说法有一定的道理，但事实上并没有这么简单。

印刷媒介诞生以后教会和王权曾经将其作为一种新的技术加以推广和利用。但当这种新技术在传播内容上真正发挥出一定威力的时候，统治者关注的就不再是技术本身而是该技术在政治方面的影响了。所以统治者后来并没有把它当做一项营利性的产业来实行商业化的经营，相反却加强了对其内容的监管和控制。

它几乎成为了各个统治阶级维护政权、控制社会的一个工具。如前面提到的特许制，它实际上是一种印刷出版权力的上游控制。统治者把印刷出版作为稀缺资源加以控制，本意是对属于意识形态的印刷媒介内容加以有效管理和控制。

但是这种管理和控制如果到了一种极端的地步，就阻碍了印刷媒介产业功能正常的发展。在特许制度下，最后公开印刷出来的产品几乎全是清

---

① 支庭荣：《西方媒介产业化历史研究》，广东人民出版社，2004，第15页。
② 支庭荣：《西方媒介产业化历史研究》，广东人民出版社，2004，第16页。
③ 支庭荣：《西方媒介产业化历史研究》，广东人民出版社，2004，第16页。
④ 支庭荣：《西方媒介产业化历史研究》，广东人民出版社，2004，第16页。

一色的符合统治阶级利益的宣传品和无关政治、宗教的出版品。后来捷克历史学家弗兰蒂斯克·帕拉基在1830年感叹道："除了烹饪书、祈祷书、故事和字谜以外什么都不能写的日子何时才能结束。"一位法国记者在评论1841年的德国出版业时也说："如果一个美国印第安人有机会第一次阅读这里的报纸，他会得出这样的结论：狩猎和饮食是德国人生活的全部内容。"①这种内容控制的现象如此严重，以至于后来的印刷商走向极端，根本就不敢关注印刷的内容。西方学者这样描述："只要出版商是个印刷商，他们就可以不用关心他们行业道德的一面，因为印刷商认为他们的报刊只是印刷厂的附属物。"② 这种处于集权主义严厉监控下的印刷媒介，在发展中完全置传播内容于不顾，而仅仅成为一种机械性的生产，试想这种境况下的印刷媒介最后能够凭借其新兴的技术优势形成产业吗？

早期印刷媒介的内容监管是非常严厉甚至是严酷的。尽管在英国和法国有不少印刷出版商走向反抗的道路，他们在巨额商业利润的诱惑之下偷偷地印刷了部分违禁作品，但这些似乎根本不能构成当时印刷出版的主流。例如，17世纪初，英国印刷媒介的市场还一直处于控制与反控制的状态，但到17世纪20年代，符合市场法则的竞争机制逐渐建立了起来。1641年星法院被取消，20年后伦敦的印刷商约是17世纪初的3倍多。③ 可见官方的政策对印刷媒介的产业化发展影响非常大。

这种境况直到18世纪以后才有所改变。当时随着18世纪末19世纪初工业革命的发展以及资本主义民主进程的加快，原来对印刷媒介的各种内容限制陆续取消，为印刷媒介的产业化发展提供了有利的政治环境。

另外，由于出版物以外的其他印刷品，如纸币、邮票等的生产日益增加，印刷媒介的产业功能逐步凸显，由此发展起来的印刷产业逐步独立于出版业，发展成单一生产型的制造行业。出版商也进一步向专业化方向发展。到19世纪中期，出于书籍大量流通的需要，欧洲的书业分化成出版社和销售店，少数的作者和大量的读者开始被分离开来。④

当时还出现了全国性和国际性的出版行业组织。如1825年德国首先成

---

① 沈固朝：《欧洲书报检查制度的兴衰》，南京大学出版社，1999，第155页。
② 〔美〕斯拉姆等：《报刊的四种理论》，中国人民大学新闻系译，新华出版社，1980，第96页。
③ 项翔：《近代西欧印刷媒介研究——从古腾堡到启蒙运动》，华东师范大学出版社，2001，第129页。
④ 〔日〕佐藤卓己：《现代传媒史》，诸葛蔚东译，北京大学出版社，2004，第46页。

立了非官方的全国图书出版组织"德国书商协会",1869年,巴黎成立了国际性的出版协会。1886年,出现了两项国际版权协议:第一项是由13个欧洲国家签署的《伯尔尼公约》;第二项是由美洲国家签署的《泛美公约》。①

3. 技术的发展优先于内容的控制

传播学者斯拉姆认为,在公众通信工具发展时期,一般是通过对通信工具的控制以阻止其妨碍实现国家的目的,这是一种消极的控制。在后期,则采取了一种比较积极的政策,根据这种政策,国家积极参与通信事业,并利用公众通信工具作为完成其目的的一种重要手段。② 这里主要指的是电子媒介。实际上印刷媒介的内容监管也经历了这样一个类似的历程。

最初,各国统治者都非常鼓励本国发展这种新兴的媒介。在法国,印刷术首先受到统治者的欢迎。国王查理七世(1422~1461年)曾派人赴德国学习印刷术。1470年,法国索帮负责人海尼林邀请三位德国印刷工匠在索帮设立印刷所③,通过官方途径将印刷术引入法国。引入后弗兰西斯一世(1515~1547年)曾试图利用印刷媒介制造公共舆论来服务王权。甚至还出现了由国王任命的专门的印刷商,负责印刷和传播王室的法令。

在英国,第一个将印刷术引进英国的印刷出版商卡克斯顿(1422~1491年)曾得到了爱德华四世、理查德三世和亨利七世的支持。④ 理查德三世曾处心积虑地要驱逐与书业有关的外侨,以鼓励本国印刷业的发展。

就教会而言,他们最初更是积极利用这种传播技术。"新教是印刷术的产物",他们非常刻意地用一种新的、以印刷文字为基础的传播方式来代替传统的、在文字出现之前所采用的宗教传播方式。⑤ 新教教会鼓励大量印刷《圣经》,以让普通信徒能够通过印刷文字理解上帝的教义。

当印刷媒介真正发展起来以后,各国的统治者又担心它会不利于国家目的的实现和社会秩序的稳定,纷纷采取各项措施对印刷媒介加以限制和

---

① 解光云等:《中外文明史纲》,合肥工业大学出版社,2005,第350页。
② 〔美〕斯拉姆等:《报刊的四种理论》,中国人民大学新闻系译,新华出版社,1980,第20页。
③ 项翔:《近代西欧印刷媒介研究——从古腾堡到启蒙运动》,华东师范大学出版社,2001,第57页。
④ 项翔:《近代西欧印刷媒介研究——从古腾堡到启蒙运动》,华东师范大学出版社,2001,第59页。
⑤ 〔英〕詹姆斯·卡伦:《媒体与权力》,史安斌、董关鹏译,清华大学出版社,2006,第92页。

控制，从最初教会的禁书目录到王权时代的特许制、检查制以及法律检举和起诉等，这些都可以反映出当时统治者对印刷内容的担心与压制。

一味地压制在新媒介尚未成熟之时发挥了短暂的预期效果，但当印刷文化逐步走出政治、宗教的樊篱，力量日渐强大之时，这些手段纷纷失效。最后统治者对它的态度也由压制走向了利用。

如 18 世纪，法国政府除了严格限制印刷媒介之外，还企图利用印刷媒介。当时的报纸"刊载四行诗句多于争议性文章，尽管如此，政府对这支小小的力量已垂涎三尺……由于无法专横地予以取缔，它便努力使报刊转而为政府所用"[①]。

四 集权主义时期印刷媒介内容监管机制的影响

集权主义时期印刷媒介的内容监管机制所产生的影响表现在如下几个方面。

1. 奠定了现代新闻出版政策法规体系的基础

集权主义时期印刷媒介的内容监管从最初教会推行禁书目录，到后来王权实行特许检查制以及资产阶级革命后推行的立法管制和经济控制，在这种渐进式的发展演变中，印刷媒介的内容监管逐步形成了一个历时性的较为系统的早期监管框架。在这个框架之下，印刷媒介的内容监管既有政府的行政调控，也有立法方面的监管，还有经济控制和行业监管。因为政权变更的原因，尽管这些政策并没有共时存在，但作为历史上一套实用有效的内容监管机制，它为后来现代新闻出版业的内容监管提供了参照和借鉴。

目前西方各国新闻出版业的内容监管体系主要分为三大部分：政府宏观调控管理体系、法律管理体系及行业协会自律管理体系。这三大体系中起主导作用的是法律管理，其次是政府宏观调控管理和行业协会自律管理。

在宏观调控管理方面，西方国家对于新闻出版行业普遍采用以登记制为基础，以文化、传媒、教育或外交、外贸部门为主导，商业和法律各部门参与的行政管理体系。[②] 这种机制最大的特点是，出版物在出版发行前不

---

① 项翔：《近代西欧印刷媒介研究——从古腾堡到启蒙运动》，华东师范大学出版社，2001，第 147 页。
② 余敏主编《国外出版业宏观管理体系研究》，中国书籍出版社，2004，第 5 页。

受政府管理机构的任何限制和干预，在出版发行后，一旦发现有违法情况，政府有关机构即依法惩处。① 还有一类是审批制。国家有关部门对出版物进行事前审查，通过事前审查后才能进行出版。这些举措在很大程度上都是对集权主义时期印刷媒介内容监管机制的一种借鉴与变革。

另外，现代出版行业协会的自律管理多达七个方面的职责，② 如市场管理、行业协调、制定行业标准、评奖等，其中最重要的一项职责就是对出版内容的审查或管理。尽管它已经并不具备集权主义时期的任何官方特点，但这些协会规则也是在先前行业自律的基础上发展并完善起来的。

2. 孕育和催生了近代新闻出版自由

随着教权到王权再到资产阶级政权的更替以及自由理论的发展，集权主义时期严厉的传媒内容管制政策已经逐步失效。"在十八世纪初期，集权主义的报刊制度正在死亡之中。国王放弃了管制报刊的权力，教会作为一种管制机构也被取消了，国家垄断出版事业的现象被废止了。到十八世纪末，自由主义原则已经通过保护言论和出版自由的宪法条文而被认为是各国基本法的神圣原则了。"③

在印刷媒介经历了曲折的发展过程之后，近代新闻出版自由逐步得到了孕育并最终随着资产阶级政权的确立而在19世纪正式宣告诞生。

在英国，1640年资产阶级革命爆发后，特许出版机构和星法院自动解体，英国新闻出版第一次获得了自由。1643年，弥尔顿的《论出版的自由》抨击了革命后大资产阶级和新贵族的长老派所制定的书报检查制度。1693年，英国国会彻底废除了特许出版法案，1695年后废除了新闻检查制度。即使如此，当时掌权的大资产阶级和土地贵族仍想方设法限制出版自由，制定印花税法案以实现对印刷媒介内容的间接监管。1792年，英国议会通过的《福克斯诽谤法》彻底废除了原来的煽动诽谤法，1855年英国议会又废除了印花税法案，从此英国新闻出版自由才最终得以确立。

在法国，16～17世纪封建专制政府严格地控制着出版业。到18世纪，孟德斯鸠、伏尔泰、卢梭、狄德罗等资产阶级启蒙思想家纷纷提出天赋人

---

① 余敏主编《国外出版业宏观管理体系研究》，中国书籍出版社，2004，第4页。
② 余敏主编《国外出版业宏观管理体系研究》，中国书籍出版社，2004，第23页。
③ 〔美〕斯拉姆等：《报刊的四种理论》，中国人民大学新闻系译，新华出版社，1980，第50页。

权、人民主权等学说，反对封建专制统治。这其中也包含有对印刷媒介集权控制的反对。法国大革命前夕许多启蒙书报、传单和小册子纷纷突破集权政府的限禁进行出版，传播资产阶级民主、自由、平等思想。随后的大革命推动了法国近代新闻出版自由的发展。1789年通过的《人权宣言》第一次确立了新闻出版自由的各项重大原则。1881年法国议会通过《新闻自由出版法》，《人权宣言》中的出版自由口号最终得以实现。

马克思在谈到出版法时指出："出版法就是出版自由在立法上的认可。""它反映自由的肯定存在。它认为自由是出版物的正常状态，出版物是自由的存在；因此，出版法只是同那些作为例外现象的出版物的罪过发生冲突。"① 近代出版自由之所以能在欧美国家最终以立法的方式得以保障和实现，其实与数百年来的争取和斗争是分不开的。而这种斗争的根源又是与当初集权主义时期对出版内容的严厉禁制所形成的传统和机制分不开的。没有集权主义式的严酷出版禁制，也就不会有对近代新闻出版自由的激烈争取。因而在某种程度上可以说，集权主义时期印刷媒介的内容监管机制催生了近代的新闻出版自由。

3. 发展了多样化的媒介内容监管方式

阿特休尔指出："宗教改革运动与日益壮大的印刷业汇合一体，注定了中世纪社会制度的灭亡；大小君主纷纷倒台，罗马教会的无限权力也不复存在。"② 在印刷媒介的影响逐步壮大并注定危及集权统治者存亡的情况下，统治者竭尽全力地发展了各种类型的内容监管机制，而且这些不同类型的手段不是单一地发挥作用。

从各种监管机构到各种监管手段，从专门的媒介管制到媒介的利用，它们共同作用，结合在一起构成了一张复合型的媒介内容监管网络。

在英国，早期印刷媒介的内容监管实际上分为以许可证制为主的出版前审查和以罚款、判刑为主的出版后审查两种主要的监管方式。它最初将出版物的出版权归于王室，建立特许出版制，并建立了专业性的书报检查机构，实行出版登记和出版检查。而且它还将宗教改革后效忠国王的国教会列为星法院、书商公会以外的第三种控制出版的力量，形成以王室、枢密院和星法庭、国教会、书商联合会为主导的四位一体的严密的复合型传

---

① 马克思、恩格斯：《马克思恩格斯全集》第1卷，人民出版社，1956，第71页。
② 〔美〕赫伯特·阿特休尔：《权力的媒介》，黄煜、裘伯康译，华夏出版社，1989，第9页。

媒内容监管体系。它们共同在法律、行政、宗教以及文化领域打造了严密的复合型传播内容控制网络。

此外，加以叛逆罪、诽谤罪与征收知识税、津贴制是英国早期印刷媒介内容监管的两套软硬兼施的重要手段。知识税更使监管带有隐蔽性，它因使报价昂贵限制了销售，从而让监管减少了敌对内容的对抗。因此英国的特许检查制度取消后，印刷媒介并没有真正彻底地走向自由，它继续有可能受到叛逆罪、诽谤罪的起诉，这是一种间接的监管方式。另外，它还受到更为间接的知识税、津贴等方式的监管和制约。

同样，在18世纪的法国，早期印刷媒介的内容监管也有一张严密的复合型传播控制网络。当时印刷出版受到王权任命的出版检察官、教会、大学和最高法院这四个部门的综合控制。这四种力量中最为有效的是王权。有研究者认为，18世纪的出版检查被"非教士化"，并且成为专制王权的一种统治制度。①

另外，值得注意的是，印刷媒介的内容监管不是单一存在的。媒介管制与媒介利用是当时印刷媒介内容监管的两种常用手段。当时的集权统治者为了对付敌对的媒介内容，有时也利用印刷媒介，他们往往设立自己的刊物，以操纵舆论对敌对媒介进行打击。如拿破仑时期对新闻出版的控制采取了两种手段：一方面消灭对立的报纸，严格控制报纸的数量；另一方面，发行官报，操纵舆论。②

五 集权主义时期印刷媒介内容监管机制的历史教训

传播学者斯拉姆认为："在公众通信工具发展时期，一般是通过对通信工具的控制以阻止其妨碍实现国家的目的，这是一种消极的控制。"③ 就印刷媒介而言，以上的这些内容管制手段大多也属于这种消极控制范畴，但从这些早期的消极控制中我们可以得出如下三点历史教训。

1. 内容的管控必须基于言论出版自由原则

印刷媒介一经诞生，各个阶级阶层都积极支持和利用这种新兴的媒介

---

① 项翔：《近代西欧印刷媒介研究——从古腾堡到启蒙运动》，华东师范大学出版社，2001，第145页。
② 沈固朝：《欧洲书报检查制度的兴衰》，南京大学出版社，1999，第145页。
③ 〔美〕斯拉姆等：《报刊的四种理论》，中国人民大学新闻系译，新华出版社，1980，第20页。

为自己服务。教士用它来传播教义；商人用它来传播商品信息；政客用它来做宣传。但发展到后来，统治者开始谨小慎微地对待这种新发展起来的媒介，并逐步制定了很多内容传播方面的禁锢政策。

可这些消极性的禁锢政策最后都失效了。随之而来的是近代新闻出版自由逐步得到了孕育并最终随着资产阶级政权的确立而在19世纪正式宣告诞生。

英国1640年资产阶级革命爆发后，特许出版机构和星法院自动解体，最终在1695年废除了新闻检查制度。法国1789年通过了《人权宣言》第一次确立了新闻出版自由的各项重大原则。最终是基于言论出版自由理念下的市场力量取代了原有的各种消极性的内容监管制度。

近代出版自由之所以能在欧美国家最终以立法的方式得以保障和实现，与数百年来的争取和斗争是分不开的。没有当初集权主义式的严酷出版禁制，也就不会有对近代新闻出版自由的激烈争取。因而在某种程度上可以说，西方印刷媒介内容监管的制度变迁孕育和催生了近代新闻出版自由。而专制和集权式的内容管控方式最后退出了历史的舞台。

马克思在谈到出版法时指出："出版法就是出版自由在立法上的认可。""它反映自由的肯定存在。它认为自由是出版物的正常状态，出版物是自由的存在；因此，出版法只是同那些作为例外现象的出版物的罪过发生冲突。"① 由此可知，自由是印刷媒介的常态，言论出版自由准则是印刷媒介生存、发展的主流。传播内容的控制必须以此为准则。这一点对我们今天的新媒体内容监管仍然有着重要的启示意义。

2. 内容的管控不能以牺牲媒介的商业化发展为代价

印刷媒介发展起来以后，它曾经几乎在一夜之间造就了一个新的史无前例的信息技术专家阶级，这些人在早期曾是印刷商，后来成为活跃在欧洲各地的商人甚至贵族。典型的如威尼斯的阿尔德·马努蒂乌斯和安特普卫的克里斯托弗·普朗坦②。可见印刷媒介最初作为一种新兴技术因其商业属性，在短暂时间内能爆发和产生出巨额财富。

但不幸的是，这种因商业潜质而快速产生财富的情况很快就难以为继了。为什么会出现这种情况？

---

① 马克思、恩格斯：《马克思恩格斯全集》第1卷，人民出版社，1956，第71页。
② 支庭荣：《西方媒介产业化历史研究》，广东人民出版社，2004，第16页。

印刷媒介诞生以后教会和王权曾经将其作为一种新的技术加以推广和利用。但当这种新技术在传播内容上真正发挥出一定威力的时候，统治者关注的就不再是技术本身而是该技术在政治方面的影响，所以统治者后来并没有把它当做一项营利性的产业来实行商业化的经营，相反却将其列入意识形态的范畴加以有效的管理和控制。结果是：一方面到1580年左右，印刷商已成为普通工匠，诚然他们是受尊敬的商人，但无疑不属于上层贵族，他们的地位很快被出版商取代了①；另一方面公开印刷出来的产品几乎全是清一色的符合统治阶级利益的宣传品和无关政治、宗教的出版品。

这种严厉的内容控制使印刷商走向极端——根本就不敢关注印刷的内容，"因为印刷商认为他们的报刊只是印刷厂的附属物"②。试想这种完全置传播内容于不顾而仅仅作为一种机械性的生产方式，能够凭借其新兴的技术优势最后形成产业吗？研究表明，英国1641年星法院被取消，20年后伦敦的印刷商约是17世纪初的3倍多③。可见官方的内容监管对印刷媒介的商业化制约非常大。直到19世纪印刷产业才逐步独立于出版业，发展成单一生产型的制造行业。出版商也进一步向专业化方向发展。④

由此可知，集权主义时期印刷媒介的内容管制，是以牺牲其商业化发展为代价的。我们在制定其他媒介的内容监管政策时必须尽可能避免重蹈历史覆辙。这是启示之二。

3. 消极管控的同时还应辅以积极利用

斯拉姆认为，在公众通信工具发展时期，政府一般实施消极的控制。在后期，则积极参与通信事业，"并利用公众通信工具作为完成目的的一种重要手段"。⑤ 这里主要指的是电子媒介。实际上印刷媒介的内容监管也存在这种情况。它表现在两个方面。

一是支持和促进印刷媒介本身的发展。如欧洲各国统治者最初都鼓励本国发展这种新兴的媒介。在法国，国王查理七世曾派人赴德国学习印刷

---

① 支庭荣：《西方媒介产业化历史研究》，广东人民出版社，2004，第16页。
② 〔美〕斯拉姆等：《报刊的四种理论》，中国人民大学新闻系译，新华出版社，1980，第96页。
③ 项翔：《近代西欧印刷媒介研究——从古腾堡到启蒙运动》，华东师范大学出版社，2001，第129页。
④ 〔日〕佐藤卓己：《现代传媒史》，诸葛蔚东译，北京大学出版社，2004，第46页。
⑤ 〔美〕斯拉姆等：《报刊的四种理论》，中国人民大学新闻系译，新华出版社，1980，第20页。

术。1470年，法国索帮负责人海尼林邀请三位德国印刷工匠在索帮设立印刷所①，通过官方途径将印刷术引入法国。引入后弗兰西斯一世曾试图利用印刷媒介制造公共舆论来服务王权。甚至还出现了由国王任命的专门的印刷商，负责印刷和传播王室的法令。在英国，第一个将印刷术引进英国的印刷出版商卡克斯顿曾得到了爱德华四世、理查德三世和亨利七世的支持②。理查德三世甚至曾处心积虑地要驱逐与书业有关的外侨，以鼓励本国印刷业的发展。

至于教会，它们非常刻意地用一种新的、以印刷文字为基础的传播方式来代替传统的、在文字出现之前所采用的宗教传播方式③。新教教会鼓励大量印刷《圣经》，以让普通信徒能够通过印刷文字理解上帝的教义。

支持和促进印刷媒介本身的发展，有利于统治者将新兴的传媒技术改造成为一种控制社会的统治手段和工具。

二是积极创办新的印刷媒介。在18世纪的法国，政府除了严格限制印刷媒介之外，还力图创办和利用印刷媒介。当时的报纸"刊载四行诗句多于争议性文章，尽管如此，政府对这支小小的力量已垂涎三尺……由于无法专横地予以取缔，它便努力使报刊转而为政府所用"④。拿破仑就曾采取两种手段：一方面消灭对立的报纸，严格控制报纸的数量；另一方面发行官报，操纵舆论。⑤ 在英国，1722年一个负责监管印刷媒介的佼佼者、英国财政部法务官Robert Walpole使用的管理印刷媒介的方法特别有效：制作大量自己政党的宣传资料，并监控、打击敌对的出版物⑥，以达到操纵舆论的目的。

上述的这些集权主义监管机制将早期的印刷媒介压制了几百年，暂时

---

① 项翔：《近代西欧印刷媒介研究——从古腾堡到启蒙运动》，华东师范大学出版社，2001，第57页。
② 项翔：《近代西欧印刷媒介研究——从古腾堡到启蒙运动》，华东师范大学出版社，2001，第59页。
③ 〔英〕詹姆斯·卡伦：《媒体与权力》，史安斌、董关鹏译，清华大学出版社，2006，第92页。
④ 项翔：《近代西欧印刷媒介研究——从古腾堡到启蒙运动》，华东师范大学出版社，2001，第147页。
⑤ 沈固朝：《欧洲书报检查制度的兴衰》，南京大学出版社，1999，第145页。
⑥ Michael Harris：《18世纪早期的文化政策——印刷业、政治和威廉·瑞纳的讼案》，见霍华德·裘伯《传媒政策与实务》，昝廷全等译，中国传媒大学出版社，2006，第134页。

维护了当时的秩序与社会的稳定。但经历了数百年后我们再回头来看，便可发现印刷媒介的出现，后来还是使西方的政治、文化经历了彻底的洗牌和重组，最终西方社会（包括政府）还是顺从和适应了印刷媒介的发展潮流。"经过了200多年，西方文化才适应印刷机造就的信息环境。""对依靠印刷品搞政治的人而言，理性和印刷术密不可分……我们可以毫不犹豫地断言，美国宪法第一修正案就是印刷术意识形态偏向的一座丰碑。"[①]

但这种洗牌和重组给我们的启示是：媒介技术发展的潮流以及媒介内容的广泛传播都不可控制和阻挡，媒介本身有它的发展规律，在实施内容监管时政府应该尽可能地变消极控制为积极开发和利用。

集权主义阶段结束后，西方国家建立了基于自由主义原则下的印刷出版机制，它以保障"观点的自由市场"上多元意见的自由表达为出发点，其核心思想是反对政府干预，强调市场"看不见的手"的作用，市场逻辑被认为能以竞争保障内容的多元化。

但这种机制初起之时主要解决的是如何摆脱政治力量的操控，建立独立、自由的印刷出版机制，并未对如何因市场逻辑带来的商业化所产生的利益至上的倾向问题予以制度上的预防。因而，最后在过于自由可以说是几近放任自流的市场竞争中出现了兼并和垄断，从而削弱了内容的多元化和市场的竞争力。20世纪40年代英美国家出现的社会责任论思想融入到自由出版机制之中，奠定了传媒自律的理论基础，自此印刷媒介在内容监管上彻底走向了业界自律，实现了传播的自由。

第二节 英国早期新闻出版业的内容监管

作为欧洲主要国家之一的英国，其新闻出版业兴起很早，历史也较为悠久。1476年，威廉·卡克斯顿在英国伦敦开办了第一家印刷所，伴随着当时印刷技术的发展，几乎是一个半世纪后英国开始有了原始的报纸——"科兰特"。英国新闻出版业的发展及其监管的历史，在西方发达国家中颇具典型的标本意义。因此我们这里以英国为案例探讨印刷媒介的早期内容监管机制。

---

① 〔美〕尼尔·波斯曼：《技术垄断》，何道宽译，北京大学出版社，2007，第38~39页。

当新闻出版业发展起来以后，随之而来的是统治者在内容方面的严厉管制（或监管）。1632年10月17日星法院宣布所有的新闻书（newsbook）均为非法，① 报禁从此开始。总体上，英国早期新闻出版业的内容监管始于16世纪初，在17世纪达到顶峰，18世纪后逐渐衰落，而新闻出版业真正摆脱政府方面的内容控制，实现出版自由是在19世纪中叶以后。早期英国的新闻出版业内容监管机制产生于都铎王朝，经历亨利八世后发展到伊丽莎白一世统治时期已经达到顶峰，英国大革命后，以1695年《许可证法》的废除为转折点，标志着原有的新闻出版业内容监管机制的彻底衰落。

西方有学者指出，传播政策的产生源于政府的国家利益诉求和商业/工业企业运作之间的互动。双方都期望通过特权、规定以及约束来实现互利。② 在印刷媒介发展的早期，英国作为一个新闻出版业监管比较发达的国家，当时的政府是如何进行内容管制的？它采取了哪些手段？这种监管机制有何特点？它对后来的文化传媒政策产生了怎样的影响？

一　英国早期新闻出版业的内容监管手段

英国新闻出版业的内容检查始于16世纪，当时的都铎王朝从1529年开始便以特许制控制新闻出版业，使出版物在内容上只能发表有利于国家的言论。以后因印刷业发达，出版物增多，政府用原来控制出版业开业的办法已不能控制报纸，于是由控制报刊的出版改为对报刊的内容检查，并对不利的内容冠以煽动诽谤罪进行起诉，再然后是推行知识税，采取经济手段对新闻出版内容进行控制，在英国新闻出版业早期的政策演变过程中我们可以粗略地发现当时存在的几种内容监管手段。

1. 建立特许出版制度，实行行业垄断经营

古腾堡的活字印刷术出现以后，印刷技术与文艺复兴思潮的相结合，引发了欧洲思想大地震。"由于印刷机的出现，因而产生了'危险思潮'的传播，远远超过这种思想创始人的直接影响这一前景，于是问题尖锐了。"③

当传播变成为大众市场制造批量产品的商业行为后，为了获利而不得

---

① 沈固朝：《欧洲书报检查制度的兴衰》，南京大学出版社，1999，第4页。
② 〔美〕库伦伯格、麦奎尔：《媒体政策范式的转型：论一个新的传播政策范式》，见金冠军等主编《国际传媒政策新视野》，上海三联书店，2005，第15页。
③ 联合国教科文组织：《多种声音，一个世界》，中国对外翻译出版公司，1980。

不迎合公众的口味和态度，传播质量就不可避免地变得"低劣"。当时的英国政府如何控制这种"低劣"的印刷产品？

政府想要控制人民的阅读内容，进而掌控人民的思想，最好的方法不是告诉人民应该阅读或不准阅读何种书籍报刊，而是直接控制印刷及出版业的生产及复制环节，以顺利地掌控印刷内容。而控制生产复制环节的方法之一便是使之成为垄断企业。

当时一本书的印刷出版需要经过特许，特殊情况下还要经过女王或枢密院六个成员的批准。一般情况下要经过坎特伯雷和约克大主教、伦敦主教、牛津和剑桥的长官、图书印刷地的教区主教和执事长等，必须有两个签名才能获准特许。在英国新闻出版业的初创时期，这种特许出版具体而言是以下列方式操作的。

一是以保护本地印刷商的利益为由，王室通过限制国外印刷商，任命王室印刷商，授予印刷出版特权等方式确立王权对印刷出版的控制，以控制和禁止外来思想对本土的冲击。如英国政府于1515年、1523年、1529年、1534年颁布过一系列法令取消外国印刷商在英国的特权。[①] 以报业为例，政府给予那些经过选择的驯顺的人以独占经营报业的专利权，只要他们不危害国家安全，他们就可以从这种独占事业中谋取利润。当时的书商公会占尽了先机。依照星法院的命令，一切图书在出版前，必须交到书商公会登记，非公会会员则不得从事印刷出版活动，违反者将交由星法院惩处。

二是由国王直接控制印刷业，钦定官方出版商，授予出版特权，其他书商不得翻印或出版同类图书。1557年的都铎王朝对印刷业就采取了这种方法。[②] 当时的玛丽女王改造了原来的出版同业工会，成立了皇家特许出版公司（Stationer's Company）。根据女王特许状规定，在英国范围内，除公司会员及女王特许者外，其他任何人均不得从事出版事业，借此有效管制诽谤、恶意及异教言论的出版。

三是实行总逮捕状制度。该制度规定对凡被认为在出版物中诽谤国王、王室和政府官员的人均可实施逮捕。当时的枢密院负责监督法律的运行，

---

① 陈金锋：《都铎王朝图书审查制度探微》，《宁夏大学学报》（人文社会科学版）2006年第6期，第11页。
② 〔美〕埃默里：《美国新闻史》，展江译，中国人民大学出版社，2004，第10页。

调节贸易，监视法院的活动，但同时也负责对出版业的控制。从 1542 年开始，它以"用词不当"、煽动性言论或诸如此类的借口，对个人提出起诉。甚至早在 1540 年，枢密院就曾因为印刷有关政治问题的街头民谣一事逮捕了一些人。① 如 1580 年威廉·卡特（William Carter）因为印刷了赞成天主教的小册子而被逮捕，并于 1584 年被处以绞刑。② 1559 年有 13 位印刷商因印刷未经许可的出版物而被处以罚款，还有 1 人被囚禁。③

四是实行保证金制度。当局还于 1566 年实行保证金制度，要求出版商保证不印刷未经许可的出版物。借此进一步控制那些经过特许才出版的公司。

由于政府长期实行特许出版制度，使得出版商同业公会的少数成员（书商）掌控了大部分的经济利益，并形成垄断经营。由于这种垄断制度造成了不公平的交易、对印刷业的限制以及违法嫌疑者行贿的倾向④，1694 年英国国会拒绝再次更新授权法，至此，历经近 150 年的书商独占利益与政府统治相结合的特许出版制度正式宣告结束。

2. 设立出版物审查登记制度，加强事前监管

除了建立特许制度外，当时的英国政府还创立了出版物的审查登记制度，对出版物的内容进行事前监管，这项制度是在国王亨利八世颁布的一系列法令基础上建立起来的。

1528 年，亨利八世作为英国第一位开始管理出版的皇帝，他颁布法令，正式建立对出版物的审查制度。1529 年他开列了一大批禁书名单，从而开始了对出版业的控制。

1536 年亨利八世为了加紧对异端言论的控制颁布法令规定：任何攻击国王及王室威严的书必须在 40 天内上交给忏悔牧师或大法官莫尔。⑤

1538 年，为巩固国教地位，防止极端改革者对政权的危害，亨利八世颁布法令，要求禁止或避免用英文印刷错误及异端的观点。具体规定：任何一本英文书不经国王特许，不得进口，违者监禁、没收书籍并罚款；任何一本书不经枢密院或指定官员的许可不得在王国内印刷，违者由国王监

---

① 〔美〕埃默里：《美国新闻史》，展江译，中国人民大学出版社，2004，第 10 页。
② 〔美〕埃默里：《美国新闻史》，展江译，中国人民大学出版社，2004，第 11 页。
③ 张咏华等：《西欧主要国家的传媒政策及转型》，上海人民出版社，2010，第 15 页。
④ 〔美〕埃默里：《美国新闻史》，展江译，中国人民大学出版社，2004，第 16 页。
⑤ 陈金锋：《都铎王朝图书审查制度探微》，《宁夏大学学报》（人文社会科学版）2006 年第 6 期，第 11 页。

禁并处以罚款。^① 从此"事先约束"（prior restraint）这一制度正式成为法律。以至于有人如此评价：1538年颁布的法令是英国新闻出版史上的一个里程碑，它是第一个企图确立正规的新闻出版审查和许可的法令。^②

1662年，皇室正式颁布名为"制止出版诽谤、叛国和未经许可之图书及小册子"的法案，简称"许可证法"。

此后，主教在图书审查中的部分职责虽得以保留，但主要的审查、控制职责都由枢密院承担了。直到1695年，英国取消出版前审查，这才标志着出版前审查制度彻底走向终结。

3. 设立煽动诽谤罪，实行事后追惩

1555年英国议会通过法令，规定"出版诽谤国王（菲利浦）或女王之书者判处重罪，斩其右手"。同年，另一个法令同样将写作或谈论反对菲利浦国王或以同样方式加害的行为视为叛逆。^③ 由叛逆法发展而来的叛逆罪和诽谤罪成为英国废除出版前检查后主要的新闻出版审查方式。

1570年伊丽莎白一世建立皇家出版法庭，史称星法院。星法院成立后最大的一个贡献是1586年颁布了最为完整的皇家出版命令，以严厉管制新闻出版活动，也就是新闻出版史上最著名的"星法院法令"。它规定一切印刷品均须送皇家特许出版公司登记，甚至连印刷机也不例外，除非教会同意，否则不再批准出版商的登记申请；印刷任何刊物均需事先请求许可，否则处以罚款或坐牢；皇家特许出版公司有搜查、扣押、没收非法出版物及逮捕嫌疑犯的权力等。这项法令使国王与皇家特许出版公司的利益更为一致，他们联合起来，共同对印刷出版内容进行监管。

煽动诽谤法是英国第一部用于管制报业的法律。它以无所不包的方式界定了"诽谤罪"，并且提供了相当广泛和灵活的起诉手段。^④ 该法令一直维持到1641年才废止，成为英国出版自由的最大桎梏。以致后来的克伦威尔专政、查理二世复辟都将此法令作为出版管制的基础。17世纪初，随着

---

① 陈金锋：《都铎王朝图书审查制度探微》，《宁夏大学学报》（人文社会科学版）2006年第6期，第11页。
② 陈金锋：《都铎王朝图书审查制度探微》，《宁夏大学学报》（人文社会科学版）2006年第6期，第11页。
③ 陈金锋：《都铎王朝图书审查制度探微》，《宁夏大学学报》（人文社会科学版）2006年第6期，第12页。
④ 〔英〕詹姆斯·卡伦：《媒体与权力》，史安斌、董关鹏译，清华大学出版社，2006，第106页。

人文主义思想的影响,人们开始提出了出版自由、宗教自由与民主政治的要求。1644年,约翰·弥尔顿发表《论出版自由》,开始动摇特许制度存在的根基,直到1695年英国的特许出版制度才被彻底废除。

从1694年起直到1712年通过第一个《印花税法》,官方对新闻出版的控制措施只保留了关于叛国罪和煽动性诽谤罪的法律以及关于禁止报道国会活动的规定,"事先约束"的时代已经结束。①

18世纪后半期到19世纪初期,英国商业报纸出现后以广告为主要收入,经济上独立以后的报纸开始走向政治的独立。此时政府对走向政治独立的新闻出版业进行的制裁,主要是通过煽动诽谤罪、叛逆罪、总逮捕令等法律方式来实现。如煽动诽谤罪规定:凡批评国王、宫廷、内阁大臣及高级官员的,不管批评是否合理,均以该罪论处。这一系列关于叛逆罪、煽动叛乱罪和亵渎诽谤罪等法律条文的制定,使任何涉及批评社会基本秩序的报道都有可能触犯法律。

这些规定基本沿袭17世纪的司法原则。1730年以后陪审团在审判中可以对煽动诽谤案自由表达意见,独立作出判决。

1792年英国国会通过了《福克斯诽谤法案》,授予陪审团最终裁决权以决定出版物是否具有有害倾向,改变了以往由法官独揽法庭决断权的局面。1843年通过的《坎伯斯诽谤法案》对煽动性诽谤的法律做了实质性修正。它规定:代表公众利益的真实陈述,可在煽动与诽谤官司中免于被起诉。②从此"现代意义上的出版自由才得以阐明"③。从某种程度上讲,这进一步削弱了相关法律的严厉程度,从此诽谤法不再是钳制新闻出版业的有效工具。

一方面,这些法律的应用意味着合法和违法出版物之间的界限可以被清晰地分辨,可以以一致而明确的方式按标题逐个实施监控④。另一方面,统治者利用诽谤罪来起诉报纸压制舆论的做法也越来越难以执行,因为

---

① 〔美〕埃默里:《美国新闻史》,展江译,中国人民大学出版社,2004,第16页。
② 詹姆斯·卡瑞、珍·辛顿:《英国新闻史》,栾轶玫译,清华大学出版社,2005,第7页。
③ 〔美〕克里奇:《电子媒体的法律与管制》,王大为等译,人民邮电出版社,2009,第29页。
④ Michael Harris:《18世纪早期的文化政策——印刷业、政治和威廉·瑞纳的讼案》,见霍华德·裘伯《传媒政策与实务》,昝廷全等译,中国传媒大学出版社,2006,第134页。

"一个'诽谤者'最希望能够在法院进行公开审判,因为这是最好的广告宣传"。① 因此,诽谤法案变得名存实亡。如1817年到1825年,关于煽动和诽谤的起诉多达167件,但随后的9年中却只有16件。②

4. 征收知识税,限制读者群,控制激进内容

强硬的法律监管手段逐渐失效之后,英国政府转而采取经济手段(税收和保证金)来对新闻出版的内容加以控制。

当时主要为了压制倡导"阶级对立与阶级斗争"的激进主义报业,英国国会于1712年通过一项向报刊征收知识税的法案,它规定对所有报刊一律征收印花税、纸张税、广告税,三者合称为知识税。该法案直到1861年才被终止。

为什么要征收知识税?我们以当时的报刊为例。

艾伦伯度爵士曾解释了征收印花税的初衷:"印花税决不是针对那些'值得尊重的报刊'的,其最终的目的是打击那些贫民报刊"③,"消灭那些出版扰乱政府秩序内容的小报"④。这样做一方面可以提高出版成本,使报业的创办权仅掌握在那些拥有私人财产并且"受人尊重"的资产阶级的成员手中,这样"比起穷人管理的结果来,(报纸)会以一种更负责的方式行事"⑤。另一方面可以通过收缴知识税迫使报纸涨价,使读报这一活动仅局限在有支付能力的中产阶级读者层中。另外,就内容控制本身而言,它要求出版物在政府登记,便于当权者对信息的发布进行控制。

与此同时,政府还通过发放津贴的方式,扶持顺从政府政策的报纸,以减轻其由知识税所带来的经济压力,使其在竞争中处于优势地位,从而排挤敌对报刊。如18世纪以后,英国政府为达到控制舆论的目的,对报刊或报人补以津贴,使其成为政府忠实的宣传工具。当时的著名报人爱迪生甚至在获取津贴以后,还曾担任了国务大臣的高官⑥。

这样做的结果最终导致依赖于低收入工人阶层的激进报纸失去读者,

---

① 詹姆斯·卡瑞、珍·辛顿:《英国新闻史》,栾轶玫译,清华大学出版社,2005,第7页。
② 詹姆斯·卡瑞、珍·辛顿:《英国新闻史》,栾轶玫译,清华大学出版社,2005,第7页。
③ Raymond Williams, *The Long Revolution*, Penguin Book, 1965, p.20.
④ 〔美〕克里奇:《电子媒体的法律与管制》,王大为等译,人民邮电出版社,2009,第29页。
⑤ 杨击:《传播·文化·社会——英国大众传播理论透视》,复旦大学出版社,2006,第91页。
⑥ 唐亚明:《英国传媒体制》,南方日报出版社,2007,第30页。

无法维持经营而不得不破产关闭。许多报刊不堪重负,被迫停刊。有数据表明,征收知识税法案出台的半年之内,伦敦 12 家报刊就有 7 家停刊。①

由此可见,运用经济手段(知识税)来实现对有激进内容的报刊监管,确实是当时一项强有力的内容监管手段。正如詹姆斯·卡伦所说:"就这样,贵族国家用最严厉的压制手段都无法办到的事情,市场做到了。"当时的议员李顿爵士在讨论是否应该废除知识税时也说:"应当废除知识税,印刷者和出版物能够比监狱和刽子手更好地为一个自由国家的和平与荣誉服务。廉价的知识与经费巨大的惩罚制度相比是更好的政治工具。"②

征收知识税法案给新闻出版业的内容监管方式带来变化,"这已经不是是否应该允许人民阅读的问题了,而是关于他们应该读什么的问题了"③。知识税成为"将新闻出版物带入标准化框架"④ 管理的一种重要手段。

新闻出版业的内容监管由原来的渠道控制进一步转向由市场力量进行控制。"19 世纪中叶这段时间,并非报业自由的一个新的开端:这一时期恰恰推行了一种新的报业检查制度,这种制度比先前的任何检查制度都更加有效。市场的力量成功地将报业纳入社会秩序之中,而这正是先前通过立法的压制所没有完成的。"⑤

但征收知识税的一个严重后果是导致逃税报刊的大量增加,它通过降低售价来扩大发行量。在传播内容方面的一个重要影响是使得一些激进的报刊拥有了自己的领地,甚至到了可以毫无顾忌向公众灌输"歪理邪说"的地步。

英国新闻史学者卡瑞认为,19 世纪 30 年代政府对未缴印花税报纸的无情镇压,与 20 年后为争取报业自由的政治运动,其目的基本一致:使报业遵循既有的社会秩序。有所不同的是,能够通过廉价报纸对下层人民进行教导的信念不断增强。越来越多的人相信,通过自由贸易和制定标准规范

---

① 唐亚明:《英国传媒体制》,南方日报出版社,2007,第 31 页。
② 张隆栋、傅显明编著《外国新闻事业史简编》,中国人民大学出版社,1997,第 83 页。
③ Kevil Williams, *Get Me a Murder a Day! A History of Mass Communication in Britain*, London; New York: Arnold, 1998, p.44.
④ Michael Harris:《18 世纪早期的文化政策——印刷业、政治和威廉·瑞纳的讼案》,见霍华德·裘伯《传媒政策与实务》,昝廷全等译,中国传媒大学出版社,2006,第 134 页。
⑤ 向淑君:《自由还是压制——从英国激进主义报刊的兴衰史解读出版自由》,《浙江传媒学院学报》2008 年第 3 期,第 26 页。杨击:《传播·文化·社会——英国大众传播理论透视》,复旦大学出版社,2006,第 86 页。

来进行控制，会比国家直接控制更为有效、更可取……在报业赋税废除以后，激进报纸却日渐衰败。①

知识税推行了一个多世纪以后，由于它本身的局限性最终只能逐步退出英国新闻出版业的历史舞台。1853 年废除广告税，1855 年废除印花税，1861 年废除纸张税，1869 年废除安全检查机制。

"知识税的废除，使英国报业卸下了承负了一个多世纪的沉重的经济包袱而活力倍增。其结果是催生了多种廉价报纸，英国报刊由此进入了'降价时期'。"② 最重要的是，1861 年知识税废除后，英国新闻出版业正式摆脱了政府的控制，于 19 世纪中叶获得了彻底的自由。学者斯蒂芬·高斯（Stephen Koss）认为，伴随着知识税的废除以及报业一系列反压制斗争的胜利，英国报业开始发生由"官方控制到大众控制的转变"，英国自由主义报业体制开始确立③。

5. 建立书商公会，实行行业内部的自我监管

英国新闻出版业的内容监管不仅仅止于政府层面，它还通过新闻出版行业协会实行行业的内部监管，这使当时的书商公会成为控制新闻出版的御用工具。

1403 年英国书籍印刷业行会——书商公会成立，它是一个由图书印刷商、出版商、装订工等组成的同业者行会。它有一套完整的运行机制，书商公会缴纳一定的登记费用。登记之后就表明他成为这本书的唯一拥有者，享有唯一的印刷权利，其他任何人不得侵犯，违者公会将会对其处以罚款。

1557 年玛丽女王颁发国家特许状，授予书商公会印刷出版特权，它规定所有图书出版必须到书商公会注册，只有其成员才有资格从事图书印刷出版业；获得官方许可证的图书在印刷出版前必须到该行会注册；此外，还授予书商公会可以对其他书商和印刷商的非法印刷品进行搜查、没收、焚毁、查封、扣押的特权。它们可以检查、没收和销毁被认为是诋毁王室或教会的出版物。很显然，玛丽一世的动机只是为王室对印刷媒介的监管找一个有效的代理人。

1559 年，伊丽莎白女王再次确认书商公会宪章。王室赋予书商公会垄

---

① 詹姆斯·卡瑞、珍·辛顿：《英国新闻史》，栾轶玫译，清华大学出版社，2005，第 20 页。
② 郑超然、程曼丽：《外国新闻传播史》，中国人民大学出版社，2001，第 71 页。
③ 唐亚明：《英国传媒体制》，南方日报出版社，2007，第 32 页。

断权，它们的成员以公会形式分享印刷的专属权利，而当时的统治者却希望借此控制对政局不利的出版品，让书商的垄断利益与政府的统治相结合。实际上书商公会在获取印刷出版特权之后便成为国王对印刷出版内容进行控制的一大御用工具。

值得注意的是，法国也于1618年在巴黎成立书商公会，它在后来也演变成控制出版内容的行业机构。

由以上分析可以发现，英国早期新闻出版业的内容监管实际上分为以许可证制为主的出版前审查和以罚款、判刑为主的出版后审查两种方式，形成了以王室、枢密院和星法庭、书商公会为主导的三位一体的严密审查体系。它们共同在法律、行政、宗教以及文化领域打造了严密的传播内容控制网络。

此外，叛逆罪、诽谤罪与知识税、津贴制是英国早期新闻出版业内容监管的两个重要手段，而且知识税更使监管带有隐蔽性，它使报价昂贵而限制了销售，从而让监管减少了敌对势力的对抗，因此这种监管也更为有效。

通过以上线索的梳理我们可以认为，印刷媒介的出现不仅仅是科学技术的发现和发明，也引发了围绕新闻出版物展开的更为广泛而深入的一场反对文化管制的斗争。

二　英国早期新闻出版业的内容监管特点

结合上述新闻出版内容监管手段的分析，我们可以发现英国早期新闻出版业的内容监管呈现出如下三个特点。

1. 监管机制的一体性

西方国家对新闻出版业的内容控制机制，无外乎追惩制和预防制这两种办法。而英国早期新闻出版的内容监管，这两方面都发展得非常成熟和完善，成为相辅相成的一体。

追惩制（punitive censorship），是对新闻出版中违反法律的言论施加法律制裁，但是政府不在传播之前实施检查。预防制，指在出版物出版之前，由专门的政府机构对传媒机构传播的内容，事先加以检查和监督，检查机关可以删改、撤销或禁止认为不宜发表的内容，而且并不排除事后追惩。预防制通常称为出版前检查（prepublishing censorship）。

英国政府在新闻出版业的发展早期所采取的特许制、登记制、保证金制以及法律规定的相应的惩罚制度,都属于出版前检查制度范畴,其目的是防止新闻出版的内容"出轨",将"出轨"的内容扼杀于传播之前。

追惩制是指出版物在出版之前,不受任何政府部门事先干涉,可以自由印刷出版,仅在发行之后被发现有违法事项时,才由司法部门依照法律予以追究,所以它又称为出版后检查(post-publishing control)。

16~18世纪,因为当时的出版物较少,执行事先批准和预防性检查难度不大。但19世纪后随着出版物的激增,出版前检查制度由于技术原因以及政治原因就变得越来越难以执行,于是出版后的控制出现了,新制定的法律成为出版后控制的主要工具。这就是追惩制。

英国是世界上第一个实行追惩制的国家,它于1695年废止许可制,建立了事后惩罚滥用新闻出版自由行为的制度,从此,施以叛国罪和煽动性诽谤罪成为钳制新闻出版的两把钳子。

除了建立以政府为监管主体的出版前检查机制和追惩制外,英国在新闻出版的内容监管方面还建立了出版行业的自我监管机制,它以书商公会为代表,实行行业的自我监督和管理。书商公会以垄断经营的方式配合王室进行内容审查,是一支重要的非官方监管力量。这也是英国新闻出版管理的一大特色。

2. 监管手段的沿袭性

英国早期新闻出版业的内容监管机制并不是随着印刷术的发明和推广而突然横空出世的,它是在中世纪教会言论出版控制机制的基础上继承与发展起来的。中世纪教会对言论出版的控制为早期英国的新闻出版业内容监管提供了历史借鉴。

印刷媒介出现的初期,罗马教廷认为它是上帝赐给他们的扩大基督教影响的新工具而大力支持印刷媒介的推广和使用(因为做弥撒时可以用统一的文本了)。当时在教会的鼓励和资助下,印刷术很快沿着主要城市之间的四条贸易路线呈放射状传遍了欧洲。[①]

但很快教会对印刷术的广泛传播开始忧心忡忡,因为新技术也使新教和非宗教的图书得到了大批量的出版,它们成为了"误导"信徒、传播"谬误"的罪魁祸首,当时的印刷商甚至可以嚣张地说:"有二十六个铅字

---

① 沈固朝:《欧洲书报检查制度的兴衰》,南京大学出版社,1999,第16页。

兵我就可以征服世界！"① 印刷术成为人们"对精神发展创造必要前提的最强大的杠杆"②。因此印刷术的出现，"不仅仅增加了图书的产量或改变了出书的方式，甚至影响了人们的学习、认识和思考的方法"③。这种情况下，"危险思想"出现了，其广为传播已经随着印刷术的发展而使教会无法掌控。于是1485年教会发布严禁"滥用"这一"神赠技术"的禁令，企图将有"危害性"的思想文字全都消灭于有形与无形之中。

但印刷术的商业价值驱使追逐利润的印刷商们常常置其禁令于不顾，大量的书籍和报纸被印刷出来。书报市场的扩大对教会权力构成了严重的威胁，于是教会出台了"准印许可"政策，并对违规的印刷商革除教籍，甚至以威慑的方式处以囚禁或火刑。

手抄本时代，教会惩治异端的有效手段便是焚毁书籍。但有了印刷术以后它采取的手段是对印刷采取预防性的许可制度，并进行事先检查，然后编制禁书目录。罗马教廷制定禁书目录的时期，曾被史学家们称为出版检查制度的"黄金时期"④。禁书目录成为教会禁书的主要手段和工具。

英国作为一个新兴的君权国家，在王权取代教权之后，虽然摆脱了教廷的控制，但秉承着教廷在思想和信仰领域内统治的基本原则。在新闻出版业领域，其内容监管的方式正是在中世纪教会的言禁出版基础上借鉴并发展起来的。

它最初也将出版归于王室，建立特许出版制，并建立了专业性的书报检查机构，实行出版登记和出版检查。而且它还将宗教改革后效忠国王的国教会作为除星法院、书商公会以外的第三种控制出版的力量。由此可见英国早期新闻出版业的监管手段与教会关系之密切，基本上是将教会的那一套管制方式进行了完整的继承和吸纳，最终变成封建王权在思想文化领域专制的一个重大举措。

3. 监管方式的灵活性

英国早期新闻出版业的内容监管经历了一个从专制走向自由的渐进发

---

① 沈固朝：《欧洲书报检查制度的兴衰》，南京大学出版社，1999，第16页。
② 沈固朝：《欧洲书报检查制度的兴衰》，南京大学出版社，1999，第18页。原文见马克思《经济学书稿（1861～1863）》，见《马克思恩格斯全集》第47卷，人民出版社，1992，第427页。
③ 沈固朝：《欧洲书报检查制度的兴衰》，南京大学出版社，1999，第16页。
④ 沈固朝：《欧洲书报检查制度的兴衰》，南京大学出版社，1999，第230页。

展过程，由最早的严厉控制、禁止、制裁发展到后来通过经济手段来加以利用；由早期的政治控制转而发展到后来的经济控制，最后完全走向了自由主义体制之路。各个历史阶段的统治者都根据实际情况灵活地采取了不同的监管手段。

在 16~18 世纪，执行事先批准和预防性检查的任务并不是很困难，因为当时的出版物很少。而 19 世纪后在出版物激增的情况下，预防性检查在技术上已经越来越行不通了。于是由出版后控制取而代之，法律成为事后惩罚的主要工具。

这种事后惩罚在教会时代采用柴薪和刀斧的手段，资产阶级革命后用法律手段（如叛逆罪、诽谤罪）和经济手段（如知识税）[①]。17 世纪以前，在废除许可证法以后，内容监管方面所采取的惩罚手段是依据普通法。普通法在当时已逐渐成为控制出版的工具，尤以煽动诽谤罪为钳制书报和小册子内容的最主要法律手段。知识税成为辅助性的经济手段。

到自由主义体制时期，英国政府刻意淡化在新闻出版业监管中直接的行政干预，而主要是通过法律手段来实现内容监管。但法律手段中并没有专门的新闻法或出版法，而是通过普通法来进行监管，相关法律多达 140 多个[②]。普通法的有关规定一般依据法院的判例形成，主要参考 19 世纪以来英国议会为修正、补充普通法而制定的法律，如《煽动兵变法》《煽动不满法》《诽谤法》《淫秽出版物法》《官方保密法》等。和欧洲的其他国家（如法国）不同，英国这方面的很多法律法规基本上是沿用了保障君主政体的旧法。这也是其出版内容监管方式的灵活多变在法律上的一个特有表现。

应该指出的是，实际上，无论是新闻出版前的审查还是出版后的追惩或者是书商公会的自我监管，它们都是印刷媒介出现以后当时传播内容控制网络的一个部分。英国政府的新闻出版管制，看起来是对印刷媒介的一种传播控制，但它本质上是一种文化管制。

我们可以以 18 世纪早期英国极度活跃的出版商 Rayner 为证。当时"无数歹徒和掠夺者的出现，得益于 Walker（系另一个出版商的名字）和 Rayner 丰富的

---

① 沈固朝：《欧洲书报检查制度的兴衰》，南京大学出版社，1999，第 3 页。
② 唐亚明：《英国传媒体制》，南方日报出版社，2007，第 43 页。

出版"。① 很多出版商通过低成本的系列印刷品传播激进的政见,以此向社会基础结构挑战。Rayner 就是其中的一个先驱者。Rayner 后来指出:从他自己不幸的经历看,英国社会利益集团是以文化管制的形式来巩固他们的政治地位的。② Rayner 的话真实地道出了英国政府对新闻出版内容监管的本质。

三 英国早期新闻出版业的内容监管对后来传媒政策的影响

印刷媒介在英国出现以后,英国经历了从新闻出版管制(以1530年特许制的建立为标志)到新闻出版自由(1869年废除安全检查机制)的历史跨越,前后用了300多年时间。在这300多年时间中英国在新闻出版领域所确立的内容监管机制对后来传媒政策的形成产生了深远的影响。

这种影响就区域而言,它不仅仅限于英国,而是波及其他的西方国家;就媒介而言,它不仅仅限于印刷媒介,而且影响到了后来的广播、电视、电影甚至我们今天的互联网。具体而言,它最显著的影响表现在如下三个方面。

1. 最早确立了媒介内容监管机制的国家利益原则

新闻出版自由的发展史告诉人们:最初的新闻出版事业是属于统治者的。自印刷媒介出现开始,封建国家统治者的注意力明显地集中在其对政治秩序和政治稳定的影响力,而远不是在所有权和私人利益上。也就是说统治者首先关注的是印刷媒介在传播方面的政治功能。

提供消息(新闻)给公众,事实上会酿成对国家安全和稳定的威胁③。都铎王朝声称它是出于维护公众安全的目的而对出版业实行控制。从亨利八世到伊丽莎白一世,王室行事所依据的原则就是要确保稳定,就必须对那些异见人士进行镇压④。国家的稳定高于一切,一切讨论和印刷信息的传播都必须服从于国家利益。这样在"国家至上"的旗号下,统治者采取了对新闻出版的控制手段。

事实上,这种国家利益原则下的媒介内容监管与当时的政局有很大的关系。埃默里总结出这样的一条经验:

---

① Michael Harris:《18世纪早期的文化政策——印刷业、政治和威廉·瑞纳的讼案》,见霍华德·裴伯《传媒政策与实务》,昝廷全等译,中国传媒大学出版社,2006,第137页。
② Michael Harris:《18世纪早期的文化政策——印刷业、政治和威廉·瑞纳的讼案》,见霍华德·裴伯《传媒政策与实务》,昝廷全等译,中国传媒大学出版社,2006,第141页。
③ 〔美〕埃默里:《美国新闻史》,展江译,中国人民大学出版社,2004,第19页。
④ 〔美〕埃默里:《美国新闻史》,展江译,中国人民大学出版社,2004,第11页。

如果一个政府越是巩固，它就越不怕别人挖它的墙角，它给予新闻报道的自由就越多。在战争期间和停战以后，当政治领袖们以及他们的追随者们对国家安全感到忧心忡忡的时候，言论自由和新闻自由就会面临被限制的危险。亨利八世在建立了英国国教以后的不安全感，导致了出版法规的严格执行；伊丽莎白在她继位的要求尚存疑问时，对新闻出版采取了严厉的压制。①

都铎王朝的几位君主对新兴的印刷媒介所采取的以控制、禁止、制裁为主的内容监管机制，显示出当时的新政体面对印刷媒介的谨小慎微。

尽管这是封建专制政体下的一种监管体制，但它所确定的维护国家安全与社会稳定的原则，为后来的自由资本主义政体管理其他媒介的内容提供了经验参考和借鉴。如在后来的资本主义民主政体下，国家政权确立了广播电视节目内容监管的公共利益原则、公平原则等，以维护资本主义既有的社会秩序和价值体系。

2. 为其他媒介提供了内容监管模式上的借鉴

印刷媒介出现以后，英国早期在新闻出版行业所采取的各项内容监管举措为后来广播、电视、网络等不同类型的媒介提供了内容监管模式上的借鉴，如国家掌控媒介资源，媒体行业协会自我监管传播内容等。

印刷媒介在英国发展起来后，封建王权为控制传播的内容，首先采取特许经营的方式直接控制印刷出版业的生产复制环节。这是一种媒介源头的上游控制。虽然后来由于技术及政治原因它逐步被后来的追惩制所取代，但事实证明这种上游控制在当时相当有效。这种控制策略被后来的统治者在广播电视媒介的管理中所借鉴。如广播出现以后，统治者以频率资源有限论为由通过颁发执照的方式对广播实行统一的国家管理，从源头上控制了当时广播技术的滥用和传播内容的混乱。对传播违规内容的广播加以罚款甚至吊销执照，这种控制同样也是一种上游控制，只不过是统治者的控制手段更为高明，更为隐蔽，它以技术方面的理由堂而皇之地掌控了传播的内容（颁发执照掌控频率资源首先并不是为传播内容而设置，只不过发

---

① 〔美〕埃默里：《美国新闻史》，展江译，中国人民大学出版社，2004，第19页。

展到以后才以传播内容为考核的标准来权衡和决定执照的续展）。后来对电视的监管采取的也是同样的手段。

虽然政体不同，但这种颁发执照管理电波资源的监管体制和早期印刷媒介的特许制又有何本质上的不同？事实上它们都是主权国家对媒介资源的一种掌控和垄断。它从源头上确保了传播内容的安全。

还有英国的书商公会作为行业协会被王室改造后，被其利用来控制整个国家的印刷行业，它行使印刷行业的独断专营权，它们可以检查、没收和销毁被认为是诋毁王室或教会的传播非法内容的出版物。它作为王室的代理人和御用工具行使对印刷媒介的内容监管，实际上书商公会已经演变成控制出版内容的行业机构。后来广播电视媒介出现后同样也发展了行业协会，而且它们在内容监管方面发挥了同样重要的作用。行业协会的自我监管成为广播电视内容监管的一支重要力量。这种行业协会恐怕与早期管理印刷媒介的（书商）公会模式不无关系。

3. 衍生了印刷媒介的近代新闻出版自由机制

新闻出版自由的理念发端于英国。

英国早期新闻出版业运用了各种内容监管手段，从教会到王权再到新兴资产阶级，持续了300多年才从集权模式走向自由模式，最后衍生和确立了自由主义理论模式下印刷媒介的新闻出版自由机制。实际上英国是世界上最早废除新闻出版检查制度、建立追惩制的国家，其他国家在这方面都落后于英国（见表3－2）。

表3－2 各国在报刊创办管理制度上变更的年份和内容以及取消新闻检查制度年份

国别	创办管理 年份	创办管理 内容变更	取消新闻检查制度年份
英国	1695	采用追惩制	1695年
法国	1944	取消预防制	1789年（第一次） 1881年（第二次）
美国	1966	取消登记制	1789年（第一次） 20世纪50年代（最近）
日本	1887	取消批准制	1869

资料来源：参见肖燕雄《我国近代新闻法规的变迁：1906~1937》，《二十一世纪》网络版，2008年6月号，总第75期。

第三章　印刷媒介的内容监管机制

自由主义模式下的英国新闻出版业没有专门设立《出版法》，它没有类似于美国的宪法第一修正案和法国的《新闻出版自由法》这样的书面文件，对新闻出版业采取的是以普通法律为主、以经济手段为辅、以行政手段为补充的监管体制。

英国著名宪法学者戴雪的《英宪精义》将新闻出版自由概括为："英吉利出版事业所有自由，大概言之，共有两个特征：第一目：不受检查……第二目：不受特别法庭审判……"① 也有英国学者进一步解释："出版自由之含义有二，一是在出版前，不须请求执照。二是在出版后，只有法律可以决定几人言论所应负的责任。"②

自由主义模式下的英国新闻出版业的内容监管基本上由市场力量来发挥作用，"在英国，办一份报纸和开一家面包店一样方便"。③ 英国政府对新闻出版业，内容方面的管制几乎以企业的方式运作。英国学者科林·斯柏克斯（Colin Sparks）指出：

> 报纸在英国首先是一个企业。他们的存在，不是为报道新闻或者作为公众的看门狗；不是作为政府的监督者，保护普通民众免受权势的欺凌；不是为揭露丑闻，或者任何冠冕堂皇的事业，就像报业主有时声称的那样。他们的存在，就是为了赚钱，就像任何其他公司一样。在某种程度上，他们不承担任何公共职能。如果他们这么做的话，那也是为了生意上的成功。这种商业逻辑在英国畅通无阻。④

新闻出版只要履行基本的登记手续就行了。它遵循市场化、多样化原则，让公众接触多样化的信息内容。这种体制之下新闻出版政策的发展框架几乎是反对政府监管而支持走向市场的。

---

① 〔英〕戴雪：《英宪精义》，雷宾南译，中国法制出版社，2001年，第285页。转引自吴飞《政府的节制与媒体的自律——英国传媒管制特色初探》，《浙江大学学报》（人文社会科学版）2005年第2期，第110~118页。
② 吕光：《新闻自由与新闻法》，《新闻法律问题》，学生书局（台北），1995，第8页。转引自吴飞《政府的节制与媒体的自律——英国传媒管制特色初探》，《浙江大学学报》（人文社会科学版）2005年第2期，第110~118页。
③ 唐亚明：《英国传媒体制》，南方日报出版社，2007，第37页。
④ 唐亚明：《英国传媒体制》，南方日报出版社，2007，第11页。

对此曾有人呼吁，要建立一个类似于独立电视委员会和电台管理机构的对议会负责的报业管理组织。而英国政府的立场是：有效的自我规范仍然是当前确保高水平的编辑质量的最好方式，政府尚无计划制定一项规制新闻界的专门立法，尽管其还在对这一可能性进行审查。①

---

① 〔英〕萨莉·斯皮尔伯利：《媒体法》，周文译，武汉大学出版社，2004，第456页。

第四章
广播媒介的内容监管机制

西方发达国家一般都设有一套自己的广播电视政策法规体系,但很多国家出于遵循"保护表达自由"的理念,它们的政策法规体系基本上都是对广播电视的管理、频率的分配等政策框架的构建,而不涉及对广播电视的节目内容进行直接或具体的监管。尽管如此,其广播电视的节目内容还是受到了监控和管制。这种监控政策体系最初是如何形成的?这里我们以内容监管为视角,试图回顾广播电视出现之初有关内容监管机制的出台、内容、影响等,以厘清这种媒介发展之初的政策体系。

事实上,广播媒介发展起来以后,形成了以美国为代表的商业化广播管理体系和以英国为代表的公共服务广播管理体系。当电视出现以后,英美国家基本上沿袭了之前的广播管理体制。西方学者在论述广播时一般都涵括了电视。所以这里的讨论并不打算将广播和电视严格区分开来。另外,英美的广播电视的内容管理体制非常具有代表性,探讨英国和美国广播电视的内容监管机制对了解世界广播电视的内容监管机制具有代表性意义。

第一节 早期无线电报的监管机制

广播出现以后,欧美国家最初沿用了电信监管体制,主要负责对频率资源的分配,而对广播传播的内容施行的是弱管制。随着广播由点对点的传播逐步演变成为大众传播之后,欧美国家开始意识到广播的影响并逐步从电信监管体制中将其剥离出来,强化了对其传播内容的监管。当时美国的广播界曾打出"广播和报刊一样自由"的口号,论证政府的监管作用应该只是分配频率，而不是管制节目的内容①。

1927年，美国国会成立了联邦无线电委员会来指定频率，并监督节目的内容。1934年通过了规定无线电应为公众利益服务的公众法案，创立了联邦公众通信委员会，它是一个颁发广播通信许可证和监督无线电广播的永久性机构。虽然法律明确地禁止联邦公众通信委员会检查广播节目材料，可是委员会却采取了这样的论点：委员会有责任来监督一切节目的内容，以确保它为公众利益服务。特许经营者有权选择特殊节目材料，然而委员会说，它的选择必须"与国会的基本政策一致。国会的政策是要把无线电作为全体公众的言论自由的工具，而不是作为特许经营者私营利益的工具"②。

美国的联邦公众通信委员会"断言内容的标准必须在频率分配中加以考虑，否则占用者就会在公共财产中取得既得利益"③。美国最高法院支持广播受到宪法上保证表达自由的保护，但法院也认为政府通过联邦公众通信委员会，不仅有权监督空间电波的使用，而且有权决定这些电波所传送的内容④。

以美国为代表的这种广播电视内容监管机制最初是如何形成的？它是如何从原来的电报监管机制中逐步脱胎而出的？在探讨这个问题之前我们很有必要厘清和介绍一下最初与无线电有关的电报监管机制。

印刷媒介发展起来以后，西方传媒史上再次出现新的发展飞跃，即新的通信工具——电报的出现。电报的出现实现了远距离的通信，同时它又是无线电广播诞生的前提和基础。

在广播发明之前，已经出现了电报、电话这些远距离、高速度传播信息的通信工具。1838年，萨缪尔·莫尔斯发明了第一台实用电报机；1844年美国开设第一条电报线路。此后这种"闪电式的传播线路"迅速发展成为巨大的通信网络。到20世纪初，电报已经成长为私营的垄断企业。"尽

---

① 〔美〕斯拉姆等：《报刊的四种理论》，中国人民大学新闻系译，新华出版社，1980，第77页。
② 〔美〕斯拉姆等：《报刊的四种理论》，中国人民大学新闻系译，新华出版社，1980，第98页。
③ 〔美〕斯拉姆等：《报刊的四种理论》，中国人民大学新闻系译，新华出版社，1980，第78页。
④ 〔美〕斯拉姆等：《报刊的四种理论》，中国人民大学新闻系译，新华出版社，1980，第78页。

管它是一个公共的信息传播者,但它却不是一个真正的大众通信工具。这些体制上的先例,对美国传播事业的未来,尤其是广播的未来,将被证明是极为关键的。"① 但电报与报纸类大众媒介的最大区别是:它不可能是一种独立的道德力量,无论是崇高的或不崇高的②,它仅仅是一种"中性"的信息传播工具,这种传播工具如同道路或铁路等一样都是普通传输媒介。它实际上几乎可以传播任何讯息的一套系统或网络,在一定法律的界限内由消费者付费使用。

后来广播使用同样的原理,在利用电报和电话等载体的基础上进行了通信传播。正因为如此,广播最初也属于电信通信。直到 1916 年,"爱尔兰叛乱分子使用一只船上的无线电时,不是将它用于两点之间的通信,而是把它用来进行广泛扩散的广播,他们希望有船能接收到广播,把他们的要求传递给美国新闻界。结果证明果然成功了"。③ 此时才算是"首次成功进行电台广播的第一年"。从此广播成为大众传播媒介。因此我们在探讨广播的内容监管之前必须对电报通信的管理机制和管理念进行粗略的介绍与分析。

电报本身并不是大众传媒,但它为大众传播提供了快速有效的通信手段,现代通讯社就是在电报技术发明之后出现和成长起来的。1872 年美国国会拨款委员会有关建立邮政电报的一份提案报告就反映了这种情况:

> 美国的电报公司与新闻集团的联盟已经如此地阻碍了它们自身的发展,以至于没有一家新的、杰出的报纸能以不带有巨大损害性的价格使用电报,许多历史久远并通过电报接收报道的报纸也受制于电报公司的绝对权威。就报社而言,它们不租用竞争对手一方的电报线路传送自己的定期或特别报道;而电报公司方面则拒绝传送与自己竞争的新闻性的通讯社报道,除非对方出高价。④

---

① 〔美〕丹尼尔·杰·切特罗姆:《传播媒介与美国人的思想——从莫尔斯到麦克卢汉》,曹静生、黄艾禾译,中国广播电视出版社,1991,第 29 页。
② 〔美〕丹尼尔·杰·切特罗姆:《传播媒介与美国人的思想——从莫尔斯到麦克卢汉》,曹静生、黄艾禾译,中国广播电视出版社,1991,第 29 页。
③ 马谢尔·麦克卢汉:《人的延伸——媒介通论》,何道宽译,四川人民出版社,1992。
④ 〔美〕丹尼尔·杰·切特罗姆:《传播媒介与美国人的思想——从莫尔斯到麦克卢汉》,曹静生、黄艾禾译,中国广播电视出版社,1991,第 26 页。

尽管报告强调的是美联社和西部联合电报公司联盟所产生的垄断带来的危害性，但我们可以从侧面看出，当时电报对报纸、通讯社等机构具有重大操纵作用。此外，很有意思的是："在日常生活中，尽管人们未能直接感受到电报的存在，但电报最终通过它所帮助创造的大众新闻间接地影响到大多数人。"①

到1874年，美国参议院的一个调查报告证实，西部联合电报公司曾经中断向批评这家公司和美联社电讯内容的报纸传送消息通信：

> 西部联合电报公司迫使美联社反对任何其他电报公司，以此作为该社传送新闻支付的部分代价。然后又以这些报刊的专栏作为证据，表明无论是报界还是公众都不愿意看到这种格局的变化——电报的力量持续不断地增长，几乎到了难以估量的地步，它是通过报纸影响公众舆论的工具，它是操纵国内市场的工具，它是严重损害人们利益的工具。②

正因为电报的垄断出现了越来越重大的影响，它能影响舆论，控制市场甚至损害人们的利益，以至于美国的一些要求对电报业进行改革的人们开始从宪法的角度进行论证，声称电报是邮政业务的延伸，政府必须掌握信息传播的控制权。19世纪末，美国社会各界如全国农业协进会、美国劳工联合会、人民党和劳工骑士团都游说政府控制电报。到1890年，有200多万人签名的请愿书送到了国会，一致要求建立邮政电报系统③。

但美国国会当时注重的是反垄断方面的热情，而不是像早期对电报的巨大意义所表现出的道德方面的关心。对电报业在美国社会中应处于何种位置的讨论已被纳入了纯政治的范畴，电报仅仅成为需要政府管理的现代工业社会的一部分④。在这种背景下电报被纳入了纯粹的通信服务范畴。电

---

① 〔美〕丹尼尔·杰·切特罗姆：《传播媒介与美国人的思想——从莫尔斯到麦克卢汉》，曹静生、黄艾禾译，中国广播电视出版社，1991，第29页。
② 〔美〕丹尼尔·杰·切特罗姆：《传播媒介与美国人的思想——从莫尔斯到麦克卢汉》，曹静生、黄艾禾译，中国广播电视出版社，1991，第86页。
③ 〔美〕丹尼尔·杰·切特罗姆：《传播媒介与美国人的思想——从莫尔斯到麦克卢汉》，曹静生、黄艾禾译，中国广播电视出版社，1991，第28页。
④ 〔美〕丹尼尔·杰·切特罗姆：《传播媒介与美国人的思想——从莫尔斯到麦克卢汉》，曹静生、黄艾禾译，中国广播电视出版社，1991，第29页。

第四章 广播媒介的内容监管机制

话、电报等纯粹是为了传送而进行的传播服务，这种服务本质上是一种向所有人开放的普遍性服务，因而成为公共服务。而在欧洲它被列入公共事业或公共利益。

正因为有此前提，后来广播的频率分配与内容管理最初都被纳入公共传输范畴，并确立了普遍服务的基本原则。

在美国，政府对无线电的管制是从1904年罗斯福政府的报告开始的。这个报告提出了全美无线电的三种权限划分法：劳工和商务部将监督商业电台，陆军部将对军用电台负责，而最重要的是，海军将控制海岸电台①。这种权限划分的前提也是基于广播最初像电波传送的电话或电报一样属于"一对一"的传播方式。广播发展到1910年左右，更多的业余爱好者开始将其用于个人通信。这种状况导致美国对广播频率分配所用的标准参照了一般公共传递工具所用的标准，即"公众利益、方便和必需"的标准。而在当时，这个标准是用来管理铁路、电力公司以及电话和电报公司的。"对于广播来说显然是可取的标准。"②

在英国，广播最初列入邮政部门管理。无线电广播刚诞生之时，这种新媒介会带给人民大众怎样的影响还无从预测，但英国政府对利用这种媒介作为宣传工具持非常谨慎的态度，"而且也强烈反对让那些有充足资金经营广播的私人个体投资和组织广播。他们更认同新媒介应该掌握在值得信赖的人的手中"。1926年的大罢工证明"假如掌握在技术专家手中，并且受到政治力量的严格控制，广播能够成为政府的……一种最有力的武器"。权力的掌握者出于对民众的惧怕会从传媒对社会控制的作用的角度来审视传媒。③ 由此产生的结果是由邮政部门掌控广播。邮政总长对广播的控制权力之大，直接影响到广播的内容。当时的英国广播公司（BBC）为了拿到执照，根本不能涉及"有争议事件"的报道，只能播出那些"邮政总长认为是合情合理且又满意的"节目④。邮政部就是当时的"无线电广播警察"。

---

① 〔美〕丹尼尔·杰·切特罗姆：《传播媒介与美国人的思想——从莫尔斯到麦克卢汉》，曹静生、黄艾禾译，中国广播电视出版社，1991，第74页。
② 〔美〕斯拉姆等：《报刊的四种理论》，中国人民大学新闻系译，新华出版社，1980，第77页。
③ 〔英〕威廉姆斯：《一天给我一桩谋杀案：英国大众传播史》，刘琛译，上海人民出版社，2008，第12页。
④ 〔英〕威廉姆斯：《一天给我一桩谋杀案：英国大众传播史》，刘琛译，上海人民出版社，2008，第138页。

在欧洲其他国家，瓦斯、水电及邮政服务等都属于国家资源及公共事业，一般实施公共所有权并进行国家管制。由于最初的广播具备通信的特点，因此很自然地广播也由邮政电报电话管理机构进行监管，这种情况在法国很典型①：在路易十一的邮政创立时代，出于政治、军事的需要而将邮政这种传播方式纳入皇家的直接控制中，并成为中央政治权力的一个重要组成部分。尽管后来的传播科技出现了重大发展，但统治者都沿用此法实施国家控制甚至是垄断。从邮政到后来的电信（电报、电话）再到广播电视无不如此。广播在法国最初被称为"无线电话"，这个名称反映了当时人们对广播的认识是：它像过去电报、电话的出现一样，只不过是简单的一个技术发展的阶段，基于此广播的管理被放到同样的法律框架和主管部门之下……自诞生之日起，在广播身上就延续着国家对电话垄断的传统，并在日后延及电视。

由上可知，欧美国家将电报、电话这些传播服务列入通信监管范畴。其监管的动机主要是基于效率和消费者利益。其监管的内容多涉及基础设施和经济效益等方面的规定，"然而在内容方面仅有非常有限的规定。这和广电模式形成强烈的对比，因为广电模式的特征就是高度的内容管制，即使当基础设施逐渐掌握在私人手里时也是一样"②。

即使是2000年的《英国政府通信白皮书》，也还保持着对通信内容实施最低限度监管的情况。它规定：如果打电话者所讲内容粗野或带有下流、淫秽、恐吓性质，将被作为一种犯罪行为受到起诉③。

其中的电话信息服务标准监督独立委员会是一个独立的产业资助的实体。它为电话服务的付费提供一个自我管理机制，主要体现在确保平等地对待消费者方面（昂贵的话音介绍），同时要求服务是正派得体的，避免暴力的、虐待的、残酷的、令人厌恶的、恐怖的和污秽的内容，避免不合理的侵犯隐私、鼓励危险行动或使用有害物质、加剧种族矛盾等内容。它可

---

① 张咏华等：《西欧主要国家的传媒政策及转型》，上海人民出版社，2010，第232页。
② 〔美〕丹尼斯·麦奎尔：《麦奎尔大众传播理论》，崔保国译，清华大学出版社，2006，第172页。
③ 《英国政府通信白皮书》第十章：附录A（2000年12月），《消极内容管理》，李澍、王宇丽等译，中国法制出版社，2002，第120页。

以实施罚款和停业的惩罚性措施①。

到 1920 年左右美国一些私人企业开始尝试利用广播来播送音乐及其他娱乐节目。此前政府部门一直未对广播加以内容上的管控。"20 世纪 30 年代美国对无线电意义的讨论焦点,已从无线电技术转移到了它定时送到空中的信息内容方面。"② 相对而言英国对广播内容的关注要稍微迟滞一些。直到 20 世纪 30 年代,英国无线电才迅速成为大众传播的一种方式,而且"在有声广播的初期,令收听者着迷的是接收,而不是广播的内容"③。

随着广播由一对一的点播发展成为一对多的传播科技之后,它的广告宣传力、政治影响力开始产生了一定的影响,从而导致几乎所有的国家为防止广播权利被滥用而开始对广播进行严密、直接的国家控制。这时电子媒介的内容监管开始出现了。

综上所述,鉴于一对一的传播属性,无线电广播的监管机制最初沿袭了无线电报的管理方式,被列入公共传输范畴,多由邮政部门基于普遍服务的原则进行监管,而对于传输内容则只实施最低限度的监管。

第二节 早期广播的内容监管机制

一 早期广播电视内容监管机制制定的依据

对广播电视的管制一开始只是将其视做无线电的一种,并没有把它当成今天的大众化媒体来管理,更没有针对其传播的内容提出特别的监管对策,包括后来对电视都是这样。当时,"公众为这种新型的媒介产品着迷,迫切地购买电视机。设备的生产再一次优先于——实际上是消除了——对媒介内容的关注。电视机厂家的零售产值从 1946 年到 1967 年底总计达 233 亿美元"。④ "各种企业联合体为取得对广播媒介的垄断控制权而你争我夺,

---

① 《英国政府通信白皮书》第十章:附录 A(2000 年 12 月)《消极内容管理》,李澍、王宇丽等译,中国法制出版社,2002,第 120 页。
② 〔美〕丹尼尔·杰·切特罗姆:《传播媒介与美国人的思想——从莫尔斯到麦克卢汉》,曹静生、黄艾禾译,中国广播电视出版社,1991,第 86 页。
③ 〔英〕威廉姆斯:《一天给我一桩谋杀案:英国大众传播史》,刘琛译,上海人民出版社,2008,第 142 页。
④ 〔美〕席勒:《大众传播与美利坚帝国》,刘晓红译,上海译文出版社,2006,第 23 页。

而公众首先被看成设备的消费者,接着被看成可以销售的受众。"① 纵观对其管制政策的演变和沿革,我们发现最初的内容监管机制是随着广播由无线电通信逐步发展成为大众媒介而出台的。

1. 基于无线电频率资源的稀缺

无线电最初只是一种纯粹的信息沟通手段,很多情况下只是用作信息沟通,如船舶联络、海岸信号等,而没有成为商业性的牟利机构。如当时绝大多数殖民地宗主国为联系身在海外的国民而开设了广播。荷兰在1927年开始对外广播,德国1929年、法国1931年、英国1932年也开始了对外广播②。

在20世纪20年代初期,广播电台如雨后春笋般地发展起来。由于频谱资源的数量有限,各家电台所使用的呼号相互混杂,从而导致一片混乱。

在美国,当时多达400多家广播电台相互竞争。到了1923年,美国一个波段的发射台就超过了460个。这种无限制的增长造成了大量发射台信号之间的拥塞③。无线电信号如此之多很容易对受众产生干扰。一位作者在1922年描述:"那些收听大型广播电台音乐会和报道的人们,突然发现他们所居住的城镇里有一些小发射装置发出噼噼啪啪的声音,严重干扰了他们的收听。"④"到1927年,使用频率的重叠造成频谱极其混乱,以至于收听广播成为一种折磨。私人广播公司被迫在分配频率方面寻求政府管理当局的帮助。"⑤

在英国,由于广播电台的数量多而使用混乱,导致当时军队投诉广播干扰了军事通信。到1922年,英国"无线电热潮"达到了像美国的那种程度,几乎是成百上千的制造商和业余爱好者们提出呼吁,要求邮政部建立放送台⑥。

---

① 〔美〕席勒:《大众传播与美利坚帝国》,刘晓红译,上海译文出版社,2006,第19页。
② 〔美〕约瑟夫·斯特劳巴哈:《国际广播电视》,见叶海亚·R.伽摩利珀编著《全球传播》,尹宏毅译,清华大学出版社,2003,第104页。
③ 〔英〕威廉姆斯:《一天给我一桩谋杀案:英国大众传播史》,刘琛译,上海人民出版社,2008,第128页。
④ 〔美〕丹尼尔·杰·切特罗姆:《传播媒介与美国人的思想——从莫尔斯到麦克卢汉》,曹静生、黄艾禾译,中国广播电视出版社,1991,第81页。
⑤ 〔美〕席勒:《大众传播与美利坚帝国》,刘晓红译,上海译文出版社,2006,第19页。
⑥ 〔英〕威廉姆斯:《一天给我一桩谋杀案:英国大众传播史》,刘琛译,上海人民出版社,2008,第128页。

为了避免电波的互相干扰，很有必要对电波资源实行统一的管制和分配。当时的政府部门应广播工业的要求，不得不颁布有关无线电广播的法令，对频率分配加以干涉。

在英国，1904年开始对广播立法。当时的《无线电报法》规定广播是无线传输的一种，因此由管理有线电话的邮政总局来负责无线电的管理，并于1905年颁发了第一个广播执照（较美国早六年）。此时，无线电广播已经被视为一种国家的资源。"邮政部和海军禁止广播业余爱好者使用无线电波，从而垄断了这项新的传播媒介。"[1] 1922年，英国广播公司成立，归功于电波资源稀有观念，它的设立主要是为了解决广播的技术问题，而不是其内容问题。

英国这种对稀缺电波需要监管的理念一直延续到1992年，这一年在政府发表的一份白皮书中这一理念被宣布寿终正寝。该白皮书声称：由于有线和卫星电视技术的出现，"公共服务型电视原有的一项合法性依据——稀缺的资源要依据公众的整体利益来使用——已经不复存在"[2]。

在美国，1910年出台了《航海无线电法案》，规定用于航海操作和军事防卫的无线电频率必须在商务部登记。1912年又出台了《联邦无线电条例》，确立由商务部和劳工部负责以许可证的方式对无线电波进行管制，并根据使用者的不同对频谱资源进行分配。但在1912年制定《联邦无线电条例》时，"并没有预见到广播的出现，它只是对沿海通信及分散在全国各地的点对点无线电通信作出了一些技术规定"[3]。到1924年，也就是在正规的广播出现三年以后，"已发放了1000多个广播许可证"，广播公司"遍布美国各地，泛滥成灾，几乎不考虑公众的需求及其引发的大量冲突"[4]。美国最高法院这样描述1926年时的情况：

> 新电台随心所欲地使用它们想要的频率，根本不管由此给他人造成的干扰。现有电台调换到其他频率，并且有意提高它们的功率和延

---

[1] 〔英〕威廉姆斯：《一天给我一桩谋杀案：英国大众传播史》，刘琛译，上海人民出版社，2008，第127页。

[2] 〔英〕詹姆斯·卡伦：《媒体与权力》，史安斌、董关鹏译，清华大学出版社，2006，第250页。

[3] 马庆平：《外国广播电视史》，北京广播学院出版社，1997，第146页。

[4] Hiram L. Jome, *Economy of the Radio Industry*, A. W. Shaw Company, Chicago, 1925, p.70.

长播出时间。结果是一片混乱纷扰。由于所有人都在播出,结果没有一个人能被收听到。①

后来美国的学者席勒在谈到频率资源的稀缺情况时说:"对于某些资源来说,尤其对于无线电频谱来说,一定的计划是其物理利用不可或缺的先决条件。例如忽视频率分配很容易造成频谱的无序状态,就像20世纪20年代出现的情况那样,造成所有人都无法使用频谱。"②

广播电视频谱资源在分配上处于稀缺状态,需要政府制定标准,统一分配,以确保资源不被浪费或滥用。因此这一阶段,政府部门的监管基本上是出于技术的原因,负责对频率资源的分配和调控,以避免电波的相互干扰而导致混乱。只有在频率分配这个根本性的技术问题解决以后,下一步才有机会关注无线电传播的内容问题。

2. 基于对公共利益的保障和维护

频率资源的分配只是从技术上初步解决了信号的相互干扰和占用问题。对于各个参差不一的无线电台传播的内容质量问题如何解决?

于是美国联邦无线电委员会(FRC)宣布在质量差距巨大的情况下"先占理由必须让位于优质服务"。一家"拥有值得奖励的节目"的电台可能获得于己有利的决定,而一家"缺乏公共服务"的电台得到的决定则可能相反。由此,产生了对广播内容的管理③。

但是这种对广播内容的管理到底应该基于何种原则?是否有其他媒介的监管原则可以借鉴?

无线电传播消息,在很多方面与电话和电报系统相似。但后者只是两地直接的传送系统,不考虑其所传送消息的性质,因此它们一般并不被列入公众通信工具范围之内。无线电产生时,它自动地具有一种公共传递者的特点,因而受到政府条例的管制。④ 基于保护公共利益的需要,广播最初

---

① 〔美〕约翰·D. 泽来兹尼:《传播法:自由、限制与现代媒介》,张金玺、赵刚译,清华大学出版社,2007,第330页。
② 〔美〕席勒:《大众传播与美利坚帝国》,刘晓红译,上海译文出版社,2006,第25页。
③ 〔美〕约翰·D. 泽来兹尼:《传播法:自由、限制与现代媒介》,张金玺、赵刚译,清华大学出版社,2007,第363页。
④ 〔美〕斯拉姆等:《报刊的四种理论》,中国人民大学新闻系译,新华出版社,1980,第76页。

被作为一种公共设施，成为由政府控制和运营服务的一部分。

在英国，由于考虑到电波频率的公共资源属性和广播要为公共利益服务的原则，即广播不能为私人所有，又不能被政府完全控制，因此，1926年英国广播公司由商营改组为公营。后来有学者评价："BBC是一种折中，介乎于美国的纯粹以市场为指导、完全自由竞争而且没有规范约束的商业电台与刚刚诞生的苏联的受到政府严格控制的广播之间的一种样式。然而，BBC的形式和样态以及它播出的内容是广播公司与英国社会中各种特权阶级反复地进行讨价还价的结果。他们包括无线电制造商、报纸经营者、新闻社和军队部门，尤其是政府。"[1]

在美国，1927年国会通过了《联邦通信条例》，按照条例成立了联邦无线电委员会来制定频率，颁发执照，实行频谱资源管理。1928年美国联邦无线电委员会首次将"公共利益和公共需求"原则纳入广播电台营业许可证授予和更换时应予以审查的内容，并对广播行业遵守"公共利益"提出了具体要求。1931年通过舒勒案的判决正式以法律的形式确立了广播频率的公有制，持照人只有在服务公众的前提下才被授予频率的临时托管权。

无线电波频率作为一种稀缺的国有资源，需要根据公众的利益来进行管理，其主要原因在于：在频率稀缺的条件下，市场体系无法形成有效的资源配置，市场准入壁垒一方面增加了广播电视产业获取利益的机会，另一方面因为市场体系难以实现效率和利润之外的其他目标，如节目和广告质量、社会公共利益等，因此只有通过国家的监管才能使公众利益得到维护和保障。在这种理念之下，政府通过授予广播电视机构对频谱资源享有有限的垄断权来达到广播电视为公共利益服务的目的。

也有西方学者深刻剖析了这种保护公共利益的说法：政府要施加的是一种影响，而不是建立一个确定无疑的为公共利益服务的实体。政府希望控制广播，因为政府也试图控制其他一些有潜在社会挑战性和危险性的休闲活动，而给出的理由是为了公共利益。[2]

3. 基于广播媒介的内容和影响

前面提到对无线电最初的管制是基于解决通信的技术问题，但事实上

---

[1] 〔英〕威廉姆斯：《一天给我一桩谋杀案：英国大众传播史》，刘琛译，上海人民出版社，2008，第126页。

[2] 〔英〕利萨·泰勒等：《媒介研究：文本、机构与受众》，吴靖等译，北京大学出版社，2004，第99页。

又不完全如此。广播除了因具有公共传递者的特点需要管制之外，还有着对其进行监管的另一个理由：广播传送的不仅仅是消息，而且还关系到消息的内容。"在这个范围内，它和报纸、杂志和电影有相似之处。"① 另外，"广播所传达的不仅是内容（符号），还有与之相关联的个性（印象），与印刷媒介相比，还有情绪性的机能"②。1907 年英国议会从一份早期对收音机电信技术的调查询问中得出结论，认为"无线电技术首先被发现的主要缺点在于其在某种程度上会导致无法控制的方向"③。正因为如此，英美政府对此早有认识并进行了掌控。

在英国，无线电首先被看成是"军事和政治手段"④。当时是这样一番背景：社会的不稳定重新出现，包括 1919 年的警察罢工，让统治阶层的许多人形成了一种思想，即舆论会对议会的政治活动产生影响。由于无线电具备向这些新选民提供信息和知识的功能，所以它的发展被视为潜在的危险。1921 年，帝国防御委员会指出广播的发明对于"政治的稳定有着不可估量的意义"⑤。20 世纪 20 年代当英国的劳动运动、社会主义言论逐渐抬头的时候，统治阶层开始希望把广播作为统一国民意志的手段。在 1926 年的大罢工中，铁道停运、报刊停刊长达九天，政府手中所能掌握的可用来维持社会秩序的媒介只有广播。广播播放了国王的诏敕和首相的宣言，呼吁恢复交通和电力。⑥ 正因为政府机构早就意识到广播拥有巨大的告知和影响民众的潜力，所以认为"广播是一种新型的资源，它的管理需要一种新的行政模式"⑦，1923 年萨克斯报告提出："传输的许可权以及传输的内容，都应该由政府当局来决定和控制。""对于这种潜在的影响公众舆论和国家

---

① 〔美〕斯拉姆等：《报刊的四种理论》，中国人民大学新闻系译，新华出版社，1980，第 76 页。
② 〔日〕佐藤卓己：《现代传媒史》，诸葛蔚东译，北京大学出版社，2004，第 146 页。
③ 〔英〕威廉姆斯：《一天给我一桩谋杀案：英国大众传播史》，刘琛译，上海人民出版社，2008，第 127 页。
④ 〔日〕佐藤卓己：《现代传媒史》，诸葛蔚东译，北京大学出版社，2004，第 153 页。
⑤ 〔英〕威廉姆斯：《一天给我一桩谋杀案：英国大众传播史》，刘琛译，上海人民出版社，2008，第 129 页。
⑥ 〔日〕佐藤卓己：《现代传媒史》，诸葛蔚东译，北京大学出版社，2004，第 155 页。
⑦ 〔英〕詹姆斯·卡瑞、珍·辛顿：《英国新闻史》，栾轶玫译，清华大学出版社，2005，第 93 页。

生活的权力的控制应该保留在政府手中。"① 由此英国政府设置了一个由邮局颁发执照的制度，使得广电业者的行为必须向政府负责。

在这方面，最初英国商营广播公司的改组就是政府管制广播内容的一个极好例子。由于政府通过"视听委员会"了解到，有些广播内容不利于政府的控制，因此政府收购商营公司，建立了不被"自由放任的商人所控制"的公营广播公司，从而使其更好地效劳于政府。②

在美国，1934年的《广播法》就明确指出广播执照所有者不是"公共传输者"（common carrier），而是"公众信托人"（public trustee）。执照所有者必须满足市民、教育和宗教组织所支持的"公共利益、方便和必需"要求。广播业的管制机构联邦通信委员会（1934年成立，取代了原先的联邦无线电委员会）曾明确断言："内容的标准有必要在频率分配中加以考虑，否则占用者就会在公共财产中取得既得利益。""法院也认为政府通过联邦通信委员会，不仅有权监督空间电波的使用，而且有权决定这些电波所传送的内容。"③ 同时法院认为广播电视与其他媒介不同的是，它以一种入侵性方式进入家庭，它拥有一种影响观众的独一无二的力量，尤其是对儿童。④

4. 基于广播媒介的商业特性

日本学者佐藤卓己认为，19世纪前半期电信发展的听觉媒介（电话/收音机、留声机/录音机）将非文字的大众文化予以商品化的技术开发，这意味着对不具备良好教育的市民具有决定性意义的听觉文化也成了文化资本的投资领域。⑤ 作为听觉媒介的广播亦是如此。它最初一经产生就具备了商业特性。

广播发展的初期，主要的使用者群体是：军队、无线电公司以及无线电业余爱好者。其中无线电公司最先将广播应用于商业。在它们看来，广播的组织方式就是为了给所有者带来利润。英国、美国都出现过这种情况。

在20世纪20年代的英国，准商业化的英国广播公司还没有形成今天意

---

① 〔英〕利萨·泰勒等：《媒介研究：文本、机构与受众》，吴靖等译，北京大学出版社，2004，第99页。
② 马庆平：《外国广播电视史》，北京广播学院出版社，1997，第247页。
③ 〔美〕斯拉姆等：《报刊的四种理论》，中国人民大学新闻系译，新华出版社，1980，第78页。
④ 〔美〕约翰·D. 泽来兹尼：《传播法：自由、限制与现代媒介》，张金玺、赵刚译，清华大学出版社，2007，第333页。
⑤ 〔日〕佐藤卓己：《现代传媒史》，诸葛蔚东译，北京大学出版社，2004，第142页。

义上的广告经营形式，当时广播只是用来促销收音机的手段，组成广播公司的电器制造商通过销售收音机来获取利益。"正是无线电收音机的制造商和销售商推动了无线电的家庭使用。简单地说，这无非是为了推销这种新媒介而使用的一种更具吸引力的方法。"①

同样，第一次世界大战以后美国国内的无线电制造商积压了大量的无线电器材，为了推销这些积压品，无线电制造商纷纷开办电台以扩大市场，如当时的通用电气公司就建立了广播电台用来促进收音机的销售。到后来百货公司也开办电台来推销产品。1927年，哥伦比亚广播公司（CBS）成为第一家以出卖广告时间来盈利的广播网。②

"美国无线电公司的创立者们更加关注的是谁销售这种接收设备，而不是这种神奇的接收设备会产生什么。"③"公众为这种新型的媒介产品着迷，迫切地购买电视机。设备的生产再一次优先于——实际上是消除了——对媒介内容的关注。"④

"大量的广播听众为美国已经成长的大规模工业企业提供了一个可靠的、非常配合的市场。制造商希望出售其商品的需求迅速与收音机拥有者希望通过他们新买的设备收听节目的期望联系起来。商业广播成为这两种截然不同的利益的产物……1927年，新建立的联邦无线电委员会（FRC）在其第一份正式的意向书中表明其完全向市场力量让步，它说：'目前我们必须接受广告是广播唯一的支持手段，必须采取管制来防止滥用或过度使用特权'。"⑤

实际上，美国早期有222家无线电和电器设备制造商，这"只是部分地说明了早期广播业被制造业集团所控制的程度，这些制造商在1923年也发展成为广播公司"⑥。

广播媒介与生俱来的这种商业特性很容易导致广播最后被几家电器制造商所垄断。这样既不利于行业的发展，更不利于国家对广播媒介内容的管制，在这种情况下如何保证公共性的频谱资源不被商业目的所利用，如

---

① 〔英〕威廉姆斯：《一天给我一桩谋杀案：英国大众传播史》，刘琛译，上海人民出版社，2008，第144页。
② 〔英〕利萨·泰勒等：《媒介研究：文本、机构与受众》，吴靖等译，北京大学出版社，2004，第99页。
③ L. White, *The American Radio*, University of Chicago Press, Chicago, 1947, p. 12.
④ 〔美〕席勒：《大众传播与美利坚帝国》，刘晓红译，上海译文出版社，2006，第23页。
⑤ 〔美〕席勒：《大众传播与美利坚帝国》，刘晓红译，上海译文出版社，2006，第21页。
⑥ 〔美〕席勒：《大众传播与美利坚帝国》，刘晓红译，上海译文出版社，2006，第20页。

何保证公共利益不被商业利益所侵蚀和控制,这些问题的解决非常迫切。如美国在20世纪20年代初广播刚兴起时,教育机构和慈善团体就开办了100余家广播电台,但商业广播的出现引起了这些教育家的躁动不安,他们反对商业化,主张发展非营利广播。面对这些情况,迫切需要政府监管政策的及早出台。

以上这四个方面可以归结为最初广播内容监管机制出台的基本原因。由此可以知道,广播最初作为一种个体的无线电通信,首先以频率资源的分配方式解决了技术方面的难题;后来随着这种无线电服务范围的逐步扩大,它被列为一种社会公共设施,以公共利益的保护为由被实行统一监管;当广播由最初的无线电通信逐步发展成为大众媒介之后,英美政府才开始对这种媒介的内容和影响进行监管和掌控。

二 早期广播内容监管的基本手段

英美国家早期对广播电视的内容监管手段如下。

1. 国家垄断电波频率的分配,设置市场的准入门槛

在大多数国家甚至是在无线电发展初期,通信都被有效地排除在公众讨论和政治论争之外。[①] 对其的监管首先是作为一种资源或技术的国家垄断而开始。

由于电波频率资源的稀缺,美英各国一开始就将其视为公共资源来进行国家垄断,并列入公共品管理体制。对通信用频率和广播电视用频率进行统一监管。但由于广播电视传播内容的特殊性,其监管政策也有别于一般的通信用频率的监管政策。对后者的监管一般强调经济效率和市场机制,而对前者的监管则更注重频率分配的公平性、频率所传播内容的安全性和公益性。

在美国,频率资源被列为国民的共有财产,由专职机构联邦通信委员会来负责对电波资源的分配和监管。频率分配的标准和一般公共传递工具所用的标准相同,即"公众利益、方便和必需"[②]。联邦通信委员会规定,

---

① 〔美〕库伦伯格、麦奎尔:《媒体政策范式的转型:论一个新的传播政策范式》,见金冠军等主编《国际传媒政策新视野》,上海三联书店,2005,第21页。
② 〔美〕斯拉姆等:《报刊的四种理论》,中国人民大学新闻系译,新华出版社,1980,第78页。

电波不属于私有财产，它不能成为谋取商业利益的工具，因此广播电视在许可证的有效期内一定要履行其公共服务的义务。

在英国，"广播所利用的电波是有限的，为了分配频率，需要对其管制。英国（广播）由官办公司来经营，只间接地对政府负责"[1]。1904年确立了国家邮政总督对无线电波的管理和分配，并于1905年颁发了第一个执照。后转由内政部、贸工部负责对频率资源的监管。2003年以后由通信办公室负责频率的分配和监管。

在电波资源稀缺的情况下，将其视为社会公共资源，由国家进行垄断，统一对电波频率进行管制和分配，这非常有利于建构传媒产业。对商业性的广播电视而言，频谱分配的数量限制了潜在广播电视台的数量，有利于控制市场准入的门槛，对市场的竞争度进行限制，这样就从源头上确保了广播电视所传播内容的安全性与公益性，避免了最初的混乱局面。而且垄断的形式也能促使广电技术有效推广并形成资源的整合，最大限度地满足公共利益。

对于这种频率资源的垄断管制，西方学者库伦伯格和麦奎尔认为，这既反映了企业和政府的总政策是紧紧掌控其战略性资源，同时也造成了对当时新媒体中有关社会文化内容的政策缺失，这并不意味着没有意识到新大众媒体日益重要的社会政治意义，而是政策领域被有效地非政治化了。[2]

2. 颁发执照实行许可，引导和掌控节目内容

广播电视发展的初期也像印刷媒介一样实行特许制。这是一种带有附加条件的准入制度。

在美国，从1934年开始便实行广播电视许可制，由联邦通信委员会负责核发执照。其附带条件是：它们必须以"公众利益、便利和必需"为宗旨来运作[3]。

虽然《联邦通信法》禁止联邦通信委员会对广播节目进行审查或检查广播节目材料，可是委员会采取了这样的观点：委员会有责任来监督一切

---

[1] 〔美〕斯拉姆等：《报刊的四种理论》，中国人民大学新闻系译，新华出版社，1980，第78页。

[2] 〔美〕库伦伯格、麦奎尔：《媒体政策范式的转型：论一个新的传播政策范式》，见金冠军等主编《国际传媒政策新视野》，上海三联书店，2005，第21页。

[3] 〔美〕新闻自由委员会编《一个自由而负责的新闻界》，展江等译，中国人民大学出版社，2004，第45页。

节目内容，以确保它为公共利益服务。① 而且委员会还规定特许经营者在有权选择特殊节目材料的同时，它的选择必须"与国会的基本政策一致。国会的政策是要把无线电作为全体公众的言论自由的工具，而不是作为特许经营者纯私人利益的工具"②。1931年的舒勒案正式确立了联邦通信委员会对广播内容管理的一个基本原则：联邦通信委员会要确定是否续展到期的电台执照，可以对电台以往播出的节目进行审查。

这种附带条件的执照核发机制有利于从内容上保证商业广播电视符合公众利益并不被彻底商业化、低俗化。

在英国，英国广播公司通过与议会缔结《皇家特许证书》、与文化媒介体育大臣签署《许可协议》，来作为执照续展的重要条件。前者一般对节目的内容进行相关的规定和限制，后者规定了英国广播公司承办广播电视事业必须做到的条件，其中一项重要的内容也包含了有关节目的规定。如最初为了防止该公司作出不利于政府政策的评论，规定不允许该公司对所报道的事实插入自己的意见，甚至在必要时政府有权解雇管理人员和节目制作人，取消"犯规"节目等。英国商业广播电视媒体则由独立电视局负责核发许可证。它一般通过行政指令、警告、罚款和年度报告的形式确保其所辖电视台履行各自在内容传播方面的义务和责任。独立电视委员会和独立广电管理局可以制定严苛的法规，既有权插手节目安排，又握有惩罚权，使规制能产生直接效果。③

3. 另立传媒规制机构，实行独立监管

广播事业最初声称广播与电话公司不一样，它更近似于报纸或杂志，并且在某些方面，具有戏剧和电影业的特征。广播界以"广播和报刊一样自由"的口号来论证政府的作用应该只是分配频率，而不是管制节目的内容。④

实际上，早在广播电视的发展初期，英美政府部门就意识到：广播电视服务作为一种内容产品，它因产品的广泛外部性而有别于一般物质生产

---

① 〔美〕斯拉姆等：《报刊的四种理论》，中国人民大学新闻系译，新华出版社，1980，第98页。
② 〔美〕斯拉姆等：《报刊的四种理论》，中国人民大学新闻系译，新华出版社，1980，第98页。
③ 夏倩芳：《公共利益与广播电视规制——以美国和英国为例》，武汉大学博士学位论文，2004，第48页。
④ 〔美〕斯拉姆等：《报刊的四种理论》，中国人民大学新闻系译，新华出版社，1980，第78页。

的产品；也因产品内容的政治属性、社会属性和文化属性而有别于一般的通信服务业；作为一种大众传媒，因为它的消费具有非排他性和非竞争性，所以它有别于报纸等印刷媒介。再加之英美国家的宪法对新闻出版自由都有明确的规定，因此英美国家对早期广播电视的监管采取了有别于印刷媒介和其他电子通信的独立的监管模式。

这种独立监管模式的最主要特征是：它设立了独立于政府的监管机构，这个机构不是政府的组成部门，它直接向议会或国会负责，行使对广播电视的监管权，并由这类监管机构直接对广播电视所传播的内容负责和进行处罚。

英国依据《1927年皇家特许证书》（以下简称《皇家特许证书》）成立了英国广播公司（BBC），它作为一个公营的独立的广播电视管理机构，既对议会负责，也对政府负责，但保持相对于政府的独立性，政府和议会中的相关机构不得干涉英国广播公司理事会的决策。早在1936年，当时的厄尔斯沃特广播委员会报告就指出，英国广播公司的地位是在日常业务管理上保持独立和最终受英王陛下政府控制的一家公司。英国广播公司的日常事务是独立的，但是政府保持着对它的最后控制权。政府依据《皇家特许证书》和《许可协议》对其节目内容和服务质量进行独立的评价和监督。

发展到后来，英国专门成立了广播标准委员会（BSC），它制定节目标准，对各广播电视机构执行这些规定的情况实施监督，同时接受和处理对违反规定的节目的投诉。电信管理局下属的独立广播局和独立电视委员会也要分别对商业广播电台和商业电视台的节目进行监管，制定管理条例，监督执行情况和对违规行为进行处罚。

美国依据《1934年联邦通信法》成立了联邦通信委员会，负责颁发特许证和监督无线电广播。它作为一个独立的监管机构，主要对国会负责，受总统的直接领导。它通过制定各种政策、行政法规和推动国会立法来实现对广播电视的内容监管。

1943年在涉及美国全国广播公司的一个案例时，美国联邦最高法院在这个案例的判决中指出："事实要求我们视联邦通信委员会为通信警察，对电波进行管理，以防止电台互相干扰。但通信法没有将该委员会的权力局限于对电波的管理，而是要求它对电波的内容加以管理。"[①] 因此联邦通信

---

① 马庆平：《外国广播电视史》，北京广播学院出版社，1997，第150页。

委员会可以通过节目的播后审查，向违反法规的广播电视经营者予以程度不等的处罚。

英美国家通过这种独立监管有力地避免了政府对广播电视的直接管控，从形式上保障了广播电视在编辑内容和经营管理方面的独立性。

采取类似方法的还有加拿大。1928年由约翰·爱尔德爵士组成的皇家委员会调查发现，广播已经成为"培养民族精神和保持民族认同的一个重要力量"，建议成立类似英国广播公司那样的公共管理机构，以便"使广播业更好地为加拿大公共利益和国家利益服务"[1]。因而加拿大在1932年通过了第一部广播法案，创立了加拿大广播管理委员会（CRBC），以控制加拿大境内的广播内容与服务。

频率分配、执照特许与独立监管，分别从技术、内容、组织三个基本维度构成了英美国家早期对广播内容监管机制的基本框架。

三 早期广播内容监管机制的特点

早期广播的内容监管机制具有如下几个方面的特点。

1. 确立了媒介内容的严格管理原则

西方有学者认为：报纸有漫长的争取自由的历史，而广播刚一出现就被置于国家的管理之下。[2] 具体地说，到20世纪初，英美国家已经禁止对报纸、杂志、图书等印刷媒介实行许可管理，却允许对广播电视实行许可管理，为什么会出现这种从一开始就置广播电视于国家集中管理之下的情况？

因为广播电视媒体的内容传播有其本身的特殊性，以广播为例："书籍需要读者特意购买与阅读，电影需要对象特意买票与观看，才能散播与吸收。而广播却不需此种行为就能广泛地被散播与吸收。广播节目直接进入家庭中，而内容却无法事先被家庭加以防范。一些针对特殊对象而设立的电台，不好的节目也可能被无数观众'无意中'收听到或看到，而在这些'无意'的观众当中，有许多是未成年的孩子们。"[3] 在美国的广播电视发展早期，当时主要的法律观点是：广播电视传播仅仅是一种"庸俗的娱乐形

---

[1] 张玉国：《文化产业与政策导论》，高等教育出版社，2007，第75页。
[2] 〔日〕佐藤卓己：《现代传媒史》，诸葛蔚东译，北京大学出版社，2004，第142页。
[3] 〔美〕吉尔摩：《传播法：判例与说明》，李瞻译，黎明文化事业股份有限公司，1992，第812页。

式——劣等言论形式，只应获得极少的保护"①。后来通过舒勒案，联邦法院确认：与出版业不同，广播电台的言论自由在方式上和范围上应当有某些限制条件。②所以广播电视媒介从未被全面给予印刷媒介所享有的宪法第一修正案赋予的特权。这是广播电视媒介在内容方面被严格化管理的原因。

另外，这种内容严格管理的原则也有技术资源方面的原因。当时欧美国家认为电子媒体是战略上至关重要的工程和基础设施，不能被抛入自由市场的不确定性中。它们很少被视为是消费性产品或服务，③只能实行垄断性的严格管理。

这样英美国家从一开始就把广播电视定为一种比较特殊的媒介，将其内容视为特殊的内容产品。"广播媒体比印刷媒体受到更多的调控。频段通路受到比谈话、写作、出版的通路严格得多的限制。"④英美国家由此对其采取了比印刷媒介要严厉得多的垄断性监管方式。"1926 年英国广播公司成立，1927 年美国联邦无线电委员会成立，德国广播公司对地方台的合并，三个广播台被合并为社团法人日本广播协会，都是在同一时期进行的，这种一致不能说是偶然的。"⑤它们都是政府出于广播电视的特殊性而对其进行垄断化集权管理的结果。

因此，尽管广播是在欧美言论出版自由机制建立以后出现的大众媒体，但欧美国家在广播的管理上只是给了它"独立于政府"的形式，其实质并未摆脱国家的控制，国家可以通过国会或议会行使最终的控制权，包括对高级管理人员的任免和对违反有关规定的节目进行处罚等。

针对广播电视媒介监管上的这个特点，有学者因此将英国管理广播电视行业的方法概括为"家长式管理"，将美国的商业广播电视的监管方式概括为"许可式管理"。⑥

---

① 〔美〕约翰·D. 泽来兹尼：《传播法：自由、限制与现代媒介》，张金玺、赵刚译，清华大学出版社，2007，第332页。
② 马庆平：《外国广播电视史》，北京广播学院出版社，1997，第149页。
③ 〔美〕库伦伯格、麦奎尔：《媒体政策范式的转型：论一个新的传播政策范式》，见金冠军等主编《国际传媒政策新视野》，上海三联书店，2005，第20页。
④ 〔美〕约瑟夫·斯特劳巴哈、罗伯特·拉罗斯：《今日媒介：信息时代的传播媒介》，熊澄宇译，清华大学出版社，2002，第436页。
⑤ 〔日〕佐藤卓己：《现代传媒史》，诸葛蔚东译，北京大学出版社，2004，第142页。
⑥ 〔美〕詹姆斯·沃克等：《美国广播电视产业》，陆地、赵丽颖译，清华大学出版社，2005，第68页。

2. 借鉴了电信管理的公共服务模式

早在广播电视出现之前，欧美国家就有将电话、电报以及邮政业列入公共实体进行垄断经营的政策传统。无线电广播最初也被作为一种"船对岸"①的点到点的信息传播方式而并没有被列入大众传播媒介。如加拿大在1922年将对广播的管理权力转移到海洋和渔业部，成为其下属一个部门的职能，这可以说明当时的广播只是被海运和渔业部门用作一种"点对点的简单信息交流"，广播自身还远没有发展成为一个"产业"②。因此20世纪早期的无线电传播业最初也毫不例外地被列入电信范畴实施管制。

但作为服务公民的分支机构，无线电广播又被普遍认为是"非政治性"的，或超然于民主政治争论之外的。也许正是欧洲国家的帝国传统催生并维护了这一总体政策模式。③正是基于公共通信这样的管理传统和模式，广播电视最初也被列入公共服务的管理范围。

因为频谱资源属于公共资源，公共财产的广播电视使用者也应当承担一定的义务和责任。由于政府有权管理频谱的使用，所以它可以通过选择少数广播电视业主使用频谱来决定和督促它们如何运作才能最好地服务于公众。

在美国，早在1924年，第三次全美无线电通信会议就确立了把广播视为"公共服务"的理念。1927年美国无线电法规定："只有在有利于公众、方便于公众或者出于公众的需要"的前提下"提供公正、有效、机会均等的服务"的电台才能获得执照。1934年通信法进一步规定管理通信的行为必须"符合公共利益、便利性和必要性"。同时该法还规定：电报和电话公司负有完全的公共传输者责任，但广播执照的所有者不得被认为是"公共传输者"④。

在英国，1923年希克斯（Sykes）委员会报告认为广播是国家性资源，提出以"公共利益"为考量建立"广播委员会"。它可免于无线电制造商的直接控制，又可独立于政府和管制机构。后来的克劳佛德（Crawford）委员会报告认为广播有公共服务之特质，应该由国家投资设立公营广播公司，授予其独

---

① 鞠宏磊：《媒介产权制度——英美广播电视产权制度变迁及其对我国的启示》，四川大学出版社，2006，第52页。
② 张玉国：《文化产业与政策导论》，高等教育出版社，2007，第74页。
③ 〔美〕库伦伯格、麦奎尔：《媒体政策范式的转型：论一个新的传播政策范式》，见金冠军等主编《国际传媒政策新视野》，上海三联书店，2005，第20页。
④ 鞠宏磊：《媒介产权制度——英美广播电视产权制度变迁及其对我国的启示》，四川大学出版社，2006，第65页。

占权和独立自主的地位,成为"国家利益之受托者"。因此1927年英国广播公司成立,并采取特许独占、垄断经营的组织方式,由英皇任命决策委员会来管理,免于国会控制,从而形成了免于政府和私人直接控制的公共事业组织模式。直到1996年,英国广播公司续展的皇家特许状在公司目标中仍指出:提供"信息、教育、娱乐节目"的服务为"国内服务"。它和为"世界服务"(为其他国家和海外地区提供的服务)被统称为"公共服务"①。

3. 确立了广播电视公、商分立的二元监管框架

广播电视发展的初期,因其本身的特性形成了对它与对印刷媒介完全不同的独有的两类监管模式:一类是以英国为代表的公共服务管制模式;一类是以美国为代表的商业化广播电视管制模式。

后来英国在20世纪50年代引入商业电视,70年代引入商业广播,但仍然以公共服务体制为主导。美国在20世纪60年代引入公共广播电视,但它一直处于边缘化位置,商业广播电视体制在美国一直占主导地位。但英美国家在广播电视的监管框架方面,实行了二元机制。它们对公共、商业和宣传服务类广播电视进行分别管理。

美国通过联邦通信委员会(FCC)对商业广播电视实施统一管理,通过公共广播公司(CPB)对公共广播电视活动实施管理,通过联邦政府广播管理委员会(BBG)对政府的国际广播电视活动实施管理。其二元管理框架如图4-1所示。

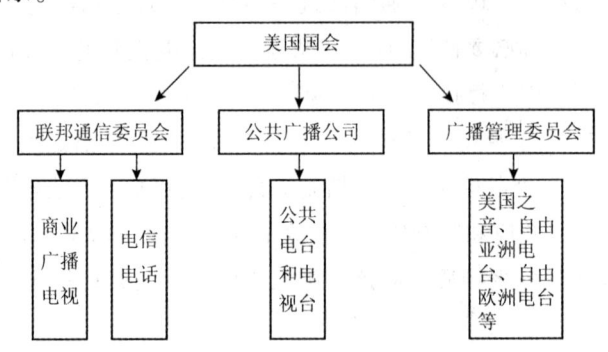

图4-1 美国公、商分离式的广播电视监管机构

资料来源:参见梁平《中外广播电视监管机构简析》,《现代电视技术》2007年第7期,第109页。

---

① 马庆平:《中外广播电视法规比较研究》,经济管理出版社,2005,第239页。

同样，在英国，对公营广播电视和商业性广播电视也实行分开监管。英国广播公司是英国公共广播电视的管理机构。由12人组成的理事会是英国广播公司的最高权力机构，它既是决策主体又是监管主体。同时代表公众管理各项事务，保证公共利益的实现，确保履行对公众的责任。英国广播公司理事会下设的节目投诉小组专门负责处理受众的节目投诉。

英国商业广播电视分别由独立电视委员会、广播电视标准委员会、电信管理局、广播管理局、无线电管理局等构成的监管系统负责管理（2003年前）。其中负责内容监管的机构主要是独立电视委员会和广播电视标准委员会。

2003年以后英国通过通信办公室对广播电视和电信活动进行统一监管。政府通过文化媒介体育部督促英国广播公司提交年度报告等来促使其在传播内容方面履行公共服务。

4. 创新性地继承了印刷媒介的内容监管模式

广播电视媒介的内容监管既有直接干预、事前引导，也有间接调控、事后监督等方式。由于它涉及新闻与言论自由问题，英美国家一般非常讲究监管技巧。它往往不用行政命令直接干预广播电视机构的传播内容，而是多采用事前引导与事后监督相结合的模式来进行监管。

如果从源流上进行探索的话，我们可以发现这种模式并不是印刷媒介内容监管模式的翻版，而是对后者的一种继承和创新。

印刷媒介经历了从集权主义到自由主义阶段的发展，先后形成了事前检查与事后追惩两种监管模式。发展到以广播电视为代表的电子媒介阶段后，事前检查或审查已被视为过时的封建集权主义的产物，这种模式根本不再适应电子媒介的介质特点。在这种情况下广播电视媒介以原有印刷媒介的内容监管模式为基础进行了监管方式的创新。

这种创新主要表现为变原来的事前检查为事前引导，其常见的方法如下：一是制定相关政策法规，明确规定广播电视行业的准入条件、节目标准、广告规则和惩治机制。二是发布有指导性的广播电视政策意见、年度报告等。三是实施行政许可，把好广播电视行业的准入关，通过颁发、续展广播电视执照或签署特许协议的方式明确规定其在内容方面所应承担的义务和责任。

另外，事后监督也与过去的印刷媒介有所不同。它一般是由有关监管机构受理受众对广播电视节目内容的投诉和申诉，查明投诉和申诉的事实并将处理结果告知投诉人和申诉人，有时甚至将处理结果定期在刊物上进行公布。

第三节 英国公共广播电视的内容监管

英国的广播电视目前可以分为传统的以频谱资源为基础的模拟电视领域和新兴的电视转播方式两大系统。前者包括英国广播公司、独立电视台（网）、第四频道和第五频道等，它们尽管也分为公共和商业广播电视两大类，但商业广播电视基本同公共广播电视一样受到严格的公共服务理念限制，除了经济来源不一致之外（公共广播电视以收取视听费为主，而商业广播电视以广告收入为主），二者区别并不大，所以可以归为一类。后者包括有线、卫星和数字电视等，它们不受公共服务理念的严格限制，基本是一种纯商业模式的电视传输平台。

英国几十年以来实行的虽然是公共和商业广播电视并存的二元体制（公营广播电视的代表机构是英国广播公司，私营广播电视的代表机构是独立电视台），但它们都被置于公共服务框架之下。

"公共服务性"是英国广播电视的共性，并非英国广播公司独有。商业广播电视也一样有义务提供公共服务、传播信息、提供教育和娱乐等。有关法律甚至对商业电视台在公共服务方面的要求规定得更为详细和严格。"在欧洲和美洲，没有任何一个国家像英国这样对私有电视台的'公共服务性'有如此严格的要求和深入系统的发展。"[1]

另外，独立电视台最初也是在独立电视局（ITA）的控制、管理之下的一个以影响、教育、娱乐大众为目的的电视机构。事实上它还是受制于国家的，"它是公共事业广播的一种延伸而非替代"[2]。它一开始就是作为广播公共事业体制的一部分出现的。

而且，"一般认为，从 BBC 创建伊始一直到 1990 年《广播法案》通过之前，英国的广播体制当中虽然引进了商业运作模式，但是它的主干还是

---

[1] 唐亚明：《英国传媒体制》，南方日报出版社，2007，第 148 页。
[2] 杨击：《传播·文化·社会——英国大众传播理论透视》，复旦大学出版社，2006，第 102 页。

一种由政府介入控制和管理的公共事业广播的模式,国家以这种方式干预和管理广播事业被广泛接受"。①

所以这里我们对英国广播电视内容监管的探讨基本上不再严格区分公营与私营广播电视的细微区别,而是将其归于公共服务性广播电视之下,重点分析英国政府是如何在公共服务框架下对这两类广播电视进行内容监管的。

一 英国公共广播电视内容监管机制的历史沿革

英国广播电视政策的变革大致经历了四个阶段:1922~1954年是公共服务模式阶段;1954~1980年是双头垄断阶段;从20世纪80年代到90年代是"放松管制与市场主义"阶段;2000年以后是公营广播电视改革的新阶段。② 实际上在这四个阶段中英国广播电视是以公共服务机构的形式开始的,从英国广播公司的出现、商业电视的引进到第四频道的成立,再到近年来放松管制走向市场,英国广播电视经历了从单纯公共服务向公共服务与市场效率并重的转变。

它是一整套环环相扣的逐步扩张的过程。循着这个发展轨迹我们再来探寻它内容监管的历程,可以发现英国广播电视的内容监管实际上也经历了一个从公共服务模式下编辑独立原则的确立到消费者至上模式下内容多样化的倡导,再到放松管制模式下节目质量一体化严管的变化过程。

1. 公共服务模式下编辑独立原则的确立

新闻自由的理念最早发端于英国,新闻自由在英国有着非常高的地位。因此英国的广播电视媒体也一直保持着它们相对于政府和公众的独立性。英国广播公司是公营的广播公司,在内容监管方面,最显著的一个特点是政府赋予它在节目编排与经营上可以保持相对独立的原则,不受任何直接的干预。

从历史上看,英国政府对广播的内容控制也是从技术管制开始的。英国政府一开始也把广播纳入一种普通的通信工具,并在1904年的《无线电

---

① 杨击:《传播·文化·社会——英国大众传播理论透视》,复旦大学出版社,2006,第104页。
② 国家广电总局发展研究中心:《国外广播影视体制比较研究》,中国国际广播出版社,2007,第66~69页。

报法》中规定广播是无线传输的一种，因此规定邮政总局的职权从对有线电话的管理扩展到对无线电的管理。1905 年颁发了第一个广播执照（较美国早六年）。后来国会担心执照数量增多导致混乱，加之军队投诉广播干扰军事通信，这些导致邮政局停发牌照，广播电台数量骤减。

和美国相比最大的不同是，英国政府早就意识到了"广播是一种新型的资源，它的管理需要一种新的行政模式"。① 1922 年英国开始建立广播电视公有制的监管体制，英国广播公司成为公共广电事业的运行和监督机构。

尽管有学者认为：英国广播公司之所以成为公共机构更多的是基于政治上的考虑，是当时的政府为了控制或监督不断壮大的工人阶级的闲暇活动和其他潜在的社会不安定因素而冠以维护公共利益的名义。② 它不过是为了维持中产阶层对较低阶层的支配，并未改变资本主义社会的权力结构，其所提供的产品与服务是倾向于既得利益集团，而不是公众的。③

但主流的意见还是认为广播电视是一种"公共服务"。如 1923 年萨克斯报告中就曾指出："广播能够提供很有价值的公共服务，对于国家来讲具有重要的意义。" 1926 年的克劳福德委员会报告也认为刚刚成立的英国广播公司的职责和地位"应该符合公共服务的要求"④。政府除保留最终控制权之外，尽量不干涉公司的日常运作及管理，使广播事业成为"国家利益之受托者"⑤。1950 年的贝弗瑞吉报告认为："就像大学一样，广播的任务应该是为了社会利益而提供公共服务。"⑥

20 世纪 70 年代之前，英国的广播电视无论是独家垄断还是双寡头模式，它们都是立足于公众整体利益的承诺和设想基础之上的。这也是当时官方广播电视政策的思维起点。

---

① 〔英〕詹姆斯·卡瑞、珍·辛顿：《英国新闻史》，栾轶玫译，清华大学出版社，2005，第 93 页。
② 转引自李继东《论英国公共广播电视理念的缘起与嬗变》，《现代传播》2007 年第 3 期，第 58 页。
③ 转引自李继东《论英国公共广播电视理念的缘起与嬗变》，《现代传播》2007 年第 3 期，第 58 页。
④ 〔英〕詹姆斯·卡瑞、珍·辛顿：《英国新闻史》，栾轶玫译，清华大学出版社，2005，第 301 页。
⑤ 鞠宏磊：《媒介产权制度——英美广播电视产权制度变迁及其对我国的启示》，四川大学出版社，2006，第 73 页。
⑥ 〔英〕詹姆斯·卡瑞、珍·辛顿：《英国新闻史》，栾轶玫译，清华大学出版社，2005，第 302 页。

如 1962 年的派克林顿报告是这样补充定义英国广播公司和商业广播电视的:"广播电视的概念,一直都是一种服务,其全部的特征,都是一种公共机构的职责,负责将社会中产生的各种行为和意见全面地表达出来,使公众们充分地知晓。"① 这一制度设计可以保证英国广播公司的政治中立和独立编辑权,有利于避免私人控制和政府的直接管制。

对于这样一种公共服务模式下的广播电视内容如何进行监管?

早期的英国广播报告认为,政府管制是维护广播独立性和社会责任感的最好保障。如 1923 年萨克斯报告认为,广播电视如此重要,"传输的许可权以及传输的内容,都应该由政府当局来决定和控制"。后来的克劳福德委员会报告也认为,只有在政府的批准下,英国广播公司才能成为一个"为了国家利益服务的公共协会"。②

因此在英国广播电视发展初期,英国政府建立了皇家宪章、执照契约与执照费收入模式,使得英国广播公司免受政治和商业力量的干预,保证了英国广播公司的独立性。

但政府对英国广播公司拥有绝对的控制权力。政府可以规定英国广播公司的活动范围,甚至决定英国广播公司在多大程度上参与从事商业活动。政府对节目制作拥有极大的权力,可以禁播一个节目,可以禁止英国广播公司就公共政策发表自己的观点等。

后来的萨克斯报告指出,如果政府对于英国广播公司工作的控制过于具体,"就必定会招致怀疑,认为政府是利用手中的权力来谋取自己的利益"。因此当时的政府决定,在接受议会咨询时,负责广播电视事务管理的部长只需回答有关原则问题和财务问题,而不需对节目负责。③

因此政府尽管有很大的控制权力,但实际上很少对广播电视机构进行直接的干预,这使英国广播公司在传播内容方面就拥有完全的编辑独立性。它的节目编排与经营可以保持相对的独立,完全不受政府和公众的直接干预。

---

① 〔英〕詹姆斯·卡瑞、珍·辛顿:《英国新闻史》,栾轶玫译,清华大学出版社,2005,第302页。
② 〔英〕詹姆斯·卡瑞、珍·辛顿:《英国新闻史》,栾轶玫译,清华大学出版社,2005,第303页。
③ 〔英〕詹姆斯·卡瑞、珍·辛顿:《英国新闻史》,栾轶玫译,清华大学出版社,2005,第304页。

这样便可以避免受商业和政治权力的左右，实现内容服务提供上的高质量化，也可不迎合受众或公民的需求，而只是提供精英阶层认为是无害而有价值的内容和服务，从而使广播事业成为"向社会负责的文化事业"①。

正因为遵循着编辑独立这样的监管理念，英国广播公司曾经一度蜚声海外。据美国新闻署对听众的研究表明，在1982年英国和阿根廷的马岛战争中，即使是阿根廷听众也通过收听英国广播公司的广播来了解战争进程。② 由此可见英国广播公司采编内容上的独立性在海外所产生的广泛影响。

这种编辑独立的监管理念几乎一直持续到20世纪70年代。

2. 消费者至上模式下内容多样化的倡导

由于完全公有的广电业缺乏竞争，因而也影响了公共利益。如当时英国广播公司节目的中心化、伦敦化倾向遭到很多人的反感。1954年《独立电视法案》规定建立商业电视，该法案标志着英国商业电视的开端。同时该法案最大的一个贡献是建立了一个与英国广播公司性质相近的管理机构——独立电视局（ITA）来管理商业电视，从此打破了英国广播公司的独家垄断。

1963年，英国通过《1963年电视法案》，要求新成立的商业及独立电视台继续遵循公共服务广播的责任和原则。它规定：将广播电视服务作为提供信息、教育、娱乐的公共服务；保证播出的节目在所有方面都达到较高的水准，特别是内容和质量；在主题选择上要广泛注意平衡，这不仅指节目本身，也指节目播出的时间安排。③

1972年，英国议会决定开放商业广播，颁布《无线广播法》，将独立电视局改名为独立广播局（IBA），同时管理独立电视台（ITV）和独立地方广播电台（ILR）。这样，英国广播电视业就出现了公营（BBC）、商营（IBA）公共广播电视机构双头垄断、公共广电和商业广电并存的局面。

在此期间，英国政府对广播电视执行严格的管理，因为他们认为波段是一种稀缺的公共资源，为了公共利益，为了保护本国的话语空间应对其

---

① Andrew Crisell, *An Introductory History of British Broadcasting*, Routledge, 2002, p. 19.
② 〔美〕约瑟夫·斯特劳巴哈：《国际广播电视》，见叶海亚·R. 伽摩利珀编著《全球传播》，尹宏毅译，清华大学出版社，2003，第107页。
③ 〔英〕利萨·泰勒等：《媒介研究：文本、机构与受众》，吴靖等译，北京大学出版社，2004，第104页。

妥善管理。① 因此新的电视台一样被置于公共服务的管理框架之下。甚至它的政治独立性还不如英国广播公司。"1954年法案列出的禁止性规定，与英国广播公司的主要编辑方针是大体一致的，但这些规定在之后的若干年内，仍然被用来限制独立广播局不得制作特定类型的节目。"② 因此无论是公营还是私营的广播电视，其公共服务原则一直被坚持下来，直到1977年的安南报告才出现了新的变化。

安南委员会（Annan Committee）发表了关于英国广电业未来发展的报告（Report of the Committee on the Future of Broadcasting）。报告指出一方面要维护英国广播电视公共服务的传统，广电业的管理应由独立的公共权力机构负责，这些机构必须独立于政府，从维护公共利益的角度对节目内容负责。另一方面也要保证广电机构编辑的独立性，使其免受政治、既得利益集团的左右。最重要的是，报告指出要促进广播电视业的内容多样性和多元化，打破双头寡居的格局，并建议成立一个实行商业化运营模式的公共服务电视频道，即第四频道（C4，于1982年成立）。

此前，英国广播公司总经理瑞斯在节目方针上一直奉行文化同质性信条：虽然每个人都是不同的，但文化是没有差别的整体。英国广播公司可以成立由所谓"专家"组成的顾问委员会来决定音乐中是否应该去掉教会的味道、判断播音员的发音是否正确。他们的任务是对节目的文化价值提出权威意见，而不是反映听众的兴趣。虽然英国广播公司也支持多样化的方针，把谈话节目、轻音乐、室内乐、智力问答、歌舞剧和体育比赛等编排在一起，但这种服务方式不是针对听众的不同兴趣提供不同的节目，也不会因为听众喜欢八卦新闻而减少严肃话题。③

安南报告在承认广播电视公共服务功能的基础上进一步提出应该为公民提供更多的选择和服务〔"丰富性"（enrichment）〕。这意味着此时的内容监管已经不再局限于纯粹的公共服务模式下同意广播电视将公民仅仅作为一种同质性的大众，而是要求它们在内容上要满足不同群体和个人的多种

---

① 〔英〕詹姆斯·卡瑞、珍·辛顿：《英国新闻史》，栾轶玫译，清华大学出版社，2005，第323、327、132~133、176、325页。
② 〔英〕詹姆斯·卡瑞、珍·辛顿：《英国新闻史》，栾轶玫译，清华大学出版社，2005，第137页。
③ 〔英〕詹姆斯·卡瑞、珍·辛顿：《英国新闻史》，栾轶玫译，清华大学出版社，2005，第124页。

文化需求。

随后，1982年讨论有线电视的亨特报告，进一步延展了这种内容多样化的监管理念，使有线电视从公共服务模式的束缚中解脱出来，只去制作那些"足够吸引公众付费收看"①的节目。

20世纪70年代欧洲广电业的私有化改革开始了，英国公私两种广播电视体系并行竞争性发展。20世纪80年代以后，商业广播电视发展非常迅速。在欧洲，公共广播组织被迫向商业广播组织让步，竞争日趋激烈。1980年，欧洲36家公共广播频道面临的只是五家商业频道的竞争，到了1990年，40家公共广播频道面临的是36家商业频道的冲击。从1988年到1994年，欧洲商业频道的数量几乎翻了一倍，达到164个②。面对传播技术的迅猛发展和日趋激烈的竞争，英国政府意识到要对广播电视业采取"更轻微的管制"（lighter touch）。

在这种背景下英国于1986年出台了在内容监管方面最具有转折性意义的皮考克报告。它对英国的广播电视的监管政策产生了两大影响。

一方面，它提出了消费者至上的原则。这个原则是对公共服务理念进一步的激进改造，报告认为："英国的广播电视体制，应该朝着一个更为复杂的、以消费者至上为基础的市场系统迈进。"同时指出，只有坚持公共服务的原则，才能真正保障消费者的权益至高无上。

另一方面，它建议废止任何事前检查。在广播电视的内容监管方面，报告认为："在一个自由社会中，不应该存在任何形式的事前检查，不论是针对印刷品、戏剧、电影、广播电视节目，还是其他的创作活动或意见表达。"因此建议"立即制订阶段性的计划，来逐步废止所有的事前检查"。③

皮考克报告提倡的消费者至上模式对广播电视内容产生了很大的影响，因为它的最终目的不只在于增强消费者选择的自由，更在于大力倡导广播电视内容的多样化，促使节目制作商为公众提供更多、更丰富的节目内容。

事实上，这种内容多样化的倡导正是在公共服务模式向消费者至上模式转型的过程中被提出来的。尽管1955年新成立的独立电视台在独立广播

---

① 〔英〕詹姆斯·卡瑞、珍·辛顿：《英国新闻史》，栾轶玫译，清华大学出版社，2005，第301页。
② 赵阳：《传媒政策与法规》，中山大学出版社，2010，第62页。
③ 〔英〕詹姆斯·卡瑞、珍·辛顿：《英国新闻史》，栾轶玫译，清华大学出版社，2005，第303页。

局管理之下遵循着公共服务的目标，但它引入了竞争机制，全面提升了英国电视节目的广泛性和接近性。此后英国广播公司改变了以往高高在上的姿态，开始关注观众的需要。当时英国广播公司的一些娱乐节目、地方性节目就是在这种情形下出现的。

这使处于竞争格局中的英国广播公司和独立电视台都担负起了公共责任，结果不仅确保了大量本土节目内容的高质量化，而且保障了产业格局的平衡与节目内容的丰富，满足了公民的多样化需求，引导节目内容向多样化发展。

皮考克报告倡导的消费者至上模式下的内容多样化后来被一袭相承。"其后政府出台的1990年广电法案、1994年广电白皮书等几乎都成了这个报告的克隆版和继承者，以至于此后的英国广播电视政策变迁历程被称之为后皮考克时代（post – peacock）。"① 1992年英国国家遗产部发布的题为《BBC和公共广播电视的未来》的白皮书阐释了面对频率频谱资源不再稀缺与流通渠道多样化时代的到来，公共广播电视应当具有的八个目标。这八个目标中有三个目标是对皮考克报告的消费者至上理念的进一步继承和阐释。但同时强调公共广播电视必须提高质量、保证编辑独立性、满足所有国民多种需求的节目与服务的普适性以及提高民族认同感等。

本质上，在第二阶段，商业广播电视发展起来后，它以广告为主要收入，以营利为目的，很容易影响到播出节目的多元化，从而限制它所占有的公共资源发挥作用的效率。内容多样化的倡导就是在这种背景下出现的。

3. 放松管制模式下节目质量的一体化监管

保守党执政的20世纪80年代和90年代初期，官方有关媒体政策的思路似乎出现了一些革命性的转变。许多人主张广播电视业应该过多地由市场来调节，少一些官方行政机构的干预。政府被描绘成是媒体自由的威胁，而管制则被看成观众无法获得满足的绊脚石。②"这两个年代的政治，是由自由、选择、不干预、政府撤退等政治语言交织而成的。"③

---

① 李继东：《论英国公共广播电视理念的缘起与嬗变》，《现代传播》2007年第3期，第59页。
② 〔英〕詹姆斯·卡瑞、珍·辛顿：《英国新闻史》，栾轶玫译，清华大学出版社，2005，第316页。
③ 〔英〕詹姆斯·卡瑞、珍·辛顿：《英国新闻史》，栾轶玫译，清华大学出版社，2005，第309页。

在这种背景下，英国广播电视业的发展开始从消费者至上模式逐步过渡到后来的放松管制。放松管制带来的最大结果是 20 世纪的最后十年中英国广播电视业的三次重大监管改革。

（1）1990 年的《广播电视法案》建立了新的商业广播电视内容监管体系。

1986 年皮考克委员会报告提出消费者主权的概念，消费者应该替代政府决定应该播出什么样的节目。英国广播公司应该建立基于消费者主权的复杂体系。同时 1988 年广播白皮书重申英国广播公司应该提供订阅性服务的观点，并认为，目前的广电业管理结构太不灵活，不利于观众的自由选择。《1990 年广播电视法案》在内容监管方面表现了如下三个新的变化。

第一，建立新的内容监管机构。
- 成立独立电视委员会（ITC）和无线广播局（RA），取代原有的独立广播委员会（IBA）和有线电视管理局（CA），分别对商业电视和商业广播进行管理。
- 设立广播电视申诉委员会，负责处理对广播电视的投诉。
- 设立广播电视标准委员会，负责研究制定广电节目的技术标准。

第二，通过新的执照竞标制度设立广电内容的质量门槛（qualitythreshold）。

竞标时出价最高者，或能提供比出价最高者质量高得多的节目竞标者将得到独立电视委员会颁发的服务执照。

第三，加强了节目质量的审查与约束。
- 要求节目执照持有者提供高质量的新闻、时事及其他地区的节目。
- 提供有品位的节目及欧洲原创的节目。
- 所有的地面电视频道必须从独立制作商那里购买不低于其播出节目总量 25% 的节目。
- 避免与高品位及庄重和公正发生冲突。
- 在广播电视内容方面，宗教、艺术和儿童节目的份额被取消[①]。

（2）1996 年的《广播电视法案》与《1990 年广播电视法案》一脉相承。

---

① 唐亚明：《英国传媒体制》，南方日报出版社，2007，第 208 页。

英国《1996年广播电视法》与《1990年广播电视法案》一脉相承，继续推行放松管制政策，"解放英国的广播电视业，使其成为21世纪世界的领袖"①。在内容监管上它进一步强化监管机构，加大独立电视委员会的监管权力。如将广播标准理事会和广播投诉委员会合并为广播标准委员会（见该法案第五部分条款）；加强了英国独立电视委员会保护地方节目的能力，授权独立电视委员会确保某些体育赛事能够被免费报道和播出（见该法案第四部分条款）等。

另外，它明确了公共广播电视的商业服务内容，如颁发经营许可证第一次允许英国广播公司开展"商业服务"，但对其"商业服务"的内容、运营等做出了严格的限定，并且明确规定"公共服务"的节目标准，要求英国广播公司加强节目管理和绩效管理，每年向公众公布服务项目和承诺年终进行检查等。

2000年英国文化媒介体育部、电信管理部门和贸易产业部共同发布《传播的新未来》白皮书，这是1996年《广播电视法案》的继续，它在内容监管上放松了对商业电视网的限制，赋予它们自我监管的权力，同时重申主张保护公共广播电视的发展与独立的编辑、经营权。

（3）2003年的《通信法》：内容监管权的最终一体化。

为适应广播电视和通信领域的日益融合，2003年出台了新的《通信法》。该法案最大的成果是在上述改革的基础上建立了新的超级管理机构——英国通信办公室，负责对广播电视通信内容进行一体化的监管。

一方面，该法案细化了英国通信办公室的监管权力。英国通信办公室从公共规制、共同规制、自我规制三个层次对公共、商业广播电视的内容进行监管（具体内容见后面的监管机构部分）。并且确立了其内容是否有害、是否正确、是否中立、是否公正、是否侵权等各项具体的内容监管指标。

另一方面，该法案强化了各频道的节目质量和内容比例。如要求各频道提供高质量的国内外新闻和时事节目、高标准的非新闻性节目、科教类节目、欧洲原创节目等；要求播放针对盲、聋残疾人的节目，即为聋者配字幕，为盲者配音频描述；新法对独立制作机构制作的节目、欧盟制作的

---

① 〔英〕Gillian Doyle：《传媒所有权》，陆剑南等译，中国传媒大学出版社，2005，第77页。

节目、国内各地区制作的节目都规定了适当的播出比例，如规定公共频道每年要播放不低于25%的独立制作机构制作的节目，而数字电视则只需播放不低于10%的节目内容即可。

2005年英国实施了新的广电节目管理条例，以取代原来的节目管理六项法令。新的节目管理条例为广播电视节目、公共媒体节目和商业媒体节目确立了统一的节目标准，为建立统一的内容规制框架奠定了基础。

结合以上三次重要的监管改革来看，放松管制后，英国政府在广播电视的内容管制方面并没有真正放松。有学者评价这种放松管制是一种"重新管理"，"只不过管理广播体系的势力和地位有了变化。保守党政府1988年的白皮书之后的皮考克报告和广播法案使得传统的与政府管理紧密联系的广播体系开始解体……减少管理给广播理念带来的一个重要变化是，原来被当做广电业者应该提供给公众的公共服务的信息，现在被当做了市场中的商品"①。

对于这种商品，政府并没有全面放开广播市场，而是建立了广播标准委员会，其职责就是审查广播内容是否适宜播出。政府认为它的责任是"保护"消费者不受市场负面影响的侵害。20世纪90年代初，一些频道播出色情节目，被禁止通过卫星转播信号。②可见放松只是在某些准入标准方面有所放松，但它并没有完全抛弃"公共服务性"的理念。相反，它的内容监管举措却加强了：它强化和集中了监管机构的监管权，明确了商业和公共服务内容的界限，在原来内容多样化的基础上进一步强化了节目的质量以及内容比例的评估等，并最终实现了内容方面的一体化监管。

有学者认为这种减少管理的过程指的就是"对公共服务和控制的机制进行机构性改变，而取而代之的是市场运作的形式"，"减少"意味着使一些机构，如广播，从所谓的政府控制所带来的限制和约束中解脱出来……这样就解放和创造了高质量的空间，特别是为提高观众满意度而采取的节目策略。③ 表4-1是历年来英国广播电视的立法情况。

---

① 〔英〕利萨·泰勒等：《媒介研究：文本、机构与受众》，吴靖等译，北京大学出版社，2004，第107页。
② 〔英〕利萨·泰勒等：《媒介研究：文本、机构与受众》，吴靖等译，北京大学出版社，2004，第107页。
③ 〔英〕利萨·泰勒等：《媒介研究：文本、机构与受众》，吴靖等译，北京大学出版社，2004，第106页。

表4-1 历年来英国广播电视立法

法案	主要内容	对内容监管机制的影响
1904年无线电报法	邮政总局管理无线电，颁发广播执照	电波频率得到监管
1954年电视法	成立独立电视公司发展商业电视，打破英国广播公司独家垄断	设立独立电视局（ITA）管理商业电视
1963年电视法案	要求商业及独立电视台遵循公共服务原则	节目的内容、质量、主题选择以及播出时间要注意平衡
1972年无线广播法	准许开办商业广播，改变由英国广播公司独家经营广播的政策	将ITA改名为独立广播局（IBA），同时管理独立电视台（ITV）和独立地方广播电台（ILR）促使产业格局的平衡与节目内容的丰富，以满足公民多样化需求，即多样性
1973年独立广播公司法		将商业广播、电视纳入独立广播公司的统一管理体系
1984年有线电视法	发展有线电视，设立有线电视局监督管理有线电视业	有线电视管理局（CA）管理有线电视
1990年广播电视法案	放松管制，满足消费者需求	①成立独立电视委员会（ITC）和无线广播局（RA），取代IBA和CA，管理商业广播电视 ②通过新的执照竞标制度设立广电内容的质量门槛 ③加强了节目质量的审查与约束
1996年广播电视法案	解放英国的广播电视业，使其成为21世纪世界的领袖	①将广播标准理事会和广播投诉委员会合并为广播标准委员会 ②加强了独立电视委员会保护地方节目的能力 ③明确了公共广播电视的商业服务内容
2003年通信法	合并多个监管机构，设立通信办公厅统一监管广播电视和电信业务	①从公共规制、共同规制、自我规制三个层次实施内容监管 ②强化了各频道的节目质量和内容比例

资料来源：个人整理。

二 英国公共广播电视内容监管的基本机制

英国公共广播电视的内容监管机制有别于美国。它在不同的时期有着不同的监管机构,这些监管机构职能不一。同时经过数十年的发展,英国公共广播电视已经形成如下两套不同的内容监管体系。

1. 英国公共广播电视的监管机构

从历史的角度来看,英国的下列机构曾经负责过当时的广播电视内容监管。

(1) 早期邮政大臣管理。

1904年《无线电报法》规定邮政总局的职权从对有线电话的管理扩展到对无线电的管理。1905年颁发第一个执照。对公共广播的监管最初由邮政大臣(属内政部)负责。

(2) 1992年由国家遗产部管理。

1992年梅杰政府成立了"国家传统遗产部"。英国政府没有专门的机构来管理媒体,国家委托专门的唯一管理机构即民族遗产部管理媒体,行使管理职能,同时协调政府与媒体的关系。

(3) 1997年后文化、媒体和体育部(DCMS)管理。

1997年新工党将"国家传统遗产部"更名为"文化、媒体和体育部"。英国通过它来统一管理从节目制作、播出到传输的全部广播电视事业。

它负责制定广电政策,向英国广播公司发放许可协议,任命商业广播电视机构的成员,有权对英国广播公司和商业广播电视机构的特定广播进行控制(贸易工业部负责频率资源监管,通信办公室负责内容监管)。

(4) 超级管理机构——通信办公室。

随着数字、网络等信息技术的快速发展和广播电视网、电信网、计算机互联网融合的加快,根据2003年新的通信法的规定,英国将原来管理商业广播电视和电信业务的独立电视委员会、广播电视标准委员会、电信管理局、广播管理局、无线电管理局合并,组建了英国通信办公室。

它隶属英国文化、媒体和体育部及贸易工业部。在广播电视业务和电信业务上分别接受这两个部门的领导。组建该机构的初衷和假设是"由数字化革命带来的媒体系统的扩展,会降低对官方管制的需要"[1]。因此它既

---

[1] 〔英〕詹姆斯·卡瑞、珍·辛顿:《英国新闻史》,栾轶玫译,清华大学出版社,2005,第328页。

非政府组织的一个部门，也非民间组织，直接对议会专门委员会负责。

英国通信办公室的主要监管职能是：咨询和制定政策法规、处理节目投诉、颁发执照等。

在内容监管方面，通信办公室董事会中设有内容委员会，负责对广播电视内容的监管。通信办公室负责制定节目内容标准、广告标准、节目赞助规定、公共广播电视的外制节目比例规定、原创节目比例规定，并受理对节目内容的投诉，对公共和商业广播电视媒体的节目播出状况和实际效果进行定期评估，依据评估结论提出改进意见或建议，为建立新的制播体制和供求模式进行调研和论证等。[①]

具体而言，它对广播电视内容的监管分为三个层次。[②]

第一个层次是"公共规制"。它包括节目标准、广告标准和公平原则以及对受众投诉和节目格调品位问题的规定。这实际上是对所有广播电视媒体内容监管的基本要求。

第二个层次是"共同规制"。它主要指广播电视播出节目的数量和比例。包括不同类型节目比例，地区性节目、原创性节目的比例，25%的原创性独立节目比例，新闻、时事、教育类节目的比例等。这实际上是客观评价标准基础上的一些特殊要求。

第三个层次是"自主规制"。要求商业性广播电视提交年度报告，自我评估每年所承诺的公共服务义务的履行情况，其内容有：是否提供了多样化的节目；是否满足了不同群体的喜好与需要；是否提供了平衡、公正的服务；是否提供了高质量、高标准的节目，这实际上是商业广播电视的一套自我评估体系。

其中，第一个层次和第二个层次适用所有的广电机构，包括英国广播公司，第三层次主要针对商业广播电视机构。表4-2展示了英国公共广播电视监管机构的历史沿革。

[①] 庞井君、张志、李岚：《英国、瑞士两国公共广播电视体制和独立监管机构的特点及其对我们的启示》（调研报告，2006年8月），转引自国家广电总局发展研究中心《国外广播影视体制比较研究》，中国国际广播出版社，2007，第75页。

[②] 国家广电总局发展研究中心：《国外广播影视体制比较研究》，中国国际广播出版社，2007，第75页。

表 4-2 英国公共广播电视监管机构的历史沿革

时间	监管机构	相关内容监管职责	备注
1904 年	邮政大臣	颁发执照	隶属内政部
1992 年	国家传统遗产部	1. 管理媒体 2. 协调政府与媒体关系	
1997 年	文化媒体体育部	1. 制定广电政策 2. 发放许可协议 3. 任命商业广播电视机构成员 4. 对特定广播进行控制	贸易工业部负责频率资源监管，通信办公室负责内容监管
2003 年	通信办公厅	1. 咨询、制定政策法规 2. 处理节目投诉 3. 颁发执照 4. 制定相关的节目内容标准	分为三个层次进行监管：公共规制、共同规制、自主规制

资料来源：个人整理。

2. 英国公共广播电视的两套内容监管体系

英国政府通过直接任命或忠告建议英国广播公司和独立广播局两家公司的管理委员以实现它对广播电视的内容控制。

（1）公营广播电视的内容监管体系。

公营广播电视的内容监管主要由英国广播公司负责。英国广播公司是英国公共广播电视的主要监管机构。依据 2006 年英国广播公司新宪章，英国广播公司理事会改为信托委员会。它和美国联邦通信委员会、法国最高视听委员会最大的不同是——没有核发执照的行政功能，也不具备反垄断的管制功能。在内容监管方面它的举措有如下几点。

第一，利用《皇家宪章》来确保独立的编辑权。《皇家宪章》规定了英国广播公司的目标、宗旨与职责，并承认英国广播公司拥有独立的编播权，不干涉其具体的广播电视节目制作。

第二，利用理事会来保证公共利益的实现。12 人组成的理事会是英国广播公司最高权力机构，它既是决策主体又是监管主体。同时代表公众管理各项事务，保证公共利益的实现，确保履行对公众的责任。但这种监管只是最终的授权与事后评价。《皇家宪章》要求英国广播公司制作和播出高质量节目以满足各阶层观众口味。因此英国广播公司成立三个广播理事会以及各地的咨询理事会为英国广播公司提供有关地方事务的意见，反映当地群众的利益，以保证不同地区文化在英国广播公司节目中都能得到适当的关注。①

第三，实行行业的内部监管。它发行的《制片人守则》是行业内部的具体规范，以保证广播电视的客观公正。2005 年它又颁布新的《编辑指导原则》，其中对广电节目进行监管的内容多达 15 部分共计 213 条。②

第四，处理节目投诉。英国广播公司理事会下设的节目投诉小组非常重要，公民可以就英国广播公司的节目违反英国广播公司节目标准进行控诉，裁决结果在英国广播公司的季度节目投诉公告牌上发布。

(2) 商业广播电视的内容监管体系。

英国商业广播电视分别由独立电视委员会、广播电视标准委员会、电信管理局、广播管理局、无线电管理局等构成的监管体系负责管理（2003 年前）。其中涉及内容监管的主要是如下两大机构。

一是独立电视委员会（ITC）。

1954 年为管理商业电视台，英国政府成立了独立电视管理局（ITA），1972 年商业广播进入英国，独立电视委员会更名为独立广播管理局（IBA），负责监管商业广播电台和电视台。《1990 年广播电视法案》修正之后，英国独立广播局更名为更加商业化的独立电视委员会。2003 年该机构并入通信办公室。

独立电视委员会是根据 1990 年《广播电视法案》成立的一个"轻约束力"的管制机构。③ 它拥有节目的播出设备和播出权，但本身不制作节目。主要负责管理私营电视，如独立电视台和 15 个地区的特许经营公司等。在内容监管方面它的职能有如下几点。

第一，颁发经营许可证。通过颁发商业电视特许经营许可证来限制商业电视台的内容过度偏向于追逐商业利润。它可以通过执照竞标确保电视台执行曾许诺过的节目政策。

第二，监管节目内容。监管节目质量、格调、公共服务节目配额的完成情况以及商业电视台内部各地区台之间竞争的监控。

第三，制定节目标准。它制定所有电视台的节目质量标准，监督独立

---

① 唐亚明：《英国传媒体制》，南方日报出版社，2007，第 154 页。
② 国家广电总局发展研究中心，《国外广播影视体制比较研究》，中国国际广播出版社，2007，第 77 页。
③ 〔英〕詹姆斯·卡瑞、珍·辛顿：《英国新闻史》，栾轶玫译，清华大学出版社，2005，第 328 页。

电视台的节目编播。

第四，执行行政处罚。它一般通过行政指令、警告、罚款和年度报告的形式确保其所辖电视台履行各自的义务。其属下的 12 名理事负责具体的节目内容。它有权对有争议的或不能登大雅之堂的电视节目进行取缔或处以罚款。如 1998 年独立电视委员会就曾因一部有争议的纪录片对中部电视公司处以 200 万英镑的罚款。[①]

和具有皇家特许状的特殊身份的英国广播公司相比，独立电视委员会也是国会所特许的公共主体。两者法律性质上完全一样。有学者认为，20 世纪 90 年代以前的独立电视委员会与英国广播公司"没有本质不同，只是前者为'中央集权式'的管理方式，后者为'联邦制'的管理方式"[②]。独立电视委员会拥有对独立广播电视系统传输网络的所有权。它有权对传输网络上的广播电视节目进行播出审查并最终对其负责。它有权监管节目的制作、播出、广告经营，它可以禁止某些特定节目的播出，甚至还可以对违反规定的广播电视台吊销执照。

二是广播电视标准委员会（BSC）。

1988 年广播电视标准委员会成立，它监督的重点是公众关心的有关色情、暴力的内容以及广播电视的品位和行为是否得体。1990 年该委员会能够强迫媒体播出它们的批评意见，1996 年它并入广播电视投诉委员会，[③] 现在并入了英国通信办公室。

它是由政府和广播电视企业出资成立的唯一的监管所有广播电视服务领域的组织。由 13 名委员组成，其委员由英国文化、媒体和体育部任命。它是英国对节目内容进行监管的主要机构，发挥三个方面的内容监管职能。

第一，制定有关内容标准。如暴力色情内容的标准，一般性的广电媒体品位和庄重要求的标准以及公正问题的行为指南等，对各广播电视机构执行这些标准的情况实施监督。

第二，检查节目质量。如检查节目内容是否符合道德标准，是否过多

[①] 唐亚明：《英国传媒体制》，南方日报出版社，2007，第 200 页。

[②] 鞠宏磊：《媒介产权制度——英美广播电视产权制度变迁及其对我国的启示》，四川大学出版社，2006，第 117 页。原文见张修正《从电波公有论谈广电法制模式——英、德、美、日四国广电法制之剖析》，《媒体改造与民主自由》，前卫出版社，1994 年 9 月。

[③] 〔英〕詹姆斯·卡瑞、珍·辛顿：《英国新闻史》，栾轶玫译，清华大学出版社，2005，第 340 页。

地表现了暴力、犯罪或不适合于儿童的内容等。

第三，处理内容投诉。如涉及暴力、色情、不良语言或其他有关节目的品位等问题时可以向广播电视标准委员会进行投诉，广播电视标准委员会通过检查广播电视机构的涉及被投诉节目的文字和音像材料、记录，或通过听证会，对争端和投诉做出处理。处理结果要定期出版公示，被处理的广播电视机构必须向该委员会报告对处理意见的落实情况，有的报告还要被该委员会出版公示。但英国广播公司没有权力在节目播出之前审查节目内容，一般的处理方法是事后纠正。

对于商业性的广播电视来说，它们必须遵守两个法令：一个是英国广播公司的，一个是广播电视标准委员会的（英国广播公司遵守广播电视标准委员会标准和自己的行为准则）。

值得注意的是，英国政府为了防止广播电视标准委员会与媒介站在同一立场上出现审而不查的局面，还设立了一套监听制度，由监听委员会对各个广播电视节目实施监听，将监听到的不利于政府的内容通过议会的一个专门委员会向政府报告。

表4-3显示了英国广播电视内容监管体系。

表4-3 2003年以前英国公共广播电视内容监管体系

广播电视系统	监管机构	相关内容监管职责	备注
公营广播电视系统	英国广播公司（BBC）	①确保独立的编辑权 ②保证公共利益的实现 ③实行行业的内部监管 ④处理节目投诉	
私营广播电视系统	独立电视委员会（ITC）	①颁发经营许可证 ②监管节目内容 ③制定节目标准 ④执行行政处罚	原为独立电视管理局（ITA），1972年更名为独立广播管理局（IBA），1990年后更名为独立电视委员会（ITC）。2003年并入通信办公厅。
	广播电视标准委员会（BSC）	①制定有关内容标准 ②检查节目质量 ③处理内容投诉	1988年成立，1996年并入广播电视投诉委员会。现已并入通信办公厅。
	其他机构		电信管理局、广播管理局、无线电管理局。

资料来源：个人整理。

对于以上这种监管机制，其成效如何？有学者曾指出，英国的广播电视长期为公共所有权主导，使家长制的管理方式虽屡遭诟病仍有存在空间。

因此，独立电视委员会和独立广电管理局可以制定严苛的法规，既有权插手节目安排，又握有惩罚权，使规制能产生直接效果。①

比如，为保证时事报道在商业电视台中不被大大地削弱，独立广播管理局可以对电视节目播出表提出干涉意见，要求商业电视台节目中要有 1/3 是"非虚构的严肃节目，而且要在每周适当的黄金时段播放"②。同样独立广播管理局的干预还有助于保证电视节目的文化多样性，以免出现千篇一律。在 1956 年，商业电视台节目中"严肃节目"的比例为 19%，到了 1959 年，这个比例上升到 26%，1965 年则上升到 36%，此后一直保持这个比例。③ 这也是独立广播管理局直接实施内容监管的结果。由此可见这种内容监管机制确实有着一定的积极成效。

三　英国公共广播电视内容监管的主要手段

英国广播电视的内容监管主要有如下几种手段。

1. 契约监管

契约监管即政府与公共广播电视经营方签订协约，或者与商业广播电视经营者达成经营许可协定、发放经营许可书证，通过这种契约的方式引导广播电视的内容设置，达成内容的多样化和平衡，从而实现对广播电视内容的间接监管。

英国广播公司受托经营公营广播电视，与议会缔结《皇家特许证书》，与国务大臣签署《许可协议》。前者一般对节目的内容进行相关的规定和限制，以作为执照续展的重要条件。后者规定了英国广播公司承办广播电视事业必须做到的条件，其中一项重要的内容就包含了有关节目的规定。如在 1996 年的执照续展中就有这些节目内容的相关规定④：

> 作为公共服务必须提供信息、教育、娱乐节目（见公司目标部

---

① 夏倩芳：《公共利益与广播电视规制——以美国和英国为例》，武汉大学博士学位论文，2004，第 48 页。
② 〔英〕詹姆斯·卡瑞、珍·辛顿：《英国新闻史》，栾轶玫译，清华大学出版社，2005，第 151 页。
③ 〔英〕詹姆斯·卡瑞、珍·辛顿：《英国新闻史》，栾轶玫译，清华大学出版社，2005，第 151 页。
④ 《关于续延英国广播公司的皇家特许状》，见马庆平《中外广播电视法规比较研究》，经济管理出版社，2005，第 239～243 页。

分）。

公司应提供适宜的和充足的手段……向公司表达公众对国内服务广播电视节目和传送的意见，并使公司考虑这些批评和建议（见对服务的规定和审查部分）。

批准公司对服务、节目或其他活动的明确目标或承诺，并监督公司在何种程度上达到了这样的目标，兑现了对受众做出的承诺……保证公司用于节目的标准和操作规程尽可能反映《1990年广播电视法案》第1部分第152条对节目之规定。保证公司遵守由广播投诉委员会和广播标准委员会及今后其他全部或部分类似职能的机构给予公司的法律指导……（见公司组织部分）

这些规定，都是缔约的一个重要条件。议会审核英国广播公司绩效并对其认可后方可进行续签。如果英国广播公司不履行公共服务原则，严重违反这些节目规定，国会不仅可以要求政府建议和要求女王取消其宪章，政府也可以依法不再换发执照，甚至可以更替乃至撤销其执照。

一般情况下，英国广播公司往往会受到政府关于"将不同意提高执照费，或者是公司的广播执照将有可能被吊销"之类的暗示或警告。如1935年，英国广播公司作一个关于英国宪法的系列访谈节目，打算分别邀请共产党员哈里·波利特和法西斯主义者奥斯瓦德·莫斯里爵士参加。外交部对此提出异议，认为"波利特最近曾经发布关于支持武装革命的言论，不能允许他参加广播节目"。对此英国广播公司表示抗议："根据我们的特许状，除非政府通知我们波利特不能上节目，否则我们不能这样做。"最后当时的邮政部长写信给瑞斯，提醒他公司即将换发执照，在这个时候顺从政府是明智之举。最终这个系列节目停播。①

同样，商业广播电视台与商业广播电视管理机关签订经营许可书。对有关节目内容的规定都包括在契约制约机制中。它受到的限制比英国广播公司还要多。"独立电视管理局的政治独立性还不如英国广播公司。"②

---

① 〔英〕詹姆斯·卡瑞、珍·辛顿：《英国新闻史》，栾轶玫译，清华大学出版社，2005，第98页。
② 〔英〕詹姆斯·卡瑞、珍·辛顿：《英国新闻史》，栾轶玫译，清华大学出版社，2005，第137页。

和对英国广播公司一样，为管理商业电视台，英国政府成立了独立电视管理局，其执照也是有期限的。这种定期重新核发执照的体制，可以保证对英国广播电视业的内容实行定期的全面检查。

事实上，通过执照审核实施的契约监管能对广播电视节目的内容起到引导作用，例如1967年，就有部分电视公司因节目问题未能取得新执照，此举是为了引导"少数"电视公司，使其节目达成多元标准[①]。

2. 节目投诉

社会方面对广播电视实行内容监管的重要方式便是节目内容投诉。它是社会方面促使广播电视机构确保节目质量和健康品位的重要措施。

如英国通信办公室属下的广播电视标准委员会就负责处理社会对节目内容的各类投诉。受众可以随时对自己认为违反规定、起到不良影响的节目提出投诉，委员会将检查广播电视机构涉及被投诉节目的文字和音像材料、记录，或通过听证会，对投诉做出处理。然后将投诉的处理结果定期公开出版或进行公示，被处理的广播电视机构必须在一定期限内给予答复并向委员会汇报处理意见的落实情况。

英国广播公司在其理事会内部专门设立了"节目投诉委员会"，负责接受公众的投诉监督。处理投诉时坚持客观、公正、透明原则，并向理事会报告。2006年该委员会公布了投诉的处理程序，并于2006年夏季正式开始实行。新的申诉程序要求：对所有的申诉必须在10个工作日内响应，针对新闻报道的抗议如两次回复后还未能解决，将提交编辑申诉小组进行独立的调查，甚至还可以上诉到节目投诉委员会处理。

至于商业性的广播电视节目则由原来电信管理局属下的独立广播局和独立电视委员会负责进行监管，接受投诉建议并做出相应的处罚。

为了给公众提供充分的节目信息以便有效参与内容监管，英国《1990年广播电视法案》要求媒体保留每个节目的资料要达90天以备独立电视委员会审查，还要给广播电视标准委员会和广播投诉委员会保留带子备查。这些办法对于猥亵节目管制非常有效。[②]

---

① 夏倩芳：《公共利益与广播电视规制——以美国和英国为例》，武汉大学博士学位论文，2004，第48页。

② 夏倩芳：《公共利益与广播电视规制——以美国和英国为例》，武汉大学博士学位论文，2004，第53页。

3. 行业自律

行业自律也是英国广播电视内容监管的一个重要手段。广播电视行业组织或公共广播公司自身制定节目标准，对外公开发布，接受公众投诉和政府的监督。行业自律的方式有四。

（1）公开节目守则接受社会监督。

如英国广播公司曾经公开的节目守则共有43条，每条又分别含有2～14点不等的规定，实际达到近300条规定。其中包括总的编辑原则与标准，节目报道、采访、录音、摄制的原则，节目赞助以及与外界组织机构的关系，政治报道与版权、诽谤、种族歧视等法律问题的详细规定。[1] 2005年6月它又颁布了新的《编辑指导原则》，对编辑的原则与标准、舆论表达的公平性与多样性、隐私问题、犯罪报道、政治报道、宗教问题、反恐及突发事件的报道都做了详细的规定。

独立电视委员会的节目准则（1998年秋季发布）共有11条，每条又分别含有3～14点不等的规定。其中包括良好品位及暴力内容的规定；适度公正的规定；政党政治广播和议会广播的规定；慈善、宗教内容的规定；与公众沟通的规定以及恐怖主义犯罪与反社会行为的规定等。[2]

此外，一些商业性的广电媒体甚至自己也制定了内部规章，如独立电视网就曾制定了《独立电视网价值观和政策》，并对外公布，2003年它又颁布了《独立制片人指导原则》，2004年实行了《独立制片人委托节目的行为规范》等。

（2）自设节目评估确保公共服务。

英国广播公司在每年开始都会确定好这一年度的目标和节目承诺，并制定一套节目评估体系，这个评估体系既有定性指标也有定量指标，被统称为"关键绩效指标"（KPI），这些指标包括年度目标中对节目质量、播出时数、观众收视率等量化指数。运用这些指标可以确保英国广播公司的服务能够满足受众的需求。

对于商业性广播电视，一般也同样需要提交年度目标和节目承诺，并据此在年终对其表现进行评估。商业地面电视频道有义务阐明年度方针并

---

[1] 温飈：《发达国家广播电视监管体系与机制浅探》，《中国广播》2005年第2期，第69页。
[2] 陈晓宁主编《广播电视新媒体政策法规研究——国外法规与评介研究》，中国法制出版社，2001，第353页。

承诺履行公共服务的义务。

除了自设节目评估体系之外，政府部门一般也要对其绩效进行评估审核，考核它是否提供了符合节目标准和质量的各类节目，并据结果对其提出改进意见和新的要求等。

(3) 设置编辑标准自我把关。

无论是英国广播公司还是商业广播电视公司都有自己的编辑标准，设置这些编辑标准有利于事前自我检查，进行内部把关。如英国广播公司重修了《制作人准则》(Producer's Guidelines)，该准则号称"世界广电业界最严谨的专业伦理规范"。它分43条，长达300页。并成立了一个由四人组成的编辑政策办公室负责对编辑方针的执行情况进行监督。其中有许多具体的节目编辑指导原则：

- 坚持公正、准确、公平的原则，准确、全面、公正地报道所有社会团体和个人；
- 不应播出包含侵犯良好品位和庄重的内容；
- 不应播出可能鼓励或引起犯罪、扰乱秩序的内容；
- 不应播出冒犯公众情感的内容；
- 制定"分水岭"方针，规定晚上9点以前播出的节目应适合所有人观看。

以上这些节目指导原则商业广播电视公司也同样需要遵守。

另外，商业广播电视的广告监管机构——广播电视广告许可中心（BACC）的自律也很有特色。它由各大电视台联合出资组建。负责对电视广告拍摄前的广告稿提供咨询，并且负责对最后的广告成品进行播出前的审查。

(4) 对违规内容直接处罚。

独立广电管理局有权干预广电媒体的节目表、禁止特定节目的播出，甚至撤销违规的电视台的执照。它有权对新闻界或公众投诉的可能违反法律规定的节目进行处罚，并可以采取从道歉、罚款、勒令停播到吊销执照等一系列措施。

4. 官方考察

英国广播电视内容监管还有一个手段便是实现官方组织的调查委员会制度。英国政府相继成立了很多广播研究机构，如调查委员会对广播电视的未来发展进行研究和预测,并对英国广播公司执行《皇家宪章》的情况进行考察,然后在此基础上制定广播电视的产业政策。

第二次世界大战以后,英国大致每隔12年就对广播电视行业进行一次官方调查,然后调查委员会发表一份报告,政府部门据此研拟对策,称之为白皮书;然后由立法部门提出法案,经议会通过,完成立法程序,最后才正式宣告执行,有学者将其整个过程称之为"变法三部曲"。①

从最早的1923年第一届萨克斯广播调查委员会开始,到20世纪末前后共组织了10届调查委员会调查广播电视业的行业发展情况。通过调查委员会获取的情况来制定未来的英国广播电视监管政策。它虽然不具有法律上的效力,但基本上是以后出台的政策和立法的主要依据。很多内容监管方面的举措就是在这种情况下被推出的。

如1923年萨克斯广播调查委员会曾通过调查得出英国广播公司不应以广告收入作为广播财源的结论,确立了英国广播业的公共服务模式。公共服务模式对广播电视的节目内容做了明确的规定。

1962年,彼金顿委员会②提出要加强独立电视委员会的监管力度。因而在1964年出台的《电视法》中,独立电视委员会被要求:要保证节目类型和主题之间的均衡,而且要在播出时段上有所体现,确保提供给观众各个类型的好节目;独立电视的特许经营公司必须在播出之前将节目单呈交独立电视委员会审查等。

1986年,撒切尔夫人亲自任命的孔雀委员会在报告中曾提议广播电视的公共服务模式应该从全方位提供(full - blown)③转变到市场补充的模式。

所以,很多情况下调查委员会从政策层面对英国广播电视的内容监管产生了重要的影响。

四 英国公共广播电视内容监管的基本特色

英国公共广播电视的内容监管表现出如下几大特色。

1. 以代理监管为主

英国没有类似于美国的第一修正案和法国的新闻出版自由法这样专门

---

① 冯建三:《英国的广播政策:国家恶,市场好?》,《信息·钱·权:媒体文化的政经研究》,时报出版公司,1992,第77~90页。
② 唐亚明:《英国传媒体制》,南方日报出版社,2007,第130页。
③ 唐亚明:《英国传媒体制》,南方日报出版社,2007,第132页。

保护表达自由权利的书面文件，虽然英国宪法中也有保护新闻自由的相关规定："英吉利出版事业所有自由，大概言之，共有两个特征：第一目：不受检查……第二目：不受特别法庭审判……"① 但英国对广播电视的内容监管依据的是文化传统和共同接受的道德标准以及相关的法律法规，它根本不存在像美国一样涉及内容监管与言论自由的矛盾问题，英国广播公司和独立广播管理局可以直接大权独揽地管理广播电视的内容。

它们可以依据英国广播公司的许可协议书、英国广播公司经营委员会的决议书以及有关商业播放的1990年《广播电视法案》等文件对广播电视节目内容进行监管。

独立广播管理局有权决定广播电视台的节目表，它们可以禁止某些特定节目播出，甚至可以吊销违反规定的电视台的执照。此外，独立广播管理局还对商业电视台播放广告的数量、时间、质量和内容进行监控。② 为使商业电视娱乐节目保持一定的水准，它出台了一系列规定，限制廉价美国电视节目的进口数量以及这类节目的重播频率。③

尽管英国广播公司和独立广播管理局这两大监管机构可以直接对广播电视节目行使生杀大权，但英国广播公司和独立广播管理局两家公司的管理委员会又是由政府任命或在政府的忠告下由议会任命的，这样它们就变成了名义上独立而实际上最终还是受政府控制的监管代理者。

这种代理监管遵循着宪法规定的原则，政府不干预广播电视的内容，但政府可以实行间接的媒介政策对这两大监管机构进行引导。

有学者这样评价英国公共广播电视的监管机制：英国广播公司虽然依据宪章独立于政府（包括立法、司法、执法），但是后者以及社会则可以依法对其施加政治影响，英国广播标准委员会、独立电视局以及广播局、内务部、国家遗产部等都对英国广播公司有着或大或小的重要制约作用。美国传媒体系中的社会责任这一自律概念，在英国的传媒制度安排中就是这

---

① 〔英〕戴雪：《英宪精义》，雷宾南译，中国法制出版社，2001，第285页。
② 〔英〕詹姆斯·卡瑞、珍·辛顿：《英国新闻史》，栾轶玫译，清华大学出版社，2005，第150页。
③ 〔英〕詹姆斯·卡瑞、珍·辛顿：《英国新闻史》，栾轶玫译，清华大学出版社，2005，第151页。

样变成一种内在自律与外在制度约束相结合的政治问责制的。① 而这种问责制正是以英国广播公司和独立广播管理局的代理监管为前提的。进一步说，我们上述所说的这种代理监管本质上是在政府制度安排与监管机构内在约束相结合之下的一种问责制。

2. 始终保证公共服务宗旨

英国广播电视体制最大的特点是公共服务准则。这种准则从广播事业最初诞生开始就已经被确定下来。当时英国的政客并未看好广播的政治前景，但是没有一个党派愿意看到广播落入执政党手中而被独享其利，阻挡其他政党的执政机会。因此，广播被定位为既要远离商业又要远离政府控制。加之其他技术、经济方面的原因，英国的广播体制最终以公共服务的方式定位下来而沿袭数十年。

有学者指出，英国广电规制的历史，围绕公共服务核心，充斥着商业化与反商业化的斗争。美国的电子媒介规制，则充斥着公共利益与产业利益的争议。②

英国广播电视内容监管的发展历程中，虽然充满着反商业化的斗争，但到1996年英国广播公司续展的皇家特许状在公司目标中仍指出：提供"信息、教育、娱乐节目"的服务为"国内服务"。它和"世界服务"（为其他国家和海外地区提供的服务）一起被统称为"公共服务"。③

在公共服务的宗旨之下，无论是公营的公共广播电视节目还是私营的商业广播电视节目（除卫星和有线电视外）都必须承担公共服务义务。即使是播放广告的独立电视网，也被纳入公共服务的管理体系，它以英国广播公司的节目规范为蓝本，提供多元化的节目内容，因而被称之为"人民的电视台"。在公共服务方面，它投入全部节目时间的33%制作公共服务性质的节目，和英国广播公司相比，其新闻时事、纪录片、经典剧作、少儿节目、艺术和宗教节目都毫不逊色。④ 这一义务具体到广播电视的内容监管主要体现为节目标准和公正原则两个方面。

---

① 金冠军、郑涵：《欧美全国广电行政管理体制主要模式研究》，《中国传媒报告》2007年第4期。
② 夏倩芳：《公共利益与广播电视规制——以美国和英国为例》，武汉大学博士学位论文，2004，第13~15页。
③ 马庆平：《中外广播电视法规比较研究》，经济管理出版社，2005，第239页。
④ 唐亚明：《英国传媒体制》，南方日报出版社，2007，第203页。

如要播出各种类型的节目，不仅要满足多数人的需求，也要满足少数阶层的需求，应该覆盖英国的每一个地区、每一个人，为所有公众服务；不能仅仅追求商业利润，必须对国家、社会和公众承担责任和义务；必须坚持独立的编辑原则，不受政治、党派和商业利益左右，坚持公正、客观、平衡的报道原则；应该制作多样化、高品质的节目等。

近年来英国的广电改革尽管已经放松对商业广播电视的各种管制，但在内容上商业广播电视仍遵循着公共电视频道所承担的公共服务准则，这一点始终没有变化。如必须在指定时段播出纪录片、艺术类和宗教类节目，必须将其至少25%的播出时间用于播出独立制作公司的节目等。

独立广播局曾通过执照核发来促使商业电视台播出时事报道节目，并在自己的节目表中将时事报道放在重要位置，以至于一位广告从业人员写道："广告客户们能够理解，给那些时事报道和新闻节目以优先地位是商业电视台能够生存的前提条件，我们对此抱怨毫无意义。"①

3. 商业经营与公共服务分离

近年来英国广播公司也被允许进行商业性的经营活动。公司下设广播、电视业务实体和经营实体。它以公益法人的身份进入市场，以广播电视传播活动为主，同时开展多种经营活动。但这种经营活动实行严格的公共服务与商业经营分离的机制，商业经营紧紧围绕广播电视节目内容和品牌展开，以服务公众、统一经营、公平交易为商业经营的三大原则，经营获取的收益也完全用于广电节目的制作与服务这一块。

即使公营广播电视进入市场从事经营活动，它也是为了占有尽可能多的受众市场份额，最终目的依然是保证公共服务，而不是为了追求利润最大化。"今天，BBC 的运作仍然很大程度上遵循非商业信条，扩大商业化运作规模只是为了给公共广播提供更充足的资金。BBC 认为自己是英国最重要的文化机构。"②

如英国的绿皮书和白皮书都鼓励和支持英国广播公司的商业活动，但很清楚地划分出了它的商业活动范围，同时要求它的商业活动必须严守界

---

① 〔英〕詹姆斯·卡瑞、珍·辛顿：《英国新闻史》，栾轶玫译，清华大学出版社，2005，第151页。

② Kim Gordon：《英国广播电视管理模式变革及其分析》，钟新译，《电视研究》2001年第4期，第63页。

限，要紧紧围绕广播电视节目及其相关内容来展开。要为公共广播电视服务，而且必须与公共服务的核心目标相关。它属下的环球有限公司作为主要商业活动部门获取的收益以及它本身开展节目、音像制品与相关书籍刊物的销售所获取的收益，按照皇家特许经营的规定必须全部投入公共广播电视及其他服务的节目制作，用于补偿英国广播公司的公共服务，等等。

4. 不同于报业的二元监管框架

英国政府对报业和广电业采取了不同的监管框架。政府对报业的监管一般比较宽松，视报纸为公众获取信息、意见的重要渠道，同时认为它是英国言论自由传统的一个重要载体，因而报业监管政策常常崇尚自由市场并把它等同为"自由公众"，历届政府都刻意淡化对报业的直接行政干预，采取"无为而治"的策略，形成了"没有指导政策"①的报业传统。报业的内容监管主要是以行业自律为主。

但英国政府对广电领域的干预要明显得多。因为波段在当时是一种稀缺的公共资源，出于维护公共利益的目的广播电视需要妥善管理，广播电视需要政府管制的观点一直得到广泛认可。因此，比较而言，英国的广播电视政策是在一个支持政府监管而反对走向市场的框架中发展起来的，而报业政策的发展框架正好相反，它是反对政府监管而支持走向市场的。因此有学者说，"在英国，办一份报纸和开一家面包店一样方便"②，只要履行基本的登记手续就行了。

具体到内容监管而言，英国报业一开始就被作为新闻和政治评论的代理机构，被视为理所当然地处于市场的框架之中，其评判标准是其在民主政治体系内发挥的功能。相反，20世纪20年代广播电视机构被创办成公共服务的垄断组织，其评判标准主要是其对文化、教育和娱乐的贡献。③

另外，由内容监管机构我们也可看出二者的显著区别。1990年成立的"轻约束力"④监管机构独立电视委员会，比起报业的对等机构报业总会、报业投诉委员会来，前者的监管权力要大得多，影响也要大得多。如前者

---

① 唐亚明：《英国传媒体制》，南方日报出版社，2007，第41页。
② 唐亚明：《英国传媒体制》，南方日报出版社，2007，第37页。
③ 〔英〕詹姆斯·卡瑞、珍·辛顿：《英国新闻史》，栾轶玫译，清华大学出版社，2005，第322页。
④ 〔英〕詹姆斯·卡瑞、珍·辛顿：《英国新闻史》，栾轶玫译，清华大学出版社，2005，第324页。

拥有广播电视的许可权,可以将那些无法提供足够公共服务节目的电视台排除在外,并对广播电视台播放违规内容实施罚款等。而报业投诉委员会根本没有这样的权威性,它没有对违规内容要求举证、处以罚款或公开更正的法定权力。

不过,随着近年来有线电视、无线电视和数字电视的发展以及报业集中化的加剧,这种二元的监管框架正在发生变化:广播电视越来越要求市场调节,希望少一些政府监管,而报业则越来越希望通过立法来对其加强监管。

另外,英国广播电视的内容监管机制也在不断适应环境的变化而与时俱进。如过去的波段稀缺论随着有线电视、无线电视和数字电视的发展而被推翻,广播电视的"信息"、"文化和娱乐"的界线被彻底打破,有了这种外围环境的变化,才出现了20世纪90年代以来监管政策的变革。"1990年《广播电视法案》之后,公共事业被放在商业考虑和消费者的选择之后,公共事业广播不再是英国广播制度的确切特征了。"[1]

第四节 美国商业广播电视的内容监管

美国的广播电视系统主要由私营的商业广电系统和非营利的公共广电系统构成,此外还有官方广播电视台、宗教组织以及非政府组织的广播电视台等。私营的商业广电系统一直占主导,而非营利的公共广电系统是商业性广播电视的一个重要补充。私营的商业广电业具有强大的市场营利能力和广泛的社会影响力。据2001年经济合作与发展组织(OECD)统计,美国商业媒体的收入占媒体收入的比重达98%,而公共媒体只占2%[2]。

公共广电系统一般由独立的非政府、非营利性组织——公共广播电视协会(CPB)依法进行自主管制。而私营的商业广电系统则主要由美国联邦通信委员会(FCC)依法进行监管。对私营的商业广电系统进行监管的关键是如何实现商业利益和公共利益的平衡,以保障公共利益的实现。

---

[1] 杨击:《传播·文化·社会——英国大众传播理论透视》,复旦大学出版社,2006,第105页。
[2] 国家广电总局发展研究中心:《国外广播影视体制比较研究》,中国国际广播出版社,2007,第2页。

第四章　广播媒介的内容监管机制

数十年来美国的商业广播电视已经形成了一套成熟的监管机制，但美国严禁对广播电视节目进行内容审查和直接控制。审查通常被定义为对传播媒体的内容事先加以限制，这一点《1934年联邦通信法》的第326条早就有所规定。① 另外，美国的宪法保护言论自由，如果制定法律法规来审查广播电视节目内容，这是违宪的。

不准进行内容审查和直接管制并不意味着美国政府对私营的商业广电节目内容无能为力。多年以来美国政府为保障公共利益的实现，一直致力于广播电视内容在商业利益和公共利益方面的平衡，在此过程中美国政府是如何巧妙地保证广播电视的节目内容既符合公共利益标准又不引发言论自由问题，如何既保障了公共利益又发展了商业利益的？考察其数十年来的广播电视内容监管政策，我们便可以发现其清晰的演变轨迹和商业化背景下的有效的内容监管机制。

下面我们以美国广播电视的监管（规制）为宏观背景，然后专门从内容监管（有学者称为内容规制）这个微观的视角来系统窥视和考察美国商业性的广播电视在内容业务上是如何平衡商业利益和公共利益的，它有哪些监管机构，形成了哪些监管机制，有何监管特点，在内容监管方面有何启示等。

一　美国商业广播电视内容监管机制的历史沿革

在美国，宪法保护言论自由，如果制定法律法规来审查广播电视节目内容，这是有违言论自由的，《1934年联邦通信法》就曾明确规定美国联邦通信委员会不得干预和审查节目。但如何巧妙地保证广播电视的节目内容既符合公共利益标准，又不引发言论自由问题，此间经历了如下一个漫长的过程。

1. 频谱资源的统一管制阶段

美国对广播电视的监管首先是从技术方面开始的，当时管制的一个重点是频谱资源的分配，以解决空中的"拥挤"问题。

---

① 《1934年联邦通信法》第326条规定：本法案没有任何条文可以被理解或解释为给予通信委员会以权力对任何电台所传播的无线电或信号审查，同时不应由该委员会颁布任何条例，允许委员会具有以干预无线电通信行使有违言论自由的权力。参见〔美〕霍华德等《广播电视节目编排与制作》，戴增义译，新华出版社，2000，第72页。

从无线电的一般使用到 20 世纪 20 年代广播电台在美国的大量出现（当时美国多达 400 多家广播电台），广播只是一种纯粹的信息沟通手段，而不是商业性牟利机构，所以此时的管制主要集中于技术，而不是内容。这一阶段出现了如下相关的法规：

• 1910 年出台《航海无线电法》，规定用于航海操作和军事防卫的无线电频率须在商务部登记；

• 1912 年出台《无线电广播法》，确立由商务部和劳工部负责以许可证的方式对无线电波进行管制，并根据使用者的不同对频谱资源进行分配；

• 1927 年的《广播法》成立专门的联邦广播委员会（FRC），颁发执照，实行频谱资源管理。同时还确立了广播业的"公共利益"原则。

这一阶段的监管特点表现在如下几个方面。

首先，管制是应技术方面的需要而产生的。

这一阶段的监管主要是技术方面的问题。管制的重点是为了解决频谱资源的分配。当然也不是全然排除了任何内容方面的管制。1927 年的《广播法》也有内容监管方面的内容，例如它对猥亵言论作出规定：禁止"通过广播传播任何淫秽、猥亵或粗俗的言论"，还有广播业必须服务于"公共利益"原则等。只不过当时立法的重点不在于此而已。

其次，它已经尝试了各种类型的监管方式。

就监管机构而言，这阶段对无线电频率的监管最初集中于政府的两个部门：商务部和劳工部，后来又建立了专门的管理机构——联邦广播委员会。

就监管方式而言，最初实行商务部的登记制，后来由商务部和劳工部以许可证的方式对频率资源统一监管。到 1927 年由专门的管理机构——联邦广播委员会以颁发执照的方式实行频谱资源的管理。

可以说这一阶段的监管机构和监管方式成为后来内容监管政策的雏形。

2. 事后监管机制的确立阶段

1928 年美国联邦无线电委员会（FRC）首次将"公共利益和公共需求"原则纳入广播电台营业许可证授予和更换时应予以审查的内容，并对广播行业遵守"公共利益"提出了具体要求，即"通过丰富的和比例公平的节目，来满足所有听众群的品位、需要和愿望"；"普及的公共服务的"广播者优先于"私有和自利的"广播者获得执照。① 这可以算是向广播内容监管过渡的一个开始。

这一阶段最重大的一个成就是确立了广播电视的事后审查机制。1931年联邦法院确定了联邦广播委员会有权对电台节目实行播后复审。在1932年的舒勒案中,联邦法院又进一步明确了联邦广播委员会管理广播内容的基本原则:它可以对电台以往播出的节目进行审查,以决定对到期的电台执照是否给予继续延长,理由是电台在言论自由的方式和范围上与出版业不同,应受到某些限制。这些规则最后通过《1934年联邦通信法》以法律的形式确立下来。这部《1934年联邦通信法》的监管政策有如下几点。

第一是确立了"波长属于人民"的原则,有效制止了电波相互干扰的混乱状态,解决了以前立法没有解决的频谱资源分配问题。

第二是创建新的监管机构联邦通信委员会,取代了原先的联邦广播委员会。

法律特别否定了联邦通信委员会具有取消节目或者向电视台命令节目政策的权力,禁止联邦通信委员会成为"内容检查者"。但同时又赋予联邦通信委员会制定规章的权力以保证电视服务适合服务对象的利益。由此联邦通信委员会发展了一系列非官方的节目内容"指导原则"。这是联邦通信委员会涉足内容监管的一个重要标志。

第三是国会提出了几项特别的节目限制。如涉及政治言论的第315条、涉及赞助者身份的第317条以及涉及节目重播的第325条等。②

第四是阐明广播执照所有者不是"公共传输者",而是"公众信托人"。执照所有者必须满足市民、教育和宗教组织所支持的"公共利益、方便和必需"要求。

很明显,除了第一点之外,这次立法和前面的完全不同,它虽然也牵涉到频率的分配,但其重点已经开始涉足广播的内容问题,虽然这种内容方面的管制暂时还只仅仅限于框架性的指导——公共利益标准。至于对广播电视具体应该传播什么样的节目,尚没有仔细的和带针对性的说明。

---

① 夏倩芳:《公共利益与广播电视规制——以美国和英国为例》,武汉大学博士学位论文,2004,第44页。
② 〔美〕霍华德等:《广播电视节目编排与制作》,戴增义译,新华出版社,2000,第72~73页。

应该指出的是，美国广播电视内容监管政策的确立与当时广播的商业化背景有着密切的关系。1922年美国电话电报公司AT&T在纽约建立的WEAF电台，创造了商营广播以广告收入为资金来源的传媒经营模式。随着商业广播网的发展以及以非商业性广播组织提出的瓦格纳—哈特菲尔德修正案①的失败，广播正式作为一个商业性的传播行业发展起来。此时原来的《广播法》已经不能满足现实的管理需求，故此1934年一部新的通信法出台了。

这些都是商业化背景下美国对商业广播进行内容监管的一个逐步发展和演进。

3. 节目内容的直接监管阶段

在事后监管机制确立以后，美国广播电视内容监管政策体系的正式建立，以联邦通信委员会发布的1946年节目指导方针和1960年节目政策声明为标志。其中，"1946年的蓝皮书标志着委员会首次认真地尝试规范节目内容。到20世纪80年代为止，从这份文件延伸而来的政策形成了不同形式的节目规范"②。

商业电台在发展初期受到来自公共广播电台的谴责，但《1927年无线电法》及《1934年联邦通信法》都给予了商业广播电台合法地位，由此奠定了日后整个商业性的广播电视业的发展基础。

到20世纪40年代，美国相继成立了全国广播公司（NBC）、美国广播公司（ABC）、哥伦比亚广播公司（CBS）三大商业广播网。广播商业化奠定了美国传媒商业化经营管理体制的基础，从20世纪30年代起，美国商业广播电视垄断的局面就一直延续下来。

在这种局面之下，如何保障广播电视执行"公共利益"标准而不彻底被商业化所颠覆，由此广播电视传播的内容问题已经提上了新的日程。在这种情况下催生了1946年蓝皮书的出台。

（1）1946年节目指导方针（蓝皮书）。

1946年联邦通信委员会出版了工作报告《广播电视的公共服务责任》

---

① 该修正案认为文化教育节目不会在商业广播系统内产生，提出应该留出最清晰频率的25%给非营利性广播，建立非商业性电台作为商业广播的补充。参见鞠宏磊《媒介产权制度——英美广播电视产权制度变迁及其对我国的启示》，四川大学出版社，2006，第61页。

② 〔美〕克里奇：《电子媒体的法律与管制》，王大为等译，人民邮电出版社，2009，第167页。

（俗称蓝皮书）。这份蓝皮书对美国广播电视内容监管的影响非常深远。"1946年的蓝皮书标志着委员会首次认真地尝试规范节目内容。到20世纪80年代为止，从这份文件延伸而来的政策形成了不同形式的节目规范。"①

在蓝皮书中，联邦通信委员会以"公共利益"为目标，指出了四种不符合公众利益的行为：商业化太浓；过于依赖电视网；有关公共事务讨论的节目太少；节目类型总体上不平衡。同时报告比较明确地提出了在处理许可延展申请时所需要考虑的四个标准：支持一定比率的"固定"（sustaining）节目（非商业性节目），以保持节目结构平衡；支持和鼓励地方性纪实节目，以避免过于依赖电视网和录制节目；要播出公共问题节目尤其是对当地公共事务讨论的节目；消除广告过量现象等。

此外，还有保护少数民族的欣赏口味、给非营利性组织提供服务、鼓励探索节目新类型等。

最后因为美国广播业者联合会及其刊物《广播》抗议蓝皮书违宪，最终蓝皮书中的若干要求只好作为一般原则发表，没有形成固定的法规。联邦通信委员会最终也没有完全吸纳蓝皮书的见解，但是也没有对它加以批判。② 尽管如此，蓝皮书还是产生了一定的影响。

在蓝皮书的影响下，它促使申请者和更新者在节目安排方面尽可能贴近蓝皮书的某些要求，也促使广播业者自律，1948年《全国广播电视工作者协会行为准则》因此确立。另外，联邦通信委员会也制定了统一的节目标准，并建立了一种特殊的节目审查方法，即"承诺与实际表现审查法"，在延展执照时将持照人所作出的承诺与实际的节目播出进行对照，以审查持照人是否在节目内容方面履行了自己的诺言。无疑蓝皮书对正在发展中的商业性广播电视起了一个传播内容方面的指导作用。

我们再反思这些节目标准，和前面的几大通信法相比，可以看出此时的"公共利益"标准已经不再关涉最初的频率资源分配，而是直指节目资源的内容分布。这四大标准是以前"公共利益"概念的一个具体化，它对许可延展申请者有着直接的业务导向作用。事实上成为了一种隐性的节目内容监管。

---

① 〔美〕克里奇：《电子媒体的法律与管制》，王大为等译，人民邮电出版社，2009，第167页。
② 宋华琳：《美国广播管制中的公共利益标准》，《行政法学研究》2005年第1期。

（2）1960年节目政策说明。

20世纪50年代到60年代是美国商业性广播电视的快速发展期。这一时期广电节目出现了很多问题，如暴力、色情内容泛滥，不负责任的电视商业广告让人难以容忍。由此引发了很多社会投诉，要求对广电节目加以管制和干预，1960年的节目政策声明就是在这种背景下出现的。

1960年联邦通信委员会颁布了"1960年节目政策声明"，进一步强调应该遵守节目质量标准，并加强制作和编播代表公共利益所必需的14类节目，以满足不同地域和社区的经济需求。①给予地方居民以表达自我的机会；②开发和使用地方人才；③儿童节目；④宗教节目；⑤教育节目；⑥公共事务节目；⑦电视台社论；⑧政治广播；⑨农业节目；⑩新闻节目；⑪天气和市场报道；⑫体育节目；⑬少数族裔服务节目；⑭娱乐节目等。

声明同时揭示了部分台的大部分节目更多依赖电视网的现实，因此要求广播电视公司确证公众的品位、需要和欲求，据此设计、制作节目以满足他们的需要。此后任何过户、新办的电视台都必须提供这14类节目的比例说明和制作、编播情况（通常情况下是指定的一个完整周节目比例分析以及该周每一类节目实际编排播出情况的材料）。

在后来的执照申请和续展时，联邦通信委员会将这14类节目缩减为三大非娱乐性节目：新闻、公共事务和其他节目。娱乐和体育节目不包括在内。这里的"其他节目"指诸如农业、教育、教学性质节目和宗教节目等。

如果说前面的蓝皮书没有形成直接的法规的话，那么这里的节目政策声明则在很大程度上将广播电视节目的内容监管纳入了有章可循的制度之中，和前面的纯技术监管对照，显然这是美国广电内容监管的一个历史性跨越。

联邦通信委员会通过节目指南实行变相的内容监管曾得到了联邦最高法院的支持。在1978年联邦通信委员会诉太平洋基金（有限）公司案的判决中，美国联邦最高法院重申了美国联邦通信委员会依法控制内容的合宪性以及法律限度："禁止审查制度的规定和对在广播电视中淫秽、猥亵语言进行惩罚的规定都来源于1927年《无线电法》中的一个单独法条。很清楚，国会这样做是希望以上两个规定都能有意义。因此，我们要尊重立法原意，在解读禁止审查制度的规定时，将其理解成这个规定不适用于禁止广播电视使用淫秽、猥亵语言的规定。"①

1960年节目政策声明颁布之后，联邦通信委员会制定了一系列节目指南，限定最低新闻、公共事务节目、其他非娱乐节目的数量以及黄金时段接近媒介的规定（鼓励非电视网和地方节目）。② 如限制儿童节目广告的时间长度，禁止不公平对待总统、副总统、国会参众议员这类政治候选人等。制定黄金时间非电视网供应节目条例，禁止当时50个最旺的电视市场的任何电视台每晚黄金时段播送电视网或非电视网的节目超过3个小时，以鼓励非电视网和地方节目。还通过了关于财务方面的利益和辛迪加化组织的一些条例，规定电视网不能以辛迪加方式发行任何节目和分享从发行获得的利润，借以削减电视网同节目生产者谈判的权力。

从历史上看，联邦通信委员会直接监管节目内容的这两次正式努力均因受阻而告失败，但它产生了深远的影响。因为它倡导的一系列节目指南成为后来广播电视执照颁发和续展的主要依据，联邦通信委员会也因此保证了对广播电视节目内容的控制和管理。

4. 放松内容管制阶段

20世纪80年代后，美国政府主张放松管制。在这种放松管制的背景下，政府减少了对传媒业的控制和管理，将传媒直接放由市场调节决定，这一政策深深影响了20世纪80年代以来的美国广播电视业。这时频谱资源的"公共性"逐渐减弱，"私有性"逐渐增强。

在这种背景下，联邦通信委员会放松了对广电业的限制，结果对广播电视节目管制大大放松，许多执行多年的重要规则被取消。③ 例如，限制主要的电视网拥有电视节目并通过辛迪加出售电视节目的规则；要求广播电视台正式查明听众与观众的需求与利益，以便设计节目，使其最好地服务于这些需求的规则；间接限制每个广播小时内的广告时长的规则。

在政治性节目管制方面，两项重要规则被废除：20世纪40年代确立的公平原则在1987年被废除；人身攻击规则也被联邦通信委员会在20世纪末撤销。

---

① 〔美〕唐纳德·M. 吉尔摩等：《美国大众传播法：判例评析》，梁宁等译，清华大学出版社，2002，第753页。
② 夏倩芳：《公共利益与广播电视规制——以美国和英国为例》，武汉大学博士学位论文，2004，第45页。
③ 〔美〕唐·R. 彭伯：《大众传媒法》，张金玺、赵刚译，中国人民大学出版社，2005，第551页。

又如 1985 年放弃了"非娱乐节目最低数量"指导方针。1985 年有关节目可以夹带广告数量的限制也被取消等。

"尽管放松管制一直在进行,但至少对广播电视业而言,对儿童类节目、暴力问题和政治性节目实施新管制政策的需求仍然存在。无线广播公司面对越来越多的内容性管制——特别是暴力问题和性别问题方面,其承担的公共利益责任使他们更容易受到来自美国联邦通信委员会和国会的压力。"①

虽然过去的很多节目管制规则被取消,但联邦通信委员似乎比过去更有力地加紧控制了淫秽、猥亵内容的播出权限。尤其是对未成年人保护的节目加强了监管,如《1996 年联邦电信法》提倡安装"童锁",建立节目分级和节目等级标识制度,管制电视暴力内容;1996 年《儿童电视法修正案》提倡对儿童节目管制,以保障未成年人的视听权利;2005 年国会通过《反低俗法案》,加紧控制淫秽、猥亵内容的播出权限,媒体传播带有黄色内容的节目遭到比过去多 10 倍的罚款,电视台每播出一个色情镜头将付出 32.5 万美元的代价。②

就这一阶段的监管政策特点而言,虽然去除了一些节目内容管制规则,但它加强了对未成年人的保护,守住了广播电视内容监管的底线。

结合以上分析,我们可以将历年来美国广播电视内容监管的相关法规简要列表,如表 4-4 所示。

表 4-4 美国广播电视内容监管政策法规的历史沿革

政策法规	主要内容	相关的内容监管政策
1910 年航海无线电法案	航海、军事无线电频率须在商务部登记	登记制
1912 年无线电广播法	商务部和劳工部负责频率分配	许可制
1927 年无线电法	联邦广播委员会成立,颁发执照管理频谱资源	执照制
1934 年联邦通信法	监管机构联邦通信委员会成立	建立事后监管机制;对特别节目进行限制
1946 年节目政策蓝皮书	提出处理许可延展申请时的四个标准	FCC 实行"承诺与实际表现审查法",并制定节目的"四个标准"

---

① 〔美〕克里奇:《电子媒体的法律与管制》,王大为等译,人民邮电出版社,2009,第 390 页。
② 韩曙:《保护儿童不受媒体不健康内容侵害:美国涉黄节目将遭到高额罚款》,2006 年 6 月 9 日《人民法院报》。

续表

政策法规	主要内容	相关的内容监管政策
1960年节目政策声明	确立代表公共利益的14类节目	FCC制定了系列节目指南：14类节目
1989年电视反暴力法令	1993年底被终止	授予三年的免税政策来鼓励广播和有线电视制定方针控制播送暴力内容
1990年儿童电视法	要求商业电视台保持题材多样性和一定数量的儿童教育节目	从题材和内容的数量上保护未成年人，提倡儿童教育节目
1996年儿童电视法修正案	限定商业电视网播出时间	在播出时间上保护未成年人 建立节目分级和节目等级标识制度
1996年联邦电信法	防暴力芯片的安装	建立电视收看等级
2005年反低俗法	加大对猥亵、低俗节目的处罚力度	控制淫秽、猥亵内容的播出权限

资料来源：作者整理。

有研究者认为，美国的广播电视节目管制可以分为三个阶段——蓝皮书阶段、节目编排政策说明阶段和放松管制阶段。[①] 实际上，美国广播电视的内容管制不仅仅始于节目管制，它从无线电广播的最初诞生就已经开始了，其政策在各个阶段都有不同的内容和管制的重点。通过表4-4我们可以看到其演变的一个清晰过程。

广播最初出现之时，这一阶段的监管重点偏向于技术问题（频谱资源）的解决。此时监管政策的内容主要是出于技术上的考虑，将广播基本视作传播领域里的一个技术问题，进行频谱资源的分配和反垄断，我们可以将其看成内容监管政策的起始阶段。

当技术性的频谱资源问题解决以后，开始从纯技术管制向内容监管过渡。这时随着商业广播电视的大量出现，监管的重点已经从技术问题转移到如何平衡商业利益和公共利益问题。在这种情况下，出台了《1934年联邦通信法》，它确立了广播电视的公共利益标准，并对三类特别节目进行了限制。这是内容监管政策演变的第二阶段，我们可以视之为监管政策的发展阶段。

从1946年的蓝皮书开始，再经1960年的节目政策声明直到20世纪80年代中后期，此时的监管内容主要是保障"公共利益"，进行公共服务，它

---

① 王朋进：《美国电视节目内容管制分析》，《中国电视》2007年第6期，第76页。

与第一阶段所表现出的明显不同是："规范和政治上的考虑要多于技术的思考。"① 在这一阶段，联邦通信委员会实行了"承诺与实际表现审查法"，并制定了一系列节目指南，对广播电视实行间接的内容监管。我们可以把它看成内容监管政策演变的成熟阶段。

最后一个阶段则在放松管制的背景下，广播电视的节目内容也进一步实现了规制的解除，很多监管措施被取消。我们可以将这一阶段视之为监管政策放松的阶段。

综观美国广播电视内容监管机制演变的四个阶段，我们发现其规律有二。第一是在机制演变的路径上，它基本遵循了现代传媒政策纵向演进的基本范式。

国外传媒政策研究者库伦伯格与麦奎尔关于传媒政策纵向演进的研究结果显示，现代传媒政策按照出现时间的先后次序可以划分为三个范式②：第一阶段从19世纪到第二次世界大战爆发，管制目的是促进竞争、反对垄断；第二阶段自1945年到1980/1990年，侧重于传媒公共服务的政策取向；第三阶段即从1990年至今仍在演化的放松管制时期。

美国广播电视内容监管机制的演变路径在很大程度上基本遵循了这种框架和范式。它在机制的确立阶段解决了频率资源分配的技术问题，防止了电信资源的垄断；在机制的发展和成熟阶段解决了广播电视公共服务方面的内容问题；在放松管制阶段则去除了很多内容规制原则，走向了以"消费者利益"为准则的自由市场。

第二是在机制演变的理念上，它逐步由"公共利益"准则走向"消费者利益"准则。

有学者指出，英国广电规制的历史，围绕公共服务核心，充斥着商业化与反商业化的斗争。美国的电子媒介规制，则充斥着公共利益与产业利益的争议。③

美国广播电视内容监管机制的演变正是伴随着广播电视的逐步商业化、

---

① 〔美〕库伦伯格、麦奎尔：《媒体政策范式的转型：论一个新的传播政策范式》，见金冠军等主编《国际传媒政策新视野》，上海三联书店，2005，第23页。
② 朱春阳：《传媒产业规制：背景演变、国际经验与中国实现》，《西南民族大学学报》2008年第3期。
③ 夏倩芳：《公共利益与广播电视规制——以美国和英国为例》，武汉大学博士学位论文，2004，第13~15页。

市场化而出现的。在演变过程中其监管理念从最初的"公共利益"准则逐步向"消费者利益"准则发展。

从1934年开始到1996年，前后60多年，美国广电业的内容监管一直奉行"公共利益"理念。这种理念强调广播电视在国家安全、社会发展方面应当承担的公共义务，包括维护国家安全、提供普遍服务、向聋哑人和少数民族提供服务等，并由此发展了节目监管方面的一些基本原则（如地方主义原则、自由观点市场原则、普遍服务原则、多样性原则以及竞争性原则等）。这一阶段主导的监管理念是公共利益原则。

1996年放松管制后，开始了一种新的监管理念：需求创造供给[1]，即主要依靠市场力量来作为决定公共利益的重要因素。此时政府退居幕后，真正让市场经济规律做主。通过市场机制鼓励那些能够满足公众需要的服务。事实上我们可以将这种理念理解为："消费者利益"准则。这种准则下的监管思维是：政府不再告诉广播电视业界该做什么，也不再告诉消费者该做什么。因为消费者自己知道需要什么，广播电视业界可以从消费者那里找到市场走向。[2] 在这种背景下，过去执行了几十年的一些节目管制被彻底去除。此时广电内容监管的主导理念已由原来的公共利益原则逐步让位于"消费者利益"原则，这种原则至今还在继续。

但是，有一点必须指出，公共利益原则将始终成为美国广播电视内容监管的底线。对此，有学者发现："有趣的是，在25年的放松管制后，广播许可证获得者所面临的法律义务几乎没有任何实质上的改变。《1996年联邦电信法》放宽了交叉所有权和其他禁止广播电视公司、有线电视和电话公司从事相似活动的商业管制。然而公共利益标准的基本结构——保留其原有的界限——仍然完整无缺。"[3]

二 美国商业广播电视的内容监管机构

前面已经提到过，美国对公共、商业和宣传服务类广播电视进行分别

---

[1] 国家广电总局发展研究中心：《国外广播影视体制比较研究》，中国国际广播出版社，2007，第51页。
[2] 国家广电总局发展研究中心：《国外广播影视体制比较研究》，中国国际广播出版社，2007，第51页。
[3] 〔美〕克里奇：《电子媒体的法律与管制》，王大为等译，人民邮电出版社，2009，第94页。

管理。通过联邦通信委员会对商业广播电视和电信活动实施统一管理，通过公共广播公司（CPB）对公共广播电视活动实施管理，通过联邦政府广播管理委员会（BBG）对政府的国际广播电视活动实施管理。

这些机构的管理主要以法律法规为主。而美国广播电视政策法规的制定过程中有八个关键部分：联邦通信委员会（FCC）、国会、联邦法院、白宫、行业游说集团（Industry lobbyists）、公众、各州和地方政府及市场。[①]具体到广播电视内容监管领域，主要由如下几个机构和组织负责。

1. 联邦通信委员会

美国联邦通信委员会是依据联邦通信法的规定而设立的独立行政监管机构，直接对国会负责。它拥有准立法、准司法的职能。联邦通信委员会有七个主要职能局、两个辅助局和十个业务办公室，并由五名委员组成。

内容监管方面，联邦通信委员会一般对广播电视节目进行播后审查制，同时根据美国法院的多项规定，联邦通信委员会拥有间接影响节目内容的权力。它利用执照的审批和续展机会，要求广播电视台提交详细的节目建议，并根据以往播送的节目来评估其以往和可能在将来为公众服务的情况来决定是否给其延展执照，这叫"承诺与实际表现"审查法。

虽然法律明令禁止联邦通信委员会审查节目的内容，但它可以通过行使关键权力——颁发与续展执照来间接审查并考察广播电视所遵循的社会责任等。它可以制定各类法规文件来管制节目安排与节目内容。它是代表政府具体执行内容监管的一个行政机构，它一般制定和执行相关的传媒政策。

2. 行业协会

美国广电业的行业协会非常多，根据新近出版的美国《无线广播与有线广播年鉴》的统计，与有线电视和广播电视行业有关的国家级协会多达175家。[②]

如重要的有：全国广播电视业者协会（NAB，传统上是对广播产业最

---

① 〔美〕约瑟夫·多米尼克：《美国电视法规与管理研究》（上），刘宇清译，《世界电影》2006年第2期，第147页。
② 〔美〕约瑟夫·多米尼克：《美国电视的自我规范与道德准则研究》，刘宇清译，《世界电影》2007年第5期，第182页。

有影响力的组织)、全国有线电视与电信协会(NCTA,是 NAB 在有线电视产业中最主要的竞争者)、独立电视台协会、全国公共电视台协会、全国宗教广播者协会以及全国农业广播者协会等。其他的如广播电视新闻导演协会、国家电视节目主管协会、国家黑人所有广播电视协会等。

比较著名的是美国国家广播协会。它拥有的会员大约有:6000 家广播电台、1100 家电视台以及 1500 多个个体广播从业者。① 它设有一个 33 人组成的规则管理委员会以保证电台/电视台对规则的遵守。它是美国广播电视界主要的行业协会,对广播电视的批评一般由它作出反应,同时它还为广播电视台提出改进的标准,以保持广播电视界的自律。

3. 国会

国会在内容监管方面有着直接的掌控作用,其因素有二:一方面,它掌控联邦通信委员会。联邦通信委员会的废立和财政预算都必须由国会通过。其所有人事任命与委派决定都必须得到国会的支持才能生效。"联邦通信委员会(FCC)管理广播电视事业,但是国会站在联邦通信委员会的后面进行监督。联邦通信委员会实际上是国会的工具。"②

另一方面,国会可以制定和修改法律。美国国会是广播电视和有线电视管理政策制定过程中重要的机构,它可以召开公开的听证会,有权制定和修改法律。如《1934 年联邦通信法》和《1996 年联邦电信法》都是由国会通过的。国会甚至还能制定法律,如禁止在广播和电视节目中播放香烟广告,在 1990 年又通过了有关儿童电视节目的法律《儿童电视法案》,以解决人们对儿童节目表示的关切。它甚至还建立了全国儿童电视基金会,对提供儿童教育和信息的电视台进行资助。

4. 公众利益集团

公众利益集团是独立于媒体、政府之外的全国性的民间监督媒体的组织。它能对媒体构成压力并产生相当的影响。20 世纪 40 年代美国的一家主要报纸的编辑因某种方针惹恼了一个组织完善的压力集团,导致其报纸发

---

① 〔美〕约瑟夫·多米尼克:《美国电视的自我规范与道德准则研究》,刘宇清译,《世界电影》2007 年第 5 期,第 181 页。
② 〔美〕约瑟夫·多米尼克:《美国电视法规与管理研究》(上),刘宇清译,《世界电影》2006 年第 2 期,第 148 页。

行量下降 5 万多份。① 由此可见美国公共利益集团对媒介的影响非同一般。

在广电领域，美国的法院确立了公民对广播电视监管的参与权利。普通公众可以向联邦通信委员会直接指控或揭露执照续展申请者。美国学者指出普通市民对广播政策的介入曾在 20 世纪 70 年代达到最高峰，而今这种力量有所下降，加之近年来广播电视台不再像过去一样保存许多节目，普通市民或团体常常难以找到证据对广播电视台业主进行指控。

但现在一些公众利益集团（主要是研究机构或市民团体机构）却非常有影响。如美国"媒体教育中心"、"媒体介入计划"和"优质电视观众"等通常会努力向国会施加压力并且根据他们自己的理由提出许多很受观众欢迎的所谓"公众意见"② 等。

比较有影响的是 1970 年由关心儿童的家长组成的"为改善儿童电视节目而行动"组织，它的目标是改善供儿童收视的电视节目，包括减少暴力和改革针对儿童的广告信息。该组织后来被"家长—教师协会"取代，但它继续为争取使电视节目更适合儿童的需要而努力。

1952 年，国家教育电视网成立，此后一直到 1967 年被称为"教育电视的黄金时代"。商业电视台声称它们一直都在提供"公共电视"服务，为此纽约的"关于教育电视的卡耐基委员会"建议把"教育性电视"（Instructional TV）和"公共电视"（Public TV）区分开来，每个商业电视台必须提供教育性电视。在卡耐基委员会的建议下，美国建立了专门的公共广播电视台。可见，这些民间团体的意见有时对广电节目内容影响很大。

值得注意的是美国还有其他负责内容监管的相关机构。除了联邦通信委员会可以通过节目的播后审查向违反法规的广播电视经营者予以程度不等的处罚之外，美国的联邦贸易委员会除监督不正当竞争和企业兼并外，也对包括广播电视广告在内的所有广告进行管理和监督，并对非法广告进行调查；联邦诉讼法院裁决包括广播电视节目内容不当在内的各种诉讼。詹姆斯·沃克等对美国的广播电视的控制模式做了如下图解（见图 4 - 2），它有助于我们了解上述美国广播电视内容监管机构的构架。

---

① 〔美〕新闻自由委员会编《一个自由而负责的新闻界》，展江等译，中国人民大学出版社，2004，第 58 页。
② 〔美〕约瑟夫·多米尼克：《美国电视法规与管理研究》（上），刘宇清译，《世界电影》2006 年第 2 期，第 151 页。

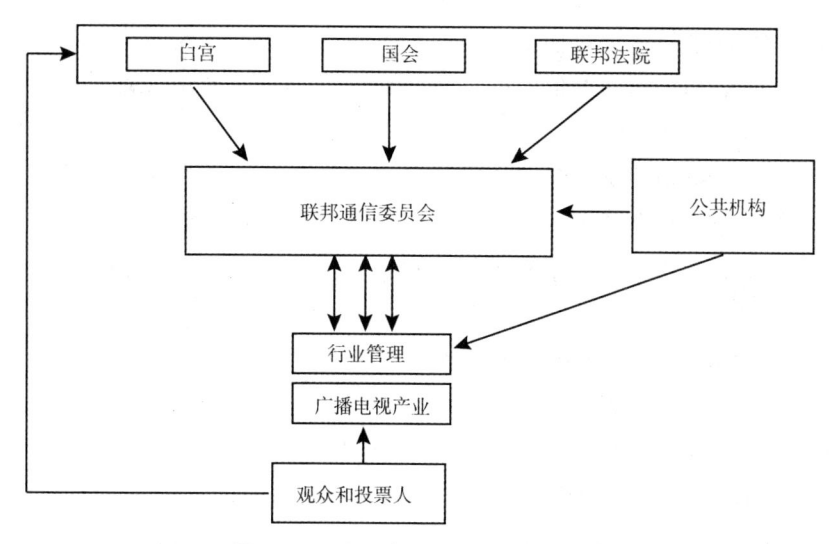

图 4-2　美国的广播电视控制模式①

三　美国商业广播电视的内容监管手段

美国的法律法规是实施广播电视内容监管的主要依据，也是对违规行为进行惩罚的主要手段。此外，在节目的内容监管方面还有如下几种基本手段。

1. 实行执照控制

《1934年联邦通信法》和宪法第一修正案禁止任何机构审查广电节目的内容，但联邦通信委员会仍然对广播电视台播出的内容拥有相当大的控制权。它可以通过颁发、续展执照来实现变相的节目内容审查，以确保广播电视台符合特定的节目内容标准。其具体手段有两种。

（1）利用执照续展来进行事后检查。

在执照续展的过程中其主要依据是：某电台或电视台过去的节目是否为公共利益服务，这由联邦通信委员会对此加以确认。② 联邦通信委员会虽然不能在节目播出之前就个别节目进行审查，但它要求各台保留节目的历史记录，以记录各台播出的节目状况。联邦通信委员会再根据已经播出节

---

① 〔美〕詹姆斯·沃克、道格拉斯·弗格森：《美国广播电视产业》，陆地、赵丽颖译，清华大学出版社，2005，第73页。
② 〔美〕唐·R. 彭伯：《大众传媒法》，张金玺、赵刚译，中国人民大学出版社，2005，第561页。

目的全面情况进行审评以便决定是否给其执照延长有效期。续展申请者必须提交大量的相关信息、他们的节目计划以及必须满足儿童教育需要的计划等。早期的 1930 年布林克利案①和 1932 年的舒勒案②正式从法律上确认了联邦通信委员会评审电台以往广播节目内容的权力。如 1931 年美国上诉法院在针对布林克利的上诉中就曾作出了支持联邦通信委员会的判决：联邦通信委员会正当地行使了对上诉人以往行为作出考虑的权力，这种权力不属于节目审查。③

有执照续展，同时也就会有拒绝执照续展。广播电视台如果播出欺骗性的广告或未能充分管制好自己播放的节目，联邦通信委员会往往会拒绝其执照续展，这是联邦通信委员会在管理中的威力所在④。

(2) 利用执照的短期更新来实现对违规广播电视的"纠偏"。

有时，联邦通信委员会可以通过给广播电视台颁发期限从六个月到两年时间不等的执照（一般情况下的续展期限为八年），从而留出时间方便自己考察和研究该广播电视台的记录和表现，以便认定该电视台是否已经痛改前非，从而可决定是否续展其执照，这种形式叫做短期更新。1990 年联

---

① 布林克利案：1931 年堪萨斯州米尔福德办了一个电台 KFKB，被内科医生兼药剂师布林克利用来广播他的"医疗问答信箱"，回答听众提出的问题，并经常以配给他药房的治疗处方作答。布林克利不同患者见面就进行诊断开处方的做法引起美国医学协会的注意，协会经过调查后发现他并不持有公认的医学学位，因此呼吁联邦通信委员会吊销 KFKB 执照。联邦通信委员会举行听证会并指控该执照持有者在其广播电台从事两点之间的通信，并对他的听众行骗。布林克利在其辩护词中指控联邦通信委员会违反《联邦无线电法案》和宪法第一修正案而试图审查广播内容并上诉法院。最后法院肯定了联邦通信委员会有权评审执照者以往的节目来进行评估的做法。参见〔美〕霍华德等《广播电视节目编排与制作》，戴增义译，新华出版社，2000，第 63~64 页。

② 舒勒案：教堂牧师舒勒拥有洛杉矶的 KGEF 电台，它靠受众募捐来维持。舒勒因利用电台揭露犯罪和道德败坏而闻名，他曾通过揭露洛杉矶警方首脑与诈骗犯相互勾结而成功将这名官员赶下台。1931 年，联播无线电委员会接到许多对舒勒讨伐性广播内容的抗议信，特别是舒勒对若干人进行毫无根据的攻击和他反天主教和反犹太教的言论以及对公职官员和法院毫无依据的指控、挑起社区宗教争执等。联播无线电委员会举行听证后，于 1931 年 11 月 13 日下令该台停止广播。舒勒提出上诉，指控该委员会力图剥夺宪法第一修正案所赋予他的言论自由权利。美国最高法院判决该委员会有权依据电台的以往节目进行评审以决定是否续展电台的执照。同时批准了对广播者言论自由的限制措施。参见〔美〕霍华德等《广播电视节目编排与制作》，戴增义译，新华出版社，2000，第 64~65 页。

③ 马庆平：《外国广播电视史》，北京广播学院出版社，1997，第 148 页。

④ 〔美〕约瑟夫·多米尼克：《美国电视法规与管理研究》（中），刘宇清译，《世界电影》2006 年第 3 期，第 142 页。

邦通信委员会就曾以"歪曲、误导"为由拒绝了芝加哥和旧金山的电视台以及俄亥俄州的广播电台更换新执照的申请①。对于那些表现低于所规定标准的电视台，联邦通信委员会一般颁发短期许可证。"波士顿一家电视台台长的一次轻率行为导致 WHDH－TV 在 20 世纪 50 年代和 60 年代得到了几次短期许可。在历经 15 年的诉讼之后，该电视台最终失去了许可证。"②

可见执照更新是联邦通信委员会控制广播电视台播出内容的一个很有力的直接手段。本质上，这种执照控制属于事前控制。它要求执照者自行制定节目标准并履行自己的保证。

2. 实行行政处罚

除了控制执照的颁发之外，联邦通信委员会还有其他的一些节目内容监管手段，它可以在广电媒体播放不妥内容后，依其情节轻重，进行如下的事后处罚。

（1）申斥信。

联邦通信委员会常常运用演讲、发表文章、写信给媒体来表达委员会对某媒体行为的关注。其含义是：自己打扫房间，免得我们采取正式行动③。对违反节目规定者一般采取的手段是：写信询问广电节目的播出情况，借以警告广播电视台的管理阶层。这常会导致该广播电视台不得不更换节目。这种手段被称之为"竖眉管制"④。如 1987 年，联邦通信委员会曾向三家播出下流节目的无线电广播电台发出了类似的警告信号。⑤

（2）禁止令。

要求电台、电视台暂停某项业务。这种措施很少用，但它可以用来阻止广播电视台做联邦通信委员会认为它不应该做的事。

（3）罚款。

罚款分为高、低额度两个不同的层次。对一些常见的违法行为，联邦

---

① 〔美〕约瑟夫·多米尼克：《美国电视法规与管理研究》（中），刘宇清译，《世界电影》2006 年第 3 期，第 143 页。

② 〔美〕克里奇：《电子媒体的法律与管制》，王大为等译，人民邮电出版社，2009，第 87 页。

③ Robert Britt Horwitz: *The Irony of Regulatory Reform*, Oxford University Press Inc., 1989, p.163.

④ 〔美〕唐·R. 彭伯：《大众传媒法》，张金玺、赵刚译，中国人民大学出版社，2005，第 562 页。

⑤ 〔美〕赫伯特·霍华德等：《广播电视节目编排与制作》，戴增义译，新华出版社，2000，第 73 页。

通信委员会实施低额的罚款。如违反儿童节目管理规定的罚款8000美元，传送下流和色情内容的罚款7000美元，播送欺骗行为的罚款7000美元。①

如果电台、电视台的行为特别具有危害性并造成了一些实质性的伤害，或已有前科，或一再违反规定等，联邦通信委员会则可以调高罚款额度。如制作霍华德·斯特恩（Howward Stern）的辛迪加节目的无线广播公司通过电视辛迪加在各个电视台同时和反复播出了《霍华德臀部秀》，联邦通信委员会认为它播放了下流节目，最后对其罚款170万美元。②

3. 鼓励社会监督

社会监督是美国商业广播电视内容监管的重要一环。它一般表现为普通民众或市民团体（社团）或研究机构的意见或看法。美国政府的管理当局对这种意见一般比较重视。如联邦通信委员会的大众传媒局就专门设有受众处，而执行局专门设有调查与听证处，它们主要用来搜集和处理受众对广播电视节目内容的投诉和意见。除了联邦通信委员会的监督之外，社会监督通常还有下列两种。

（1）市民团体监督。

一方面，它往往能帮助形成广播电视行业的立法及政策环境。美国《儿童电视法案》就是在"改进儿童电视节目行动"组织、"家长与教师联合行动委员会"、联邦工会委员会以及一些黑人社团、宗教团体等的压力下由联邦通信委员会和国会进行调研与听证后出台的。

另一方面，它还可以和广电行业者直接交流，对行业的自我规范施加影响。如有100多万会员的美国电视家长协会为保护孩子们不受色情、暴力情节的影响，一般和电视制片人、电视台工作人员、网络媒体传播人员保持着密切合作，收集电视节目中有关性内容的信息，然后发布年度报告（PTC Annual Report），评比出年度最好的和最糟糕的前十名广告商（the top ten best and worst advertisers）。将前十名在资助建设健康的家庭电视节目方面做得最好的广告商和前十名与有伤风化的节目有联系的最糟糕的广告商

---

① 〔美〕约瑟夫·多米尼克：《美国电视法规与管理研究》（中），刘宇清译，《世界电影》2006年第3期，第143页。

② 〔美〕唐·R. 彭伯：《大众传媒法》，张金玺、赵刚译，中国人民大学出版社，2005，第563页。

对外公布。①

不过最近几年美国市民团体意见关注较多的领域为少数族裔、性与暴力、儿童节目等。美国保守派团体"媒体与道德"甚至还发起反对电视播放下流淫秽内容的运动。②

（2）研究机构监督。

在美国有很多研究机构对广播电视的内容和社会影响展开研究，其结论往往对这些商业性的广播电视内容起着间接的监督作用。

如美国媒体教育中心帮助指导怎样使用 V 芯片滤除不合适节目；美国媒体与公共事务中心致力于电视内容中暴力的发展倾向研究；加州大学洛杉矶分校（UCLA）传播政策中心专注于电视网节目中的暴力监视，③ 等等。

这些研究机构或社团通过研究或佐证来公开发表自己对节目内容的意见，对广播电视媒体形成一定的舆论压力，迫使其接受内容方面的监管。

为方便这些研究机构和公众组织获取充分的节目信息以有效参与内容监管，联邦通信委员会在过去曾经要求各广播电视媒体保留节目带以备调查。放松规制后这项要求才被取消。

4. 进行播出管制

播出管制主要指为了保护未成年人免受不良广播电视节目内容的影响，从最后的播出环节进行控制。在美国，它分为播出技术的控制和播出时间的控制。

（1）播出技术控制。

播出技术的控制有安装童锁和信息加密两种。

安装童锁。美国制定了《1996 年联邦电信法》，要求电视机生产厂商从 1998 年开始，在所有新生产的 13 英寸以上的电视机上内置插件"童锁"，以便掌控电视节目的家庭收看等级，供父母将色情、暴力、猥亵之电视节目锁码，防止未成年子女观看。

信息加密。美国 1992 年《有线电视法》规定，如果经营者被允许播出

---

① 该组织为：the Parents Television Council，简称 PTC，1995 年成立，在美国全国有 100 万会员。相关资料介绍及年度报告见该组织的网站，http：//www.parentstv.org。
② 〔美〕约瑟夫·多米尼克：《美国电视的自我规范与道德准则研究》，刘宇清译，《世界电影》2007 年第 5 期，第 183 页。
③ 〔美〕约瑟夫·多米尼克：《美国电视的自我规范与道德准则研究》，刘宇清译，《世界电影》2007 年第 5 期，第 183 页。

商业频道上的猥亵节目,这些节目必须被加密,用户在观看这些频道之前的 30 天提出书面申请。1996 年《传播庄重法》第 505 条曾要求:不管消费者是否请求加密信号,通过有线电视播放成人节目的人必须对声音和图像信号加密,以保护儿童免受"信号疏漏"或加密不完全的影响。

(2) 播出时间控制。

在节目的播出环节从时间上进行控制也是内容监管的重要手段之一。

1970 年联邦通信委员会实施《财政利益与辛迪加法案》,强迫三大广播网(ABC、NBC、CBS)大量采用从独立制作商那里采购的节目,① 这种制播分离的机制打破了播出方(三大联播网)的节目垄断,促进了节目内容的多样化和创新性。

1971 年美国又通过了《黄金时间准入法案》。它规定广播网在黄金时间(晚 7~11 点)节目播出的时限为 3 小时,由广播网制作的节目为每周 15 小时。② 同时要求每晚黄金时间至少第一个小时留给地方电视台安排,提供公众教化和儿童娱乐节目,节目来源于独立电视制作公司和辛迪加销售者,这样能够制约联播网的势力,增进独立制作商的活力,提高节目内容的质量。③

5. 重视行业规制

美国政府对各级各类广播电视行业协会在内容监管方面所发挥的影响非常重视。

一方面,政府各类监管政策的出台大多以这些行业协会提供的情况为依据。这些行业协会一般能策划公共服务运动,对国会、联邦通信委员会、联邦法院和总统进行游说。有时能向有关决策部门提供行业方面的法律建议。尽管它们在政府政策制定过程中可能作为一种反面力量而存在,但它也有着一定的积极意义,相关决策机构如果要全面了解即将出台的法案所产生的各种社会影响就必须通过行业协会才能彻底掌握相关情况。

另一方面,这些行业协会能自行制定各种行业规则进行内容方面的自我规范。

---

① 苗棣:《美国电视剧》,北京广播学院出版社,1999,第 16 页。
② 〔美〕詹姆斯·沃克、道格拉斯·弗格森:《美国广播电视产业》,陆地、赵丽颖译,清华大学出版社,2005,第 82 页。
③ 吴克宇:《电视媒介经济学》,华夏出版社,2004,第 197 页。

如全国广播协会在1929年制定了第一部无线电广播规则，在1952年又制定了电视规则。这些规则涉及节目标准和广告标准。如节目标准包括新闻播报、政治性广播、宗教、社区责任和儿童的节目设计等；广告标准则包括广告指导方针、广告表达规则和时间限制标准等。1990年，全国广播协会又出台了一套针对儿童电视、下流与淫秽言行、暴力和吸毒等四方面内容的节目设计（programming）原则。

又如美国广播与电视新闻导演协会（RTNDA）设立了包含11条有关内容方面的广播电视新闻道德准则。专业新闻记者协会（SPJ）制定的道德行为准则中包括公平竞争、新闻的准确性、新闻的客观性和新闻的责任等内容。《美国全国广播业者协会行为准则》对节目标准和广告标准做了规定；《美国全国广播公司的新闻报道政策》规范了该公司的新闻报道方针、采编制节目的原则和方法、编辑工作中应妥善处理的问题、新闻从业人员的职业道德和纪律等。①

再者就是美国政府还要求各大广播电视网本身实行自我监管。它们一般都设有节目水准制定和实施部门，如"节目场记及信受部"、"标准实施部"等。②由这些部门负责对所有节目和广告内容在播出之前进行审查和批准。广告审查时涉及广告产品为公众能接受的程度、播出方法和广告宣传本身的内容。节目审查时有时使用脚本审查、预播筛选等方式。如针对暴力问题，从1994年2月开始，美国的广播和有线电视一致赞同独立自主地监控节目中的暴力内容。③

这些举措都从源头（广播电视节目的制作和传播）上对内容的制作原则进行了把关和控制，对美国商业广播电视的内容监管起着不可或缺的重要作用。

以上五种监管手段相互补充，共同构成了美国政府对商业广播电视进行内容监管的一张网络。就这张网络的监管主体而言，主要以联邦通信委员会的监管为主体，其次辅以社会团体的监管，再次是广播电视的自我监管。就监管类别而言，执照控制、行政处罚属于明显的事后监管，播出的

---

① 温飚：《发达国家广播电视监管体系与机制浅探》，《中国广播》2005年第2期，第69页。
② 〔美〕霍华德等：《广播电视节目编排与制作》，戴增义译，新华出版社，2000，第90页。
③ 〔美〕克里奇：《电子媒体的法律与管制》，王大为等译，人民邮电出版社，2009，第205页。

技术控制和时间控制属于事前监管。行业规则和社会监督则兼顾了事前控制和事后控制。

实际上这些内容监管手段的最终落实还得依靠法律法规来保障。到目前为止，美国出台了一系列涉及内容监管方面的法律法规。这些法律法规既有涉及广播电视方面的专门法规如《1934年联邦通信法》、《1996年联邦电信法》、《美国1962年通信卫星法案》、《有线电视法》等，也有其他相关法规如《传媒法案》、《反垄断法》、《儿童电视法案》、《美国刑法》等；此外美国刑法也有广播电视内容监管方面的相关规定，如第1464条禁止广播含有"淫秽或粗俗"等内容；如规定广播电视在有关竞选播出时必须履行"平等原则"；禁止淫秽、暴力内容，保护儿童免受不良节目伤害；报道有争议的公众利益问题时必须给对立的观点以尽量相等的机会；保护个人的隐私、名誉等。这些法律法规既是对商业广播电视违规行为进行惩罚的主要手段，更是上述内容监管手段得以实现和落实的主要保障和依据。

四 美国商业广播电视内容监管的主要特点

美国商业广播电视的内容监管表现出如下几个方面的特点。

1. 目标明确的监管理念

自广播电视发展以来，美国就有着明确的监管理念。这些监管理念同样也适用于内容监管这一块。从1934年开始到1996年，前后60多年，美国广电业的监管一直奉行"公共利益"理念。这种理念强调广播电视在国家安全、社会发展方面应当承担的公共义务，包括维护国家安全的义务、向所有公民提供普遍服务的义务、向聋哑人和少数民族等提供服务的义务等，体现出了平等、公平、民主、正义、责任等价值观。这一原则概括地说就是为全体国民谋求政治福利、社会福利、经济福利的最大化。

后来在此基础上又进一步衍生出其他的基本原则：地方主义原则、自由市场原则、普遍服务原则、多样性原则以及竞争性原则等。这些原则同样也适用到美国广电业的内容监管方面。

直到1996年放松管制后，才开始盛行一种新的政策理念：需求创造供给，[①] 即主要依靠市场力量来作为决定公共利益的重要因素。政府退居幕

[①] 国家广电总局发展研究中心：《国外广播影视体制比较研究》，中国国际广播出版社，2007，第51页。

后，真正让市场经济规律做主。通过市场机制鼓励那些能够满足公众需要的服务。

事实上我们可以将这种理念理解为："消费者利益"准则。这种准则下的监管思维是：政府不再告诉广播电视业界该做什么，也不再告诉消费者该做什么。因为消费者自己知道需要什么，广播电视业界可以从消费者那里找到市场走向。① 很明显，1996年以后的广电业的内容监管也奉行了这种"消费者利益"的准则。

2. 操作性强的监管标准

美国宪法有关言论、出版自由的规定是对电视内容进行管制的法律基础。《1996年联邦电信法》是对电视内容管制最主要的法律。此外，刑法中有关节目人员受贿和作弊的规定、民法中有关著作权等的规定共同构筑了电视节目管制的法律框架②。

美国广播电视的内容监管机制主要以事后审查为主。为此在很多的媒体法中专门罗列了广电传媒应该遵守的内容准则。如20世纪20年代联邦无线电委员会提出了"公共利益和公共需求"原则，后来又提出"无差别广播服务"，1946年又在蓝皮书中进一步提出四大节目标准，如五类非营利性节目、地方性纪实节目、公共问题节目和广告数量与内容的标准。20世纪90年代后又提出和重申保护未成年人的节目分级制度等。

除了上面这些专门的有关节目标准的法规外，美国甚至还有其他的刑法、宪法标准，如美国刑法第1464条规定，禁止电视台播出含有"淫秽、亵渎或粗俗"的内容。违法的个人罚款高达12500美元或者最高两年的徒刑，也可两刑并罚。刑法第1343条规定，电视台通过欺骗性的设计在节目中以虚假的承诺、代表、伪称来蒙骗受众以获取金钱或财物的行为都是非法的。又如美国宪法第一条第8款规定：国会有权通过保护作者和发明人在一定限期内对自己的作品和发明拥有独家权利来促进科学和有用艺术的发展。

这些节目内容标准都非常具体明确，做到了使商业性广播电视有章可循，有法可依。况且它们并非一成不变，而是常常随着时代和传播环境的

---

① 国家广电总局发展研究中心：《国外广播影视体制比较研究》，中国国际广播出版社，2007，第51页。
② 王朋进：《美国电视节目内容管制分析》，《中国电视》2007年第6期，第77页。

改变而不断地充实和完善。如广播电视进入数字化、融合化时代后，1996年美国国会又通过了《传播庄重法》、1999年通过了《儿童在线保护法》等。

3. 刚柔相济的监管方式

在美国由于广播电视的内容监管最易涉及言论自由及违宪等，因此在广播电视内容监管方式上不得不讲究技巧，一般不用行政命令直接干预广播电视机构的业务活动，而是多采用事前引导与事后监督这种刚柔相济的监管方式。

事前引导的手段很多，前面已经详细论及美国制定了各类操作性很强的广电节目内容标准，如该行业的权利义务、准入条件、节目标准、广告规则、惩治机制等，这些内容标准可以方便业界和社会知晓，然后进行监督，它是非常经济有效的事前引导方式。

其次是及时以法律法规的形式引导广播电视业发展，而广播电视的内容监管机制大多是在这种指导背景下产生的。如《1934年联邦通信法》奠定了日后整个商业性广播电视发展的基础，但它同时又确立了"公共利益"准则下的内容监管机制：禁止联邦通信委员会成为"内容检查者"，但联邦通信委员会由此发展了一系列非官方的节目内容"指导原则"。①《1996年联邦电信法》成为指导美国广播电视以及电子信息产业跨世纪发展的基本法律规范，由此带来的是内容监管的放松，同时还确立了新的"消费者利益"准则。

还有美国联邦通信委员会通过颁发和续展广播电视执照来事先督促执照持有者履行法定的义务，执行相关部门的广电内容标准，这也是最直接的一种事先引导方式。

以上这些都属于事前引导，基本上算是一种柔性的内容监管方式，引导广播电视业界自觉遵守相关的节目内容规范。

除了事前引导这种监管方式之外，还常常辅以事后监督这种刚性的手段，严格依法办事，严格查处内容违规行为。这种事后监督常用的手段是及时受理社会的投诉或在续展执照时核查广播电视台节目内容的历史，由联邦通信委员会核查后对违规者进行惩戒。前面提到美国联邦通信委员会

---

① 鞠宏磊：《媒介产权制度——英美广播电视产权制度变迁及其对我国的启示》，四川大学出版社，2006，第102页。

的大众传媒局设有受众处，执行局设有调查与听证处，处理受众对广播电视节目内容的投诉抱怨以及搜集各方对节目内容的意见等。这种刚性的方式也非常奏效。

正是这种事前引导与事后监督相结合的刚柔相济的监管方式，才促使美国广播电视媒体将商业利益与公共利益处理得恰到好处，在节目内容中既保障了公共利益的实现，同时又借此获取了商业利益。

4. 尊重言论自由的监管原则

美国广播电视节目的内容监管以宪法第一修正案为前提，通过《1934年联邦通信法》来具体确保监管时的言论自由底线。如该法第312条规定联邦通信委员会有吊销广播电视许可证的权力，第302条规定联邦通信委员会的管制要服务于公共利益。其实，"公共利益、便利和需要"这个概念借鉴了1887年伊利诺伊州铁路法令，后被1920年《联邦运输法》所采用。[①] 如何在保障公共利益的前提下又不妨碍广电媒体的言论自由？该法第326条明确规定无审查制度："该法令不该被理解或诠释为委员会有权检查无线电通信或是电台传送的信号，委员会也无权颁布或制定规章制度，干预无线电通信的言论自由。"[②]

五 美国商业广播电视内容监管的启示

广播电视媒体的内容传播有其本身的特殊性，以广播为例："书籍需要读者特意购买与阅读、电影需要对象特意买票与观看，才能被散播与吸收。而广播却不需此种行为就能广泛地被散播与吸收。广播节目直接进入家庭中，而内容却无法事先被家庭加以防范。一些针对特殊对象而设立的电台，不好的节目也可能被无数观众'无意中'收听到或看到，而在这些'无意'的观众当中，有许多是未成年的孩子们。"[③] 因此无论哪个国家，对广播电视节目的内容监管都要比印刷媒介严厉得多。

目前我国广播电视正在逐步走向市场化的过程中，也同样面临着很多

---

① 〔美〕克里奇：《电子媒体的法律与管制》，王大为等译，人民邮电出版社，2009，第62页。
② 〔美〕克里奇：《电子媒体的法律与管制》，王大为等译，人民邮电出版社，2009，第75页。
③ 〔美〕吉尔摩·D. M.：《传播法：判例与说明》，李瞻译，黎明文化事业股份有限公司，1992，第812页。

内容监管问题。我们如何既保障广播电视媒体像企业一样能够赢取利润实现它的商业属性,同时又保证它能充当好喉舌、维护公共利益而不失它的政治属性呢?美国的内容监管经验给我们提供了很多的启示。

首先,在监管策略上,要逐步实现从行政调控转向法律监管。

目前我国确立了国家广电总局对广电系统进行监管的主导地位。《国家广播电视管理条例》是我国广播电视媒体的基本法规,它确立了节目内容标准及节目审查的原则性框架,是我国广播电视内容监管的一个主要依据。

但在实际操作中,可能还由于法律法规的不完善,对现存的一些广播电视节目的监管,广电总局常常使用的行政手段有:制定政策、规划、标准;行政许可;年审年检;下发指令以及行政处罚等。① 其中用得最多的是以行政管理者的身份用直接发放通知对节目叫停的方式进行管理,以此来弥补法律的缺位。这种以政策性文件进行节目内容监管的方式,对于广电机构及其从业者来说,因不能进行事先的自我预见,往往容易导致广电从业者及广电机构只能以上级部门的命令和工作经验为依据去把握节目内容的标准,这样他们不止难以预期和确定某些节目的播放后果,更难以发挥积极性,对节目内容进行创新。

在这一点上,美国都是事先以立法的形式制定了明确的各类广电节目内容标准与准则。然后在执照续展时再以此为据对广电媒体的节目历史加以审查、核验,这种操作基本上是以法律法规为准绳,使广电媒体有章可循,主体的创新性和积极性也可以得到充分的发挥,排除了监管过程中任何的随意性。

因此,在以后的广电内容监管中我们应该在现实国情的基础上进行改革,由目前的广电内容监管以行政调控为主导逐步发展和转向以法律调控为主导,最后实现法律监管的主导地位。

其次,在监管主体上,要实现由单一的部门主管走向多元化的互补监管。

我国由国家广播电影电视总局负责对广播电视媒体的监管工作。它肩负着党政宣传、媒体建设和媒体管理的重要职责,尤其是意识形态的监管是它的主要职责。

---

① 梁山:《中美广播电视宏观管理体制比较》(下),《中国广播电视学刊》2003年第10期,第13页。

遗憾的是，到目前为止国家对各种媒体的监管没有设立专门的监管机构。广播电视的内容监管主要由国家广电总局属下的电视剧管理司、传媒机构管理司负责。广播电视法律法规的起草及各类听证和行政复议工作则由法规司负责。①

和美国明显不同的是，在广播电视内容的监管手段上，我们在很大程度上仅仅是依靠国家行政机构广电总局的力量。行业组织的规则、普通民众或民间团体的投诉、学术机构公布的研究报告以及技术的控制这几个方面的力量在美国都起了很重要的监管作用，它们是主要监管力量——联邦通信委员会的一个重要补充。联邦通信委员会和这几股力量一起构成了一个多元的内容监管系统。但在我国由于各种原因这几股监管力量根本就没有组织起来，更没有很好地被利用。

因此，以后我们可以在现实条件许可的情况下考虑扶植和培养其他的监管力量。"建立健全公众投诉、反馈与公共听证机制，通过吸纳更多的利益主体参与到规制政策的制定、执行和监督的过程中，扩大信息接收面，尽可能地获取充分信息，增加规制透明度，从而更好地维护社会公共利益。"② 这样既可减轻广电总局单一主管所带来的沉重负担提高监管效果，也可以发挥其他监管手段的力量监管好广电总局覆盖不到或根本无法监管的广电内容领域，从而实现对广电内容全面、系统的监管。

最后，在监管方式上，要实现由事前控制为主逐步转向追惩制。

前面已经论及，美国广播电视的内容监管实行的是事前引导与事后监督相结合的刚柔相济的监管方式。这种监管方式非常经济有效。美国联邦通信委员会曾一直坚持不对节目安排进行事前干预，认为此事应该由市场调节，《1934年联邦通信法》就曾明确声明了保护广播言论自由的基本思想：

> 本法案不能被理解或者解释为赋予委员会审查广播传播或任何广播电台发射的信号的权力，委员会不应当公布或者确定任何调节与控

---

① 国家广电总局机构功能分工参见 http：//www.chinasarft.gov.cn/catalogs/zjjg/index.html。
② 王琰：《我国电视节目内容规制体制的美国之鉴》，《湖北经济学院学报》2008年第6期，第26页。

制措施,这会妨碍通过广播传播进行自由言论的权利。①

这一思想在后来的几个判例过程中都得到了美国联邦最高法院的支持。

而我国目前广播电视的内容监管往往重事前审批,从准入的角度把好内容上的源头关。典型的如按照《国家广播电视管理条例》,我国确立了"播前审查"制度,其目的是在节目内容上预先把关,杜绝意识形态方面的问题,但目前广播电视走向市场后由于节目过多,加之数字化、网络化技术的发展,"播前审查"根本很难落实。要解决这样的问题,不妨尝试参照美国的监管经验,转变目前的监管方式,把重点从事前审批转移到事前引导、事后监督上来。

---

① 〔美〕约瑟夫·斯特劳巴哈、罗伯特·拉罗斯:《今日媒介:信息时代的传播媒介》,熊澄宇译,清华大学出版社,2002,第436页。

第五章
电影媒介的内容监管机制

电影媒介在诞生初期虽以娱乐为主，但随着技术、表达方式的改进，电影在受众中的影响力大大增强，人们也借助其来表达思想，传播舆论。这使它逐步演变成为一种公共通信媒介，这也意味着其传播的内容必须对社会负责，满足公共需求，维护公民权利。作为一种公共通信媒介，其内容监管方面的机制——审查与分级制度已有近百年的历史。

国内在这方面的研究，多局限于对审查分级的情况介绍，而对这些机制出台的法理依据和政策沿革却缺乏深层次的探析和阐释，因此理论层面上相对薄弱。而国外对这方面的研究要深入得多，从已有的成果来看，他们或从影视艺术的角度、或从影视法规的角度、或从社会学角度来进行讨论，在文化政策的探讨方面则相对比较薄弱。相关机构如何制定文化政策控制电影的传播内容，这个问题对于我们能否全面、深入地认识和借鉴英美国家的传播政策是非常重要的。

这里将以英美国家电影审查和分级制度作为重点，以国内外现有的研究成果为基础，从内容监管的角度来分析、探讨西方国家电影文化政策产生和发展的轨迹。对这一问题的研究将有利于给我们以后电影政策的制定提供相关的启示。

第一节 早期电影媒介的剧本审查

1895年无声电影首次出现，1927年有声电影诞生，到1945年电影作为一种艺术已经走向成熟。成熟期之前的电影还没有脱离刚刚诞生的痕迹，起先它主要以杂耍和魔幻术的姿态，在歌舞游乐场内传播，随后进入小剧场，在剧目演出之后放映。

电影使人们感到新奇，发展到20世纪初电影已经成为适应英美国家城市平民需要的一种大众娱乐。电影成熟以后又由大众娱乐发展成为一种专门的艺术。由于早期的电影表演与剧场的戏剧在表现形态上有相似之处，加之电影在刚开始时仅仅作为歌舞杂耍的附庸在剧院等地播放，所以电影媒介的监管最初沿袭的是当时的剧本审查模式，而剧本审查模式在当时也叫剧院的检查许可模式。

在美国，1895年到1905年间，在廉价影院兴起之前，电影主要在一些歌舞杂耍表演之间插映，或进行巡回放映，或是在狭小的连拱廊里放映。由于电影很适合于在歌舞杂耍表演中插映，因而它最初被看成另一种新的表演形式……到1900年左右，电影基本上成了歌舞和杂耍表演的场间余兴，以便为下场演出做好准备。①

这种情况一直持续到1905年到1908年间。随着故事片的出现和完善，这时的电影已经可以展示较长的情节，因此电影在放映时间上摆脱了以往一两分钟一场的局限，从而导致廉价剧院的出现。这也就意味着电影已成为一种独立的娱乐方式，而不再充当歌舞杂耍等其他娱乐的附庸了。相反，歌舞杂耍倒成为电影放映过程中的一种业余调节了。"各地影院老板在放映电影时加入歌舞杂耍作为调剂，只是为了在这个激烈竞争的行业里吸引更多的观众。"②

由于当时廉价剧院的歌舞杂耍表演通常格调低下，几乎无法管理，以至于当时很多人一致认为，歌舞杂耍表演"是迄今为止电影业中危害最大的内容"③。所以当局将其视之为社会公害，动用警察并制定严厉的法规对此加以取缔。1913年美国纽约第一次制定的电影院管理法规包括防火、通风、卫生、出口和建筑要求等条款④。所有的歌舞杂耍都被禁止在电影院中上演，除非它们符合正规剧院的严格规定。到1918年，几乎所有的电影院

---

① 〔美〕丹尼尔·杰·切特罗姆：《传播媒介与美国人的思想——从莫尔斯到麦克卢汉》，曹静生、黄艾禾译，中国广播电视出版社，1991，第42页。
② 〔美〕丹尼尔·杰·切特罗姆：《传播媒介与美国人的思想——从莫尔斯到麦克卢汉》，曹静生、黄艾禾译，中国广播电视出版社，1991，第49页。
③ 〔美〕丹尼尔·杰·切特罗姆：《传播媒介与美国人的思想——从莫尔斯到麦克卢汉》，曹静生、黄艾禾译，中国广播电视出版社，1991，第49页。
④ 〔美〕丹尼尔·杰·切特罗姆：《传播媒介与美国人的思想——从莫尔斯到麦克卢汉》，曹静生、黄艾禾译，中国广播电视出版社，1991，第51页。

老板迫于外部的压力和内部同行的主张，决定摒弃歌舞杂耍。①

正因为电影最初与歌舞杂耍有如此密切的关系，所以对电影的监管最初实施的是剧本审查。几代以来，美国剧院都领执照，剧本都经检查，电影只是戏剧的扩展，因而须经主管当局的许可与检查。这个理念适用于最初企图设立官方检查局的想法，并经美国最高法院于1919年同意。②

当时剧本审查的具体情形如何？

在英国，因为出于对政治和宗教异端邪说的担心，1543年首次出台了相关的国家法规对戏剧的内容加以限制。1736年英国作家亨利·菲尔丁在《巴斯昆》等剧作中，对英国首相沃尔浦的政治腐败进行了抨击，从而导致国会通过戏剧审查法案《剧院法案》，使得此后戏剧的上演受到当局随心所欲的控制。1751年英国进一步出台《混乱场所法案》，对以音乐或舞蹈为主要形式的娱乐场所进行监管。1843年英国出台了《戏剧法案》，最终确立和加强了戏剧审查制度。

在法国，1789年法国资产阶级革命爆发后曾提出"戏剧应该教育民众"的口号。直到1791年1月31日，立宪议会才宣布取消王室的戏剧审查制度，允许演出自由。

戏剧审查是否有一定的标准，具体如何操作？

英国当时比照的是文学与出版范畴的审查标准。例如1551年为控制当时的出版业而发布的皇家公告就把印刷商和演员相并列。另外，剧本出版的审查方式与史书出版的审查如出一辙，有时两种文类还一起遭禁。1599年6月1日坎特伯雷大主教约翰·惠特吉夫特与伦敦主教理查德·班克罗夫特（Richard Ban-croft）命令书业公会（Stationers Company）的主持人和诸会员"不得付印英国历史，除非得到女王陛下枢密院成员的批准；不得付印剧本，除非得到权威人士的批准"③。戏剧审查是否有一定的具体细则？可能不排除主要是与时事有关，它并无一贯不变的教条与标准。1581年伊丽莎白女王曾颁发委任状，正式任命埃德蒙·蒂尔尼审查演出剧本和监禁、

---

① 〔美〕丹尼尔·杰·切特罗姆：《传播媒介与美国人的思想——从莫尔斯到麦克卢汉》，曹静生、黄艾禾译，中国广播电视出版社，1991，第50页。
② 〔美〕斯拉姆等：《报刊的四种理论》，中国人民大学新闻系译，新华出版社，1980，第74页。
③ 郝田虎：《论历史剧〈托马斯·莫尔爵士〉的审查》，《外国文学评论》2008年第1期，第138页。

惩罚违法的演员,他直接隶属于英国皇家的总管。后来的研究者发现这位剧本审查官及其继任者在当时"做出的干预大部分与时事相关,与当时具体的人和事的影射相关,而非与教条的考虑相关"①。还有研究者称:"看不出一贯的政治、道德或文化标准;相反,历史时机决定了审查官每一次审查的决定。"②

剧本审查不只影响了后来电影媒介的内容监管模式,甚至连最初电影审查委员会的主席都由戏剧审查官来担任。1912年10月电影生产商协会与电影放映商协会联手成立的英国电影审查委员会的第一任主席就是由刚刚退休的德高望重的戏剧审查官乔治·瑞得福特应聘出任③。

这种监管模式直到第一次世界大战后随着电影新闻简报与纪录片的出现才逐步改变。因为电影媒介在发展中逐步减少了其与戏剧的类似之处,而增加了其与报刊的相似之处。这样它在原来娱乐功能的基础上增加了政治功能。在这种情况下有人提出电影媒介的内容控制不应该参照原来的剧本审查许可模式,而应该遵照和等比自由主义报刊机制。如学者罗伯特·赫金斯曾提出建议:"新闻自由在宪法上的保证,应该被认为包括电影在内。纪录片的日益重要,更加强了这种必要性。"④

第二节 电影媒介的内容监管机制

电影诞生之初,它虽以娱乐为主,但"电影的观众群、独特的艺术表现力、漆黑的影院共同促成了权威人士的谨慎态度"⑤。电影内容管制也自电影在公共场所放映起与其相伴而生。

---

① Richard Dutton, *Mastering the Revels*: *The Regulation and Censorship of English Renaissance Drama*, Iowa City: University of Iowa Press, 1991, p.85. 转引自郝田虎《论历史剧〈托马斯·莫尔爵士〉的审查》,《外国文学评论》2008年第1期,第140页。
② Janet Clare, *"Art Made Tongue-tied by Authority"*: *Elizabethan and Jacobean Dramatic Censorship*, Manchester: Manchester University Press, 1990, p.211. 转引自郝田虎《论历史剧〈托马斯·莫尔爵士〉的审查》,《外国文学评论》2008年第1期,第140页。
③ 石同云:《英国电影审查与分级制度》,《电影艺术》2004年第2期。
④ 〔美〕斯拉姆等:《报刊的四种理论》,中国人民大学新闻系译,新华出版社,1980,第74页。
⑤ 石同云、章晓英:《美国电影审查与分级制度》(下),《电影艺术》2004年第4期,第124页。

第五章 电影媒介的内容监管机制

后来随着技术、表达方式的改进，电影逐步成熟，随之而来的是它在受众中的影响力大大增强，人们也开始借助它来表达思想，传播舆论。这样电影逐步演变成为一种公共通信媒介，这也就意味着其传播的内容必须对社会负责，必须满足公共需求，维护公民权利。在这种背景下，英美国家逐步形成了一套电影内容的自我审查机制。这种电影内容的审查机制究竟是如何形成的？为什么会是自我审查？有哪些决定性的因素催生并影响了这种审查机制？

一 电影媒介内容监管机制的渊源

通过对英美国家电影管制的历史回顾，我们发现其内容监管机制的形成有着如下四方面的影响因素。

1. 地方政府对放映场所的安全管理

电影发展起来之时，电影的放映场所一般多由杂技棚、剧院、音乐厅等改造而成。"电影的观众群、独特的艺术表现力、漆黑的影院共同促成了权威人士的谨慎态度。"[①] 最初电影媒介的内容监管就是在这种背景下产生的。因此电影的最初监管主要是源于对剧院等娱乐场所的安全管理。

在英国，电影的公共放映活动始于19世纪后期逐渐繁荣起来的歌舞杂耍剧场，但很快便自立门户，1906年出现第一家纯粹的影院，1911年迅速发展为近4000家影院[②]。对在歌舞杂耍剧场中播映电影，当时反映最为强烈的是廉价剧院的节目本身，大家一致认为，歌舞杂耍表演"是迄今为止电影业中危害最大的内容"[③]。英国政府曾不得不最早对公共娱乐场所进行立法，以加强对于这些娱乐场所的管理。如1751年曾通过《混乱场所法案》，对以音乐或舞蹈为主要形式的娱乐场所进行监管。早期电影的放映也在剧院和歌舞杂技场所，因此放映电影的场所自然也无例外地要受制于政府对此类场所的安全管理。

政府最初实行电影的安全管理是因为：一方面由于电影的制作材料在

[①] 石同云、章晓英：《美国电影审查与分级制度》（下），《电影艺术》2004年第4期，第124页。
[②] 石同云：《英国电影审查与分级制度》，《电影艺术》2004年第2期，第115页。
[③] 〔美〕丹尼尔·杰·切特罗姆：《传播媒介与美国人的思想——从莫尔斯到麦克卢汉》，曹静生、黄艾禾译，中国广播电视出版社，1991，第49页。

放映的过程中容易产生潜在的火灾危险①，另一方面由于政府对这种吸引工人阶级的大众娱乐形式持有怀疑的态度并有控制的欲望。很快，地方政府便呼吁"对影院颁发营业执照以实施监控"②。1909年英国正式通过《电影法案》，授权地方政府对所有用于电影放映的场所实施检查，并发给合格者营业执照。

在美国，也是同样的情况，电影审查和电影放映几乎是同步进行的。一份纽约市政当局关于1911年电影放映情况的报告披露："那些廉价和不经常营业的娱乐场所条件简陋：卫生情况很糟、人群过分拥挤、没有适当的消防设备和防止意外情况发生的措施。"尽管气味难闻，通风很差，而且放映机经常出故障，但调查人员发现，多数电影院里仍是人山人海……一些医生和社会工作者认为，廉价电影院内漆黑一片，造成眼睛肌肉紧张和相关的失调现象③。更要紧的是，"撇开内容不说，对人们把电影看成是周末的娱乐而远离教堂这一点，从长老派到摩门教派、基督教会都对电影进行了抨击"④。另外，"早期影剧院所发生的大火案人们一直记忆犹新，影剧院的火灾隐患也是一些正派人士贬斥电影的一大依据"⑤。因此，当时的电影审查主要"源自地方政府对早期影院安全的关注和对电影潜在的负面影响的担忧"。1906年大批正式影院的开放导致了城市公共安全法规的出台，也引发了审查法案的确立。⑥ 1907年春，因慑于《芝加哥论坛报》的压力，有关部门成立了"廉价影院科"，主管调查电影院和放映电影的连拱廊⑦。

很明显，最初有关电影审查的法案主要是出于对观众生命安全保障方面的考虑而出台的，无论在英国还是在美国当初并没有任何明文规定可以

---

① 世界电影业最初普遍使用的是硝化纤维素胶片，它除了柔软、可塑、图像清晰等优点之外，还有一个致命的缺陷——易燃。其化学成分与火药十分接近，当胶片温度达到40℃时，它就会像火药一样猛烈燃烧。鉴于这种情况，最初制定了极其严格的防火规范。这是电影监管机制形成的最初源头。

② 石同云：《英国电影审查与分级制度》，《电影艺术》2004年第2期，第115页。

③ 〔美〕丹尼尔·杰·切特罗姆：《传播媒介与美国人的思想——从莫尔斯到麦克卢汉》，曹静生、黄艾禾译，中国广播电视出版社，1991，第47页。

④ 〔日〕佐藤卓己：《现代传媒史》，诸葛蔚东译，北京大学出版社，2004，第105页。

⑤ 黄文达：《世界电影史纲》，上海古籍出版社，2003，第64页。

⑥ 石同云、章晓英：《美国电影审查与分级制度》（上），《电影艺术》2004年第3期，第119页。

⑦ 〔美〕丹尼尔·杰·切特罗姆：《传播媒介与美国人的思想——从莫尔斯到麦克卢汉》，曹静生、黄艾禾译，中国广播电视出版社，1991，第55页。

表明影片在公映前要接受内容审查或由地方政府对电影的内容施加监控。但有上述法案作为基础,"地方政府很快利用其发照权力填加施控内容"①,并最终取得审查影片内容的权力的合法性。

由此可见,如果我们要追索英美国家电影内容自我审查机制形成的历史的话,它最初的源流是基于对电影放映场所安全的立法管理。由于这种管理是在地方政府施控之下进行的,因此它很快由最初的对放映场所的安全管理与监督延及到对影片内容的管控与干预。电影的内容审查由此开端。不过这种审查机制应该由官方来运作还是在影业范围内自我掌控这个问题尚未明确。在监管机制还没有正式定型的情况下,促进了英美国家电影自我审查机制形成的最初动因。

2. 对社会道德的自律性维护

英美国家电影内容的自我审查很大程度上基于社会道德的原因。

在电影产生的初期,它一开始就成为工业发展过程中城市底层阶级的一种廉价消费。在美国电影史上出现过著名的"五分钱影院"时期,如1905年在匹兹堡出现了镍币影院(入场券为5美分镍币),它很快遍及美国所有城镇,到1910年每周的电影观众多达3600万人次。对利润的追求是电影业的一种本能,后来它逐步成为一项娱乐产业。这样在电影的制作和发行过程中,自然不免会出现为追求利润而迎合受众审美趣味的情况,从而导致其自身调节能力与社会道德之间的矛盾。英美国家都曾出现过电影内容"有损"、"危害"社会公德的情况。

在英国,1909年夏,当经济学家西蒙·柏顿漫步于偏僻的新英格兰小镇上时,他发现图书馆、教堂、学校"这些受人尊敬的城镇接受道德教育的地方"② 都关闭了,而廉价影院却成了人们趋之若鹜的热闹去处。他提出警告:传统文化体制在电影和其他商业化娱乐面前,已经到了必须迅速调整的时候。③ 所以英国当初设立电影审查分级制度主要是为了保证电影内容与社会道德、习俗相符合。其关注点并不是影片的"质量",而是影片在道德方面是否适合于向公众放映。这一点可以从1916年电影审查委员会的主

---

① 石同云:《英国电影审查与分级制度》,《电影艺术》2004年第2期,第115页。
② 〔美〕丹尼尔·杰·切特罗姆:《传播媒介与美国人的思想——从莫尔斯到麦克卢汉》,曹静生、黄艾禾译,中国广播电视出版社,1991,第48页。
③ 〔美〕丹尼尔·杰·切特罗姆:《传播媒介与美国人的思想——从莫尔斯到麦克卢汉》,曹静生、黄艾禾译,中国广播电视出版社,1991,第49页。

席奥康纳制定的43条审查指导原则中得到印证。这43条原则中有33条与道德行为有关,其中20条与性有关,如严禁描述卖淫、婚前婚外性行为、性变态、乱伦、诱奸、裸体、性病、纵欲、粗话、流产、妓院、逼良为娼,等等。①

在美国,电影曾被当时的主流道德势力视为腐化的宣扬工具、邪恶的传播源。"电影是犯罪的学校,一个硬币就能通向地狱。"克利夫兰的威尔伯·克拉夫斯神甫在1910年这样写道。②放电影的影院被视为藏污纳垢的场所,"移民工人聚集的镍币戏院已被人们看成败坏风纪的邪恶之所"③。加之1921~1922年间好莱坞接连发生的三宗丑闻使公众舆论中出现了大量针对电影的攻击言论,极大地强调和夸大了电影对妇女、儿童及社会大众的腐蚀、毒化作用,声称这些电影是"对公共道德的颠覆"④,以至于当时的宾夕法尼亚审查委员会主席宣称:"电影已经使我们陷入泥沼,同居、通奸、拉皮条和卖淫充斥其中。"⑤ 1915年最高法院终于裁定:电影"无疑是娱乐性的,但……能传播邪恶,而且其传播能力因其吸引力及展示方式更为强大"⑥。为此,从1915年起许多州和地方政府都成立了审查委员会,剪辑或禁止上映它们认为不好的电影。1909年美国成立了"全国电影审查委员会"以对电影进行全面审查,原因很简单,因为"电影已成为一种社会力量,对文化和道德都产生影响,它必须被纳入社会管理的轨道"⑦。委员会的评判标准主要是考虑取缔电影镜头中过多的色情、毒品、犯罪,尤其是卖淫场面。

对此,斯拉姆等专门从道德的原因对电影的内容管制进行了分析:"自从20年代以来,对于电影的攻击基本上仍然是:电影败坏道德,电影没有

---

① 石同云:《英国电影审查与分级制度》,《电影艺术》2004年第2期,第119页。
② 北京大陆桥文化传媒主编《美国电影审查制度出炉的内幕》,见《丑闻·世界百年影像》,中国城市出版社,2005,第74页。
③ 〔日〕佐藤卓己:《现代传媒史》,诸葛蔚东译,北京大学出版社,2004,第105页。
④ 黄文达:《世界电影史纲》,上海古籍出版社,2003,第64页。
⑤ 北京大陆桥文化传媒主编《美国电影审查制度出炉的内幕》,见《丑闻·世界百年影像》,中国城市出版社,2005,第74页。
⑥ 石同云、章晓英:《美国电影审查与分级制度》(下),《电影艺术》2004年第4期,第124页。
⑦ 〔美〕丹尼尔·杰·切特罗姆:《传播媒介与美国人的思想——从莫尔斯到麦克卢汉》,曹静生、黄艾禾译,中国广播电视出版社,1991,第57页。

能提高群众爱好的水平。因为它们充满色情，因为它们的猥亵广告，也因为明星的放荡行为。在舆论的压力下，电影工业组织了自我约束的机构，并且制定了第一部制片道德法规。"① 这部道德法规即1930年制定的《海斯法典》，它曾被历史学家特雷·拉姆塞誉之为"影业官方道德标准的大宪章"②。

这部制片道德法规即1934年美国制片人和发行人协会制定的《制片规约》，其主要原则是：①不可制作降低观看者道德水准的影片，即不可导致观众赞同犯罪、恶行和邪恶。②要展现正确的生活标准，然而如果没有严重扭曲生活的正确标准，对娱乐和戏剧化的需求可以先行。③不得赞同违背法律、自然规律或人性的东西③。这些内容主要是针对道德而言的。

电影行业基于社会道德的指责和控诉而自发设立制片的道德法规进行行业的自我审查，这种形式下的审查实际上是电影行业的自我保护，它对整个电影行业有着积极的重要意义。20世纪40年代美国的新闻自由委员会是这样评价当时美国电影业自律性的道德法规的："它为那些曾经成为消费者联合抵制目标的诲淫和粗鲁煽情的影片画上了句号，并第一次赋予了这个产业某种社会地位。"④

3. 官方检查制度的威胁

英美国家电影内容的自我审查机制的建立在很大程度上还基于电影行业本身为了躲避官方检查制度的威胁而为之。

在美国，好莱坞明星接二连三的"丑闻"与保守道德势力对影片和影人日益强大的抗议及抵制，引发了联邦政府介入干预的危机，不少国会议员纷纷呼吁成立中央电影审查机构，惩戒宣扬"堕落道德"的影片⑤。一些家庭、公众团体、宗教界也要求国会和政府出面干涉电影的生产，甚至有

---

① 〔美〕斯拉姆等：《报刊的四种理论》，中国人民大学新闻系译，新华出版社，1980，第92页。
② 石同云、章晓英：《美国电影审查与分级制度》（上），《电影艺术》2004年第3期，第120页。
③ 〔美〕新闻自由委员会编《一个自由而负责的新闻界》，展江等译，中国人民大学出版社，2004，第44页。
④ 〔美〕新闻自由委员会编《一个自由而负责的新闻界》，展江等译，中国人民大学出版社，2004，第44页。
⑤ 孙绍谊：《从审查到分类——读解美国电影分级制度》，《世界电影》2005年第4期，第140页。

人在报上发表文章，称电影是"一项令人遗憾的发明"①。正因为如此，很有必要对电影的内容进行控制，以调节影业表达与社会道德之间的利益冲突。

1922年，美国电影制片人和发行人协会（MPPDA）就是在这种情形下出现的。它的建立最初是作为电影工业的一个交易组织出现的，1945年更名为美国电影协会（MPAA）。到1934年，在激烈批评的压力下，协会变成了能进行管理的管制机构，这种自律性机构的目的非常具有针对性。"它计算出影片在不受检查和联合抵制的情况下得以发行所必需的最少进率。结果表明，这种计算相当准确。"②

该机构还制定了《制片规约》。"规约制定的是可接受的标准，而不是关于责任的标准；是最低标准，而不是充足的或理想的行为标准"，它的禁区仅仅是"诽谤、猥亵以及冒犯重要的潜在消费者群体的危险"。③很有意思的是，在规约后面有着官方和民间强制性的约束因素，如"州和市检查委员会以及有组织的压力集团的存在以及因违反规约而对制片商和发行商进行的25000美元罚款"④。如1951年《欲望号街车》这部片子因充斥着粗俗、野蛮、蛮横、残忍而被美国的电影审查机构"正风会"要求删剪，当时纽约的大主教甚至下令在教区中抵制这部电影。

因此总的来看，美国电影协会的建立和规约的制定基本上都是"为了应付检查制度的威胁"不得已而为之。后来美国新闻自由委员会认为："该规约及其管理机构所涵盖的各种要点显示，其目的在于控制电影的内容，使之能够通过州检查委员会和外国检查官的审查，并且不会引起压力集团的敌意。"⑤

在英国也同样是这种情况。当时一些地方政府曾提议建立电影的中央政府审查体制，电影行业意识到它们的生存有赖于组建全国统一的行业自

---

① 黄文达：《世界电影史纲》，上海古籍出版社，2003，第64页。
② 〔美〕新闻自由委员会编《一个自由而负责的新闻界》，展江等译，中国人民大学出版社，2004，第44页。
③ 〔美〕新闻自由委员会编《一个自由而负责的新闻界》，展江等译，中国人民大学出版社，2004，第45页。
④ 〔美〕新闻自由委员会编《一个自由而负责的新闻界》，展江等译，中国人民大学出版社，2004，第44页。
⑤ 〔美〕新闻自由委员会编《一个自由而负责的新闻界》，展江等译，中国人民大学出版社，2004，第44页。

律审查体系。于是,电影生产商协会与电影放映商协会联手,于 1912 年 10 月成立了英国电影审查委员会,该委员会取得了内政部的认可,并于 1913 年 1 月 1 日起正式开始工作。

由此可见,官方检查制度的威胁是电影内容自我审查机制形成的一个重要的外在因素。

4. 其他利益集团的压力

英美国家之所以实行电影内容的自我审查机制,还有着一个重要的因素是基于其他利益集团的压力。

从政府立法进行电影审查发展到后来电影行业自律,在此过程中宗教势力和其他利益团体扮演着重要的角色。

在美国,早期电影审查政策的推行主要来自宗教势力和地方政府这两股势力所形成的压力。1933 年,费城大主教声言在其教区内上映的影片"僭越"了天主教道德规范,号召所有教徒全面抵制这些影片;在芝加哥,出现了 50 万名女天主教徒联合发起的抵制好莱坞的所谓"圣战"[1]。天主教为此成立正派操守协会,对违规电影贴上"谴责"标签,甚至使那些试图放映受"谴责"影片的影院也"不敢轻易越雷池一步"[2]。可见天主教对美国电影的影响和干预不止于道德方面的内容,更在票房收入上施加了更大的经济压力。在这种情况下电影制片人和放映商不得不优先考量天主教的反应,并以此为依据进行内容修改。美国电影内容的自我审查正是在这种情况下出现的。

在英国,影响电影审查的利益集团从上到下包括中央政府的主管部门、地方市政会、电影发行放映公司、影评家、媒体和压力集团等,它们对电影传播的内容都有着不同的决定作用,在这些集团中,宗教势力的影响作用最为显著。如严守主日协会曾施加很大的压力,致使 1909 年英国通过的电影法禁止电影院在礼拜日营业[3]。

在英美国家,宗教势力作为一种相当有代表性的压力集团,对电影内容监管政策的产生有着直接的影响。从某种意义上讲,压力集团形成了一

---

[1] 孙绍谊:《从审查到分类——读解美国电影分级制度》,《世界电影》2005 年第 4 期,第 141 页。

[2] 孙绍谊:《从审查到分类——读解美国电影分级制度》,《世界电影》2005 年第 4 期,第 141 页。

[3] 〔日〕佐藤卓己:《现代传媒史》,诸葛蔚东译,北京大学出版社,2004,第 181 页。

种对言论的压制,而这种压制比政府的限制或行业自律更随意和危险,因为它们按照自己的规定行事,不受公众的监督。"压力集团的目标往往是撤销或禁止电影的放映。"[1] 因此,英美国家的影业为了实现自身最大的商业利益,不得不在内容方面采取审查或分级手段以逃避各种压力集团的禁映。由此各种利益集团的压力也是构成英美国家电影内容自我审查机制形成的一个重要因素。

以上四个因素并非彼此孤立,它们作为一股合力共同影响着电影内容的监管形式,历经数十年最终促成了英美国家电影内容自我审查机制的形成。从最初地方政府的电影审查发展到影业自我审查机制的确立,这是一个较为漫长的渐进过程。但电影最终从官方审查走向行业自律,从官方强制性的剪裁走向自我剪辑,并以分级为标尺全面地建立了电影内容的自我审查机制。这一点,它和后来的广播电视内容监管机制的构建路径几乎完全不同。它既切合了政府和社会团体在内容方面要求审查与过滤的安全需求,又尊重和圆通了电影业本身的市场化发展规律。在媒介发展史上,电影通过一套完整的自我审查机制最终实现了媒介内容的自我管控,避免和摆脱了外在的官方直接控制,从而成为一种以自我监管为主的独立性很强的大众传播媒介。

二 电影媒介内容监管的基本手段

电影媒介发展起来以后,历经数十年,其内容监管机制一直在演进。从最初政府的电影审查发展到影业的自我审查再到实行电影内容的分级,在电影媒介发展的每一阶段都有着不同的政策重点。它经历了一个从官方审查到行业自律、从官方强制性的剪裁到自我剪辑再到以分级为标尺进行自律的发展过程。我们可以看到电影媒介的内容监管经历了如下的演变轨迹。

1. 地方颁发影院执照许可,实行内容审查

在电影媒介发展的早期,英美国家并没有对此实行中央集权式的管制,而是由各地方政府通过颁发执照的方式对电影的内容进行间接的监管。执照颁发给各营业的影院,试图在播出环节对电影屏幕进行控制,从而达到

---

[1] 石同云、章晓英:《美国电影审查与分级制度》(下),《电影艺术》2004 年第 4 期,第 124 页。

间接监管电影内容的目的。

在英国，在电影工业对地方政府的诉讼中，英国法院通过自己的解释，确认了地方政府自行取得审查影片权力的合法性。① 1909年的《电影法》授予地方政府对电影放映场所进行检查的权力，很快地方政府就利用发照的权力对电影内容施加控制。地方政府通过给影院颁发营业许可执照的方式来控制和禁止放映儿童不宜或不道德的电影内容。当时，第一部被禁止的影片是一部关于美国拳击奖金赛的新闻影片，其中一个黑人打败白人的镜头被认为不符合事实而引起普遍不满并被禁止播放。②

1927年的《电影法》颁布后，允许地方政府对电影的控制得到了普遍的执行。据统计，英国有688个地方级别的政务委员会有权颁发影院执照；1931年，地方发照机构扩展到764个。③ 地方审片机构可以拒绝电影审查委员会的审查结果，也可以允许放映电影审查委员会禁放的影片，直到1985年《电影法》的颁布，地方政府仍保留对电影的最终审查权力，而不是把所有权限移交给电影审查委员会（BBFC）。"警察在对通过电影审查委员会分级的影片进行有关淫秽内容起诉前，要听取公共检查官（DPP）的意见。通过电影审查委员会分级的影片很少会被起诉。"④ 但其对影片的评判一般大多遵从英国电影审查委员会（1985年以后更名为英国电影分级委员会）的决定或"基本上愉快地接受委员会所作出的决定"⑤。

在美国，早在1907年芝加哥市就颁布了第一部地方性电影审查法令以禁止淫秽和不道德的电影内容。1911年，宾夕法尼亚州成立了电影审查委员会，随后美国各州相继成立了各自的电影审查机构。据不完全统计，1920年前后全美各地有200多个电影审查机构或组织，其中一些是全国性的，但多数属于州、郡或市级的。它们虽然与电影制作无直接关系，但却可以用自身的影响力、号召力在一定范围内封杀那些被其认定是"有伤风化道德"的影片，从而构成电影的"后审查"⑥。

---

① 石同云：《英国电影审查与分级制度》，《电影艺术》2004年第2期，第115页。
② 萨莉·斯皮尔伯利：《媒体法》，周文译，武汉大学出版社，2004，第395~396页。
③ 石同云：《英国电影审查与分级制度》，《电影艺术》2004年第2期，第118页。
④ 宋姗姗：《英国电影审查、分级制与其社会语境》，《上海大学学报》2007年第4期，第25页。
⑤ 石同云：《英国电影审查与分级制度》，《电影艺术》2004年第2期，第118页。
⑥ 孙绍谊：《从审查到分类——读解美国电影分级制度》，《世界电影》2005年第4期，第139页。

到 1929 年全美大约有 100 个城市出台了电影审查法令。① 审查法令要求所有电影放映前都必须交州审查委员会加以审查，只有那些内容健康、符合当地社区道德标准、富有教育和娱乐且对观众无害的电影才能通过当局审查，准予放映。

直到 1950 年，全美各地尚有约 90 个地方性电影审查机构。但由于 1930 年《电影制作法规》的颁行，这些机构的权限与 1930 年前相比大打折扣。1968 年电影分级制颁行后不久，地方性电影审查机构迅速减少，到 20 世纪 70 年代中期这些机构已基本退出历史舞台。② 美国也因此成为主要西方国家中最后一个实行电影分级的国家。

2. 电影行业制定准则，实行内部审查

随着电影媒介的发展，各种社会团体逐步对电影中的某些内容日益不满，这其中包括清教徒的频繁抗议、罗马教廷的不满以及其他社会团体的舆论压力，他们要求政府对电影媒介实行集权式管制。

出于国家对电影检查的威胁，电影制片人最后只好采取自我约束的策略，通过成立行业性的自律组织和实施各种立法来实现电影内容方面的规制。

在美国，1922 年成立了行业性组织"美国电影制片人和发行人协会"以实行电影行业的自律。1930 年又出台了有名的《海斯法典》，它是美国影业以自我约束为目的而制定的影片制作法规。法规制定了三项基本原则和 12 项涉禁内容，如犯罪、性、粗俗、淫秽、渎神、服装、舞姿、宗教、位置（如卧室）、国民情感、标题和令人反感的话题（如活生生的暴力）等。

它就像套在制片者头上的紧箍咒，严格地约束着电影制片商。从电影的脚本到影片制作再到最后放映，都被它严密地监控着。没有达到其标准的电影将无法获得官方的制作许可证，更无法在影院放映。1934 年影业自律的执行机构——法规局（法典执行局）成立，它对影片内容有全面管制的强制权力。从此，形成了一整套以法典为核心的电影审查体系。

据不完全统计，1934 年至 1948 年间在美国上映的所有影片中，经法规

---

① 李红祥：《美国电影审查和表达自由的冲突与平衡》，《电影评介》2008 年第 8 期，第 4 页。
② 孙绍谊：《从审查到分类——读解美国电影分级制度》，《世界电影》2005 年第 4 期，第 147 页。

局盖章批准的占了95%。① 后来"正风会"则推出了A、B、C三级影片制（A级片是完全健康片；B级片可有一定的危险性；C级片不允许公开放映），与法典一起配合使用。因此影片制作者别无选择，最后只能依据上述规定进行内容删剪，从而使电影内容有效地得到了审查。

在英国，1912年成立了电影审查委员会，作为行业"自律"机构，它负责审查所有在商业影院放映的影片。其权威性获得了内政部的认可。英国虽然在1909年就有了官方的《电影法》，但它并非如美国一样在电影行业内部产生了成文的自律性的"电影制作法典"，长期以来它一直以电影审查委员会内部制定的指导规则为依据进行内容审查。如1916年电影审查委员会的主席奥康纳就曾制定了43条审查指导原则。

英国电影审查委员会可以在颁发级别证明之前要求制片公司删剪某些内容，甚至还可以拒发影片级别证明。但其审查结果只对地方政府起指导作用，最终须通过地方政府的认可才能生效。正因为如此，电影审查委员会在审查电影内容时必须确保它与地方政府议会制定的道德标准一致。1984年《录像法》又进一步授予英国电影审查委员会在录像审查方面法定的官方地位。

由此可见，英美国家电影行业的自律性机构影响非常之大，它制定行业政策法规，间接地替代地方政府指导和掌控着整个电影行业的内容基本规范，从而达到了免于政府直接审查和干预的目的。

3. 对电影内容进行分级，实行受众控制

电影分级是电影工业继早期自我审查制度后为避免政府对电影内容管制而出台的一种最新举措。它先由电影行业协会确定分级的级别，然后由放映商来实施分级操作，影院只放映有分级级别的影片，在放映前一般公布分级级别，以按年龄段限制观众，实现对色情和暴力内容的控制，从而调节电影媒介的内容表达与社会道德之间的矛盾冲突，保护电影工业的发展。

在实行分级制度的情况下，原来的电影审查委员会发展成为电影分级委员会，其功能已经不再是审查影片，而是赋予影片不同级别的标签，为不同层次的受众（成年人和未成年人）提供观影参考，从本质上说，由制作准则向分级制度发展意味着原有的审查体制的彻底瓦解。

---

① 孙绍谊：《从审查到分类——读解美国电影分级制度》，《世界电影》2005年第4期，第145页。

在美国，电影受到宪法第一修正案的保护后，还有一些问题，如国家安全、色情和煽动暴力等这些言论出版自由之外的东西该如何解决？它牵涉电影业、政府和受众之间关系的权衡问题。

为避免政府在这些内容上对电影业施加控制，1968年美国电影协会（MPAA）、全国电影业主联合会（NATO）以及美国电影进口和发行委员会联合其他独立制片人以及其他相关组织建立了"电影自愿分级制度"。分级的实施部门是分级委员会（附属于美国电影协会）。它基本上是在原有的好莱坞自我审查体系的基础上建立起来的，通过对影片的分级来指导受众的观看。这样既调节了电影与社会道德之间的冲突，又消弭了公众和社会团体对电影内容的不满，还满足了不同受众多元化的消费需求，从而平衡了政府、电影业和公众三者之间在电影内容上的矛盾，最终避免了官方在电影内容上的直接审查。

在英国，1985年英国电影审查委员会更名为电影分级委员会，以适应电影逐步由内容审查向内容分级的形势发展。作为非官方结构，它是调和社会需求与政府管制的一种有效方式。能否通过内容审查和如何确定内容的级别，其主要依据是电影在性、暴力以及恐怖内容方面的轻重程度，对于被认为有严重问题或特别重要的影片，一般由委员会的书记亲自审查。

电影分级制度在内容监管方面兼顾了多方的利益：它一方面使影片的制作者不再有创作禁区方面的顾忌，更无需对影片的影响和后果承担全责，从而使电影作为一门艺术实现了艺术创作自由；另一方面它替观众把影片分成不同的等级以便观众有选择地观看，对于成年人而言，他们享有了宪法规定的言论自由权利，对于未成年人而言，他们也同样得到了保护。这种分级制以行业内部有效的约束力消弭了宗教势力和各利益集团对电影内容的指责，从而保护了成年人和未成年人的权益，有效地防止了官方和社会团体对电影内容的审查介入。

综上所述，电影的内容监管机制最初从放映的影院开始，出于公共安全和内容管理的需要，以颁发执照或地方审查的方式进行官方的行政许可制度，以禁绝电影在思想内容方面违规的可能，这是放映场所的控制。

发展到后来，随着电影媒介的商业化发展，因面临政府实行统一的内容管制的威胁，电影行业成立电影审查委员会并自行立法实行行业内部的内容审查，以从源头上对不良、非法的内容进行控制。这是电影制作环节的控制，亦即屏幕控制。

自电影媒介在娱乐功能的基础上发展了新闻、宣传和舆论功能之后，英美国家正式将其列入大众媒介的范畴并享受言论自由的保护。在此背景下，原来地方政府的电影审查和电影行业内部的审查因违背言论自由而逐步走向瓦解。这时原有控制屏幕的政策已经难以为继，控制受众的电影分级制度顺势而出，由原来的电影审查委员会负责根据一定的原则将制片厂的产品进行内容分级，并据此规定不同电影所面对的观众群体。此时的内容监管机制已经不再关注源头控制，而转移到传播的终端控制——电影放映时受众群体的限制，这是电影媒介内容监管中的受众控制。

由以上的梳理我们可以发现，电影媒介的内容监管经历了针对放映场所—制片内容—电影观众三个阶段。它首先从官方的法定审查，发展到影业内部的自律审查，到最后实行内容分级；通过自律审查和内容分级成功地抵御了政府的官方审查，消弭了各个利益集团的压力，并巩固了电影市场。电影媒介终于在诞生半个多世纪以后彻底实现了表达的自由。

三 电影媒介内容监管机制的特点

电影媒介的内容监管机制和其他大众媒介有很大的不同，它主要表现在如下几个方面。

1. 早期电影媒介内容监管机制是在戏剧审查的基础上建立起来的

对电影媒介的审查最先与电影作为一种像戏剧一样的新兴娱乐工具本身密切相关。

电影媒介产生以后并没有获得像印刷媒介、广播媒介所享有的受到言论自由司法保护的地位。印刷媒介可以不受事先审查与领取执照的限制。电影媒介却因和戏剧的关系密切而被作为娱乐性的媒介，很快成为当时"最大众化"的娱乐工具。美国的电影法规认为："影片主要是娱乐产品，虽然它对于'正确的思想'也有所贡献。"[1] 据估算，在美国人口尚在1亿左右的1908年，这些"五分钱影院"每周吸引的观众竟高达8000万人次。[2]

---

[1] 〔美〕斯拉姆等：《报刊的四种理论》，中国人民大学新闻系译，新华出版社，1980，第100页。

[2] 孙绍谊：《从审查到分类——读解美国电影分级制度》，《世界电影》2005年第4期，第138页。

对于这种娱乐性的媒介，因为"它在社会结构中的地位和戏院的地位相仿"①，它在功能上具有消遣娱乐的特性，在演出地点上都发生在剧院里，而且最关键的是其内容很多都与戏剧有着密切的关联，所以"政府对于这两种演出形式采用同样的理论和同样的管理方法"②。

因此电影也因其与戏剧的密切关系而受到与戏剧同样的检查和许可管制。"剧院都领执照，剧本都经检查，电影只是戏剧的扩展，因而须经主管当局的许可与检查。"③

1915年，在一起电影公司因遭禁映而起诉俄亥俄州的案件中，美国最高法院宣布，电影放映"纯属商业行为"，不能被视为"新闻媒体的一部分或公共舆论之工具"。电影因此无权享受宪法第一修正案对"言论自由"的保护，而应接受州、市政府的预先审查④。

该判决之后，这种审查在美国普遍发生，典型的是通过当地电影审查委员会。

1919年美国最高法院再次对早期电影应该采取"戏剧审查"的方式进行管理表示认同和支持。据当时不完全统计，1920年前后全美各地有200多个电影审查机构或组织，其中一些是全国性的，但多数属于州、郡或市级。它们虽然与电影制作无直接关系，但却可以用自身的影响力、号召力在一定范围内封杀那些被其认定是"有伤风化道德"的影片，从而构成电影的"后审查"⑤。而行使审片职权的，最初是美国电影制片人和发行人组织。后来由"正风会"的约瑟夫·布林办公室执行。以后又演变为电影制作准则局和分级委员会，甚至由制片厂来执行。

在英国，电影审查分级制度从一开始就是在戏剧审查的基础上建立起来的。

---

① 〔美〕斯拉姆等：《报刊的四种理论》，中国人民大学新闻系译，新华出版社，1980，第74页。

② 〔美〕斯拉姆等：《报刊的四种理论》，中国人民大学新闻系译，新华出版社，1980，第39页。

③ 〔美〕斯拉姆等：《报刊的四种理论》，中国人民大学新闻系译，新华出版社，1980，第74页。

④ 石同云、章晓英：《美国电影审查与分级制度》（上），《电影艺术》2004年第3期，第119页。

⑤ 孙绍谊：《从审查到分类——读解美国电影分级制度》，《世界电影》2005年第4期，第139页。

在德国，1908年普鲁士内务部开始实施类似检查戏剧的电影审查制度。1912年在柏林和慕尼黑成立了电影审查事务所。①

2. 早期的电影媒介被排除在言论出版自由的保护范畴之外

电影媒介产生以来，因其与戏剧有太多的相似之处而一直被当做一种娱乐的媒介。以至于美国的司法界"普遍感觉电影是猥亵的、不值得尊敬的，是二三流产业，它唯一的功能是让无知的观众兴高采烈，让同样无知的商人从中获利"②。而作为娱乐性的媒介，它不可能像印刷媒介和广播媒介一样享有言论出版自由的法律保护。既然电影不能享有言论出版自由的法律保护，那么对电影内容实行严格审查就正如先前对戏剧的内容进行审查一样成了顺理成章的事。

事实上，随着技术、表达方式的改进，电影在受众中的影响力大大增强，人们也借助其来获知消息和表达思想，电影越来越成为一种公共通信媒介。除了文化娱乐功能之外，电影媒介还有强大的新闻功能和舆论功能。

第一次世界大战以来，由于电影新闻简报、教育片和纪录影片的出现以及电影对大量受教育程度低的观众产生的巨大影响，电影扩展了其提供新闻和意见的作用。这一点使它减少了与戏剧的相似之处，而增加了与报刊的相似点。并且"电影最终还是作为宣传媒体取得了令人惊异的发展"③。遗憾的是，"尽管电影对舆论产生了巨大的影响，但没有被看成是报道媒体"④。电影业本身也并未像印刷业那样竭尽全力去争取这种言论自由的权利。

在美国，根据宪法第一修正案，报纸等印成活字的新闻受到言论自由的保障，但作为以大众娱乐形式出现的电影，其言论自由的权利则没有受到法律的保护。在1915年慕切电影公司（Mutual Film Corporation）与俄亥俄州工业委员会（Industrial Commission of Ohio）之间的官司中，电影的性质被联邦法院定义为"简单而纯粹的娱乐"，是"奇观或表演秀"，而非与文学、艺术、哲学等相似的个人表达⑤。正因为如此，电影不应享有与印刷媒体同等的表达

---

① 〔日〕佐藤卓己：《现代传媒史》，诸葛蔚东译，北京大学出版社，2004，第109页。
② 北京大陆桥文化传媒主编《美国电影审查制度出炉的内幕》，见《丑闻·世界百年影像》，中国城市出版社，2005，第74页。
③ 〔日〕佐藤卓己：《现代传媒史》，诸葛蔚东译，北京大学出版社，2004，第105页。
④ 〔日〕佐藤卓己：《现代传媒史》，诸葛蔚东译，北京大学出版社，2004，第105页。
⑤ 孙绍谊：《从审查到分类——读解美国电影分级制度》，《世界电影》2005年第4期，第139页。

自由，不受宪法第一修正案关于言论自由等条款的保护。

直到1952年的"约瑟夫·博斯汀公司诉威尔逊案"，美国最高法院才在裁决中改变其原有的立场，认为"电影是传播思想的一种重要媒介"①，电影的表达属于言论自由和新闻自由范畴，因此判决它受宪法第一修正案的保护。这一判决产生的影响很大，它标志着美国联邦法院把电影媒介纳入言论、表达自由的保护范围，从而缩小了官方对电影业的审查范围，并导致地方性电影审查机构存在的法理基础逐步丧失，从而最终走向解体，为以后分级制的施行提供了客观条件和准备。

3. 电影媒介的内容监管机制以自我监管为主导

在英美国家，印刷媒介（如报纸）享有充分的言论出版自由，政府几乎没有成立任何专门的机构来对其内容进行监管。广播电视由于自身媒介的特殊性，政府虽然没有直接对其内容进行监管，但有直接被政府控制的独立规制机构，代表政府对广播电视的传播内容进行监管。

而电影作为一种媒介，其内容监管机制完全有别于印刷媒介报纸和电子媒介广播电视。尽管它也有独立的监管机构，但其监管机构不受政府控制，其领导也不由议会或国会任命，更不对政府负责。相反这种机构完全是为了逃避和应付政府对电影业的检查而成立的。因此和广播电视不同，电影的内容管制一直以独立的自我监管为主导。

在美国，1930年制定了电影业法规，1937年制定了广播业法规，1952年制定了电视业法规，这些法规都是在公众对于这些通信工具有恶感的背景下制定的。广播法规和电视法规都是受政府管理并要求按照"公众的利益、便利和需要"由经营企业所制定的②。相反，电影法规的制定，其目的非常明确，主要是为了走在政府的前面，避免政府的检查干预而进行的行业自我监管。1922年，"美国电影制片人和发行人协会"成立，负责审查好莱坞影片内容。协会主席威尔·海斯宣称其宗旨是"提高影片质量，以使官方审查没有必要"③。

我们可以从海斯办公室颁布《海斯法典》的宗旨更明确地证明这一点："法典的颁行实际上并不是限制电影生产，而恰恰是为了保护好莱坞电影业

---

① 〔美〕约翰·D.泽来兹尼：《传播法：自由、限制与现代媒介》，张金玺、赵刚译，清华大学出版社，2007，第407页。
② 〔美〕斯拉姆等：《报刊的四种理论》，中国人民大学新闻系译，新华出版社，1980，第100页。
③ 石同云、章晓英：《美国电影审查与分级制度》（上），《电影艺术》2004年第3期，第120页。

以'自扫门前雪'的方式来拒绝政府的干预。此举不仅有利于电影生产，而且是保持其良好商业运作的唯一途径。"①

1934年美国电影制片人和发行人协会成立法规局，至1938年，法规局审批通过了在美上映的98%的影片。"没有法规局对电影实行的市场审查，传统的好莱坞电影公司体系将会面目全非。"②包括后来1968年实行的电影分级制度，它也是"美国电影界针对政府和社会各利益集团所做的某种妥协，试图以业界自律的方式凸显其社会责任感"③。

20世纪40年代美国新闻自由委员会认为，电影媒介之所以能够免于政府的管理而成功地实现以行业本身为主导的自我监管，是因为它具有其他产业所没有的压力条件，这些条件是：检查委员会、态度强硬的压力集团以及一些经济权力集中的大公司。④

在英国，1912年成立的电影审查委员会实际上是电影行业建立的一个"自律"性的私营机构，它不依附于立法部门，不接受国家财政拨款，专门负责审查所有在商业影院放映的影片并通过向送审者收取审片费而维持，这就避免了政府对影业的干预。其最初宗旨在于抵御中央及地方政府干涉，统一审查标准，"增强有颁发执照权力的政府机构对它的信任，促进社会的道德福利"⑤，并保护电影工业免遭法庭官司。尽管这种审查不是什么法定权力，但发展到后来，它因取得了内政部的认可而有相当的权威性。

甚至连后来实行的电影分级制度，也是电影工业为避免政府对电影内容实行管制所采取的一种重要举措。通过分级实现受众群体的分化，达到控制电影中色情和暴力内容的目的，从而调节了电影媒介的内容表达与社会道德之间的利益冲突，保护了整个电影工业的健康发展。

另外，电影媒介的自我监管完全是基于商业利益的驱使。

---

① 孙绍谊：《从审查到分类——读解美国电影分级制度》，《世界电影》2005年第4期，第143页。
② 石同云、章晓英：《美国电影审查与分级制度》（上），《电影艺术》2004年第3期，第120页。
③ 孙绍谊：《从审查到分类——读解美国电影分级制度》，《世界电影》2005年第4期，第138页。
④〔美〕新闻自由委员会编《一个自由而负责的新闻界》，展江等译，中国人民大学出版社，2004，第45页。
⑤ 宋姗姗：《英国电影审查、分级制与其社会语境》，《上海大学学报》2007年第4期，第25页。

电影媒介发展起来以后，运营商们非常清楚地意识到电影和戏剧一样首先是经济行为，然后才是艺术行为。正因为如此，才决定了电影媒介内容监管与印刷、广播媒介的独异之处：市场竞争导致市场审查。电影媒介的内容监管是在商业利益的驱使之下，影业自身为寻求行业健康、安全发展而创建的，并以此来避免政府的直接审查。商业化的运作体制更强化了电影媒介内容审查的必要性。与此同时也大大削弱了其受言论自由保护的合理性。

英国电影导演彼得·沃特金斯认为，英国电影委员会成立的动机中最重要的一点是工业利益的驱动。通过牺牲若干影片，电影审查维护了影业的公共形象，巩固了电影市场。电影的商业运作体制"卓有成效地毁灭了这个国家出现过的大部分最具批评性的严肃的影片"①。票房是最后的裁判。所以英国电影审查的关注点自然不是影片的"质量"，而是影片在道德方面是否适合于向公众放映。在奥康纳43条审查指导原则里，有33条与道德行为有关（其中20条与性有关）：如严禁描述卖淫、婚前婚外性行为、性变态、乱伦、诱奸、裸体、性病、纵欲、粗话、流产、妓院、逼良为娼等。电影审查所关注的另一方面是维持政治现状。"没有争议"是委员会的准则，"没有危害"则是审查官最青睐的首肯之语。② 这种政治审查一直持续到第二次世界大战结束，且很少受到质疑。

美国1930年的电影业法规也是在公众对影业有恶感的背景下制定的。斯拉姆等认为，美国电影法规的制定，"就是为了走在政府管理的前面……电影法规是消极的——它只定下可以被接受的起码标准，而不是负责的标准"③。而且很有意思的是，制片者自愿地通过"制片法规"来管制其成员。这种情况与英国非常巧合的相同。

因此，电影媒介的内容监管是影业自身建立了一套自我审查制度，这种审查机制的目的不在于影片的质量把关与社会责任的担当，而是对官方审查威胁的一种消极应对，这种应对完全是出于本身商业利益驱使的一种行业

---

① 盖伊·费尔普斯：《电影审查》，维克多戈兰兹出版社，1975，第267页。转引自石同云《英国电影审查与分级制度》，《电影艺术》2004年第2期。

② 杰弗里·理查兹：《英国电影审查》，罗伯特·默菲主编《英国电影》，英国电影研究院出版社，2001，第156、161页。转引自石同云《英国电影审查与分级制度》，《电影艺术》2004年第2期。

③〔美〕斯拉姆等：《报刊的四种理论》，中国人民大学新闻系译，新华出版社，1980，第101页。

保护。

4. 电影媒介的内容监管无固定的审查标准

一方面，这体现在电影审查委员会本身没有固定的审查标准。

英国电影审查委员会在对影片的审查过程中没有制定正式的书面标准或审查规则。审查的关注点一般是道德和政治方面的影响。"没有争议"是委员会的准则，"没有危害"则是审查官最青睐的首肯之语。① 审查一般依据的是审查人员的个人知识、经验以及影片的总体格调等。尽管英国电影审查委员奥康纳主席于 1916 年定下 43 条规则，但委员会执行的是"严格死板的非成文规则"，"其非正式性为审查的灵活和开明留出了空间，使得委员会能够根据社会的变迁而适时调整尺度"②。我们从影片的分级中可以管窥其审查的非永恒性和灵活性（见表 5-1、表 5-2）。

表 5-1 英国电影分级历史沿革

时间	电影级别变更	主要内容
1912 年	两级：U；A	U：老少皆宜，A：更适合于成人
1923 年	增加 H 级	限定 16 岁以上才能观看恐怖片
1951 年	X 级取代 H 级	不再关注恐怖，而是性和暴力
1970 年	四级：U；A；AA；X	U：老少皆宜；A：5 岁和 5 岁以上儿童可以无人陪伴观看，但电影也许含有某些家长不希望 14 岁以下儿童观看的内容；AA：14 岁以下儿童免入；X：18 岁以下免入
1982 年	U；PG；15；18；R18	U：老少皆宜；PG：家长陪伴指导，影片有某些镜头也许不适合年少的儿童；15、18：15 岁及 15 岁以上，18 岁及 18 岁以上方可入内；R18：在特别许可的有执照的色情电影院或电影俱乐部的有限范围内放映，18 岁以上方可入内
1989 年	增加 12	适合 12 岁及 12 岁以上儿童观看
2002 年	12 变更为 12A	12 岁以下的儿童可以由成人陪伴指导观看
1984 年《录像法案》	U，Uc，PG，12，15，18，R18	Uc 表示老少皆宜，尤其适合于儿童；R18 表示只允许在有特许执照的性商店内向 18 岁以上的人出售。其余级别与电影分级级别类同

资料来源：个人整理。

---

① 石同云：《英国电影审查与分级制度》，《电影艺术》2004 年第 2 期，第 119 页。
② 石同云：《英国电影审查与分级制度》，《电影艺术》2004 年第 2 期，第 116 页。

表 5-2　美国电影分级历史沿革

时间	电影级别变更	主要内容
1968 年	四级：G 级；M 级；R 级；X 级	G 级：适合所有观众观看的影片；M 级：建议成熟观众即成人和成熟青少年才能观看的影片；R 级：指限制类影片，16 岁以下青少年及儿童必须有父母或成人陪伴方可观看；X 级：严禁 16 岁以下观众观看的影片
1969 年	GP 级取代 M 级；后，GP 级再次被 PG 级取代	因 M 级有争议，最后 GP 级（适合所有观众，但建议家长加以指导）取代了 M 级；后，GP 级再次被 PG 级（建议家长陪伴指导）取代
1984 年	PG 级被划分为 PG 级和 PG-13 级两级	PG-13 级内容上比 PG 级更具限制性
1990 年	六级：G 级；PG 级；PG-13 级；R 级；NC-17 级；NR（未定级）	G 级：适合所有观众观看；PG 级：建议在家长陪伴指导下观看，含有儿童不适内容；PG-13 级：介乎 PG 级和 R 级之间，一些内容可能不适合 13 岁以下儿童观看；R 级：限制级，17 岁以下观众必须有家长或成人陪伴方可观看；NC-17 级：17 岁以下观众严禁观看；NR（未定级）：指未经分级机构定级，却得以在影院上映的影片

资料来源：个人整理。

随着电影从娱乐媒介向公共通信媒介的逐步演变，英国的电影审查分级标准也在不断地随着社会的发展、政府的要求和大众的呼声而逐步作出调整。

20 世纪 60 年代审查标准在灵活地变化：正面女性全裸形象 1968 年被通过，正面男性全裸形象 1969 年出现在银幕上，1969 年还接受了吸毒题材。到 1970 年，电影审查委员会在道德方面的旧的禁止条款基本上被完全废弃了。但与此同时对暴力的关注大大加剧，尤其是性、暴力。目前，"危害性"是委员会审查操作时的中心关注点。①

另一方面，即使是英国地方政府，尽管有些专门设立了审片委员会集体审片，但就其审查标准而言，也是有些地区相对严格，有些地区则相对宽松。

在美国，原来的官方审查就没有统一的标准，马里兰州认为不可能"对每部影片实行同样的尺度"，因此电影审查没有任何正式纲领。审查机构做出的多数决定主观性较强，甚至连各州、市的审查重点也存在差异。如票房绩优的黄色影片《深喉》，在纽约的曼哈顿被定为"淫秽"，而在纽

---

① 石同云：《英国电影审查与分级制度》，《电影艺术》2004 年第 2 期，第 119 页。

约郊外的伯汉姆顿则获得公映权。①

即使是后来的分级指导纲领也同样不排除存在措辞含糊的情况,尽管它涉及的内容层面有电影的主题、语言、暴力、裸体、性和吸毒等,但具体如何分级一般从不对外公开。其目的在于给分级委员会留有余地以方便其灵活地分级。

电影的内容审查或分级没有正式的书面标准或审查规则,为什么会出现这种情况?

一方面,这与监管主体本身的不一有关。美国电影史学家们的研究认为:"电影审查的执行人员基本上没有一个完整统一的标准,其根据基本上是执行人的好恶,而其中主要是执行主管的'一言堂';另外,执行者通常是采取'宁严勿松'的态度。"②

另一方面,这也与监管的方便操作有关。英国电影审查委员会书记特里维廉(1958~1971年)指出其原因:"如果定下了条条框框,就得死板地将它们应用到所有电影的身上,不论是艺术杰作还是商业垃圾……此外,对书面规则的应用必然导致对条款单字或词组准确含义的争执。"③

最后,如果将电影媒介的内容监管机制置于整个媒介监管发展史上来看,我们可以发现:印刷媒介出现以后,它经过两三百年的斗争最终在媒介的内容上获取了表达自由,它以自由主义为思想主导,并由此诞生了印刷媒介的内容监管机制——自由市场机制。

斯拉姆等认为:最初对于公众通信工具作用问题的民主主义的解答,大部分是根据印刷物在政治上的贡献作出的。当政治作用上增加了文娱作用的时候,而且当传达给公众所用的方法不是通过印出的文字的时候,自由主义理论就有加以调整的必要。④

所以当广播媒介出现以后,它被作为一种"改善和增进知识、趣味以及举止的文化、道德和教育的力量"⑤,在监管政策上一方面几乎是毫无

---

① 石同云、章晓英:《美国电影审查与分级制度》(上),《电影艺术》2004年第3期,第120页。
② 黄文达:《世界电影史纲》,上海古籍出版社,2003,第65页。
③ 石同云:《英国电影审查与分级制度》,《电影艺术》2004年第2期,第116页。
④ 〔美〕斯拉姆等:《报刊的四种理论》,中国人民大学新闻系译,新华出版社,1980,第73页。
⑤ 杨击:《传播·文化·社会——英国大众传播理论透视》,复旦大学出版社,2006,第98页。

保留地继承了印刷媒介的言论出版自由理念，另一方面它因其本身的传播特点与印刷媒介有别而发展了另一套内容管理政策——广播媒介的独立规制。

对于既有"文娱作用"，又有"新闻、宣传和舆论作用"的电影媒介，其内容监管机制自然既有别于印刷媒介又有别于广播媒介，它最先仅仅被作为一种类似于戏剧的娱乐媒介进行管制，到后来它才因其强大的宣传、舆论功能而被认同为大众媒介并享有受法律保护的言论、表达自由。

但它终因其在传播功能上占主导地位的娱乐特点而导致对其内容监管的政策未能采取广播媒介的独立规制模式，而是从由官方管理放映场所到影业内部审查再到受众的分级控制，由官方和影业的内容审查发展到行业的完全自律，从而形成了其独特的内容监管机制——电影媒介的自主规制（见表 5-3、表 5-4）。

表 5-3 英国电影媒介相关内容监管机制沿革

电影媒介的相关政策	主要内容	对内容监管的影响
1737 年《剧院法》	加强戏剧审查	—
1843 年《戏剧法》	加强戏剧审查	—
1751 年《混乱场所法案》	娱乐场所监管	
1907 年统一对电影管理	电影制作者协会成立	对发行和上映业界进行统一管理
1909 年《电影法》	授权地方政府对放映场所审查、颁发执照许可	基于观众生命安全方面的考虑，无内容审查的相关规定
1912 年英国电影审查委员会成立	获内政部认可	它可以在颁发级别证明之前要求制片公司删剪某些内容，可以拒绝发给影片级别证明
1921 年特别许可制	伦敦规定影院不得放映任何未取得英国电影审查委员会分级证明的影片	该规定很快被大部分地方政府仿效
1923 年内政部的支持和倡议	电影审查委员会得到内政部的公开支持，后者倡议地方政府把遵从英国电影审查委员会的审查结果作为一项政策来执行	—

续表

电影媒介的相关政策	主要内容	对内容监管的影响
1952 年《电影法》	确认了 1909 年《电影法》中地方政府向影院颁发执照的权力,但在此基础上,审查的基准从"安全"改变为"控制",尤其是为儿童利益实施监控	私人群体、电影协会或俱乐部等非商业性放映活动不受发照监控,并使此前国会一直没有赋予的审查电影的权力合法化了
1982 年《电影(修正)法案》	推出新的 R18 级	将大部分都在放映色情影片的商业性电影俱乐部纳入发照监控的范畴之内
1984 年《录像法》	以法律形式来要求电影审查委员会分级、删剪或封杀以录像形式发行的电影	地方政府对录像没有参与权,录像审查的法定权力被授予了电影审查委员会主席和副主席;鉴于录像的家庭观赏特性,审查官被提醒对录像比对电影更加严格
1985 年英国电影分级委员会	改名为英国电影分级委员会体现分级比审查在委员会的工作中占更大的分量,重新开始发表年度报告	—
1994 年《刑事司法和公共秩序法案》	要求电影分级委员会"特别注意录像片处理暴力、犯罪、恐怖之行为及毒品的方式"	实施国家对录像的审查、以法律形式规定哪些内容可以接受和不可接受

资料来源:个人整理。

表 5-4 美国电影媒介相关内容监管机制沿革

电影政策	主要内容	监管举措
1909 年全美审查委员会	基于自愿原则	电影行业的自律
1915 年全国电影审查委员会成立	—	—
1922 年美国电影制片人和发行人协会成立	—	—
1922 年《海斯法典》(HAYS CODE,1922)	世界上第一部规范电影业的可以称之为法规的电影法	—
1930 年《电影制作法典》	对性、粗俗行为、淫秽言行、亵渎语言、服装、舞蹈、宗教、场所、民族情感、令人反感的场景都有所规定	海斯办公室执行电影审查、决定某部电影批准与否的内部依据 1966 年前后才名存实亡,1968 年被新引入的电影分级制度正式取代

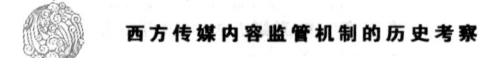

续表

电影政策	主要内容	监管举措
1934年《布林法典》	天主教正派操守协会成立,负责检视好莱坞影片的道德内容,给胆敢"僭越"天主教道德规范的影片贴上"谴责"(Condemned)的标签	"正风会"开始实行影片分级,把影片分成A、B、C三级
1934年美国电影制片人和发行人协会成立法规局	—	对应该禁止或有不妥当内容的影片提出异议,给审查通过的影片盖印章
1945年美国电影制片人和发行人协会更名为美国电影协会	—	—
1968年《电影法》	—	电影分级为:G级:适于一般观众的影片;M级:适于成年观众的影片;R级:限制16周岁或更大一点的观众观看,除非这些观众由父母或监护人陪伴;X级:禁止16岁以下观众观看的影片
1996年《电信法》	第551条鼓励视频节目工业建立一套自愿的分级制度,以区分性、暴力、淫秽或其他应当由父母决定是否由青少年观看的节目	它要求联邦通信委员会发布命令,要求电子制造业在1998年2月以后所生产的电视,都应当附加所谓的V芯片

资料来源：个人整理。

有学者如此总结这种监管机制："在西方大众传媒中，相对而言，电影属于比较特殊的传媒类型，社会大众的价值观念和文化习俗对其生产与流通影响尤为严重；从法律上讲，由于电影从被仅仅视为娱乐范畴逐步过渡到被纳入表达自由范畴，因此西方主要国家的电影业在20世纪或快或慢地获得了宪法保障，其放映制度随之发生巨变，电影审查制度逐级演变成电影分级制度。"[①]

[①] 金冠军、郑涵：《当代传媒制度变迁》，上海三联书店，2008，第87页。

第六章
网络媒介的内容监管机制

互联网作为一种新兴的媒介,它具有跨国界、即时传播、人人利用、无限扩展等特性。它在传播内容和传播影响方面比传统媒体更加无所不及,因此在其诞生后不久各国出于政治安全、文化安全等原因大多对它实施了内容管理。

这种内容管理比前面的印刷媒介、电子媒介的内容管理要复杂。因为它的监管对象至少涵括了"网络传播的新闻信息(指有关政治、经济、军事、外交等社会公共事务的报道、评论以及有关社会突发事件的报道和评论)、互联网文化产品(指在网络上传播的音像产品、游戏、文艺节目制品、动画漫画等)、网络传播视听节目(以数字化方式传播的广播电视节目)等"[1]。

美国学者苏思曼(Sussman)曾综合各国实践将互联网的内容管理分为四大类:一是制定详细的互联网执照颁发规定和管理规定;二是将现有的管理印刷媒体和电子媒体的法律延伸到网络;三是通过控制服务器过滤网络内容;四是对其认为是不可接受的信息进行事后审查并追究责任[2];等等。

事实上,目前西方国家对互联网的内容监管大致可分为三种类型:一种是以新加坡和德国为代表的政府主导型,即政府采用专门的立法来规范网络内容,由政府直接对网络内容进行监管;另一种是以英国为代表的政府指导下的行业自律型,即政府并不直接对网络内容进行监管,而是通过具有半官方色彩的行业自律组织来对网络内容进行间接的管制,政府只提

---

[1] 陈绚:《数字化媒体传播内容管理限制式微》,《国际新闻界》2007年第11期,第25页。
[2] 郝振省:《中外互联网及手机出版法律制度研究》,中国书籍出版社,2008,第35页。原文见 Sussman, L. R., Censor Dot *Gov*: *The Intenretand Press Freedom*, http://www.freedomhouse.org/pfs2000/sussman.html。

供立法和执法方面的协助、指导和保障；还有一种是以美国为代表的行业主导型，即政府对网络内容的管理多由非官方性质的行业协会自发进行，并非用专门的立法手段来干预和解决网络内容问题。[①]

无论是政府主导还是行业主导或者是行业自律，如果我们排除以上这些国别差异而单纯从互联网媒介的视角来进行考察的话，就会发现西方国家对互联网传输的内容大致也有一套基本的管理机制。

此前，钱伟刚（2004）、刘兵（2007）、姜群（2006）、王静静（2006）及其他学者都分别对欧美国家的互联网管制（兼及内容监管）有过针对性较强的专门研究。下面我们以他们的研究成果为基础[②]，从对其的监管手段、监管特点及相关启示三个方面简要概述和归纳欧美国家的网络内容监管机制。

一 西方网络媒介的内容监管手段

国家应该对网络内容加以规范和管理，这已成为世界上绝大多数政府和民众的共识。"如果说，在过去十年间，报刊、广播、电视等传统媒体从严格管制走向减少、放松和解除管制的状态的话，那么网络媒体的法律和规范环境的发展则恰好经历了一个相反的过程，正在从无管制的放任状态日益走向加强管理的有序状态。"[③] 这种有序状态是如何逐步形成的？

目前西方国家互联网内容监管手段可谓丰富多样，既有立法监管也有行政监管，还有官方大力倡导的行业自律等。法律监管可以对互联网上的内容传播行为做出明确的规范；行政监管包括内容过滤与分级、内容审查与监控、税收调控等，这些政策、手段已经显示出一定的成效。另外，行业自律也是互联网内容监管的一个必要补充。下面分别介绍。

1. 以传统法规为基础进行法律监管

在对互联网的内容实行立法监管的过程中，各国基本上都依靠现有的传统法规，也有根据传统法规的相关条款，结合互联网内容管制的实际情况，经过引申发展确立新的相关法案的。"迄今为止，各国以规范网络内容为

---

① 郝振省：《中外互联网及手机出版法律制度研究》，中国书籍出版社，2008，第34页。
② 下文中所使用的材料多出自钱伟刚、刘兵、姜群、王静静（见参考文献）及其他学者的学位论文及论著。因限于篇幅及时间仓促，未能对所用材料的出处一一作注。这里大多只注明了材料的原始出处，而未能特别注明转引自他们的某篇论文，有掠人之美，特致歉意。并对他们的前期研究为本文所做的贡献深致谢意。
③ 郝振省：《中外互联网及手机出版法律制度研究》，中国书籍出版社，2008，第34页。

第六章 网络媒介的内容监管机制

主旨的专门立法并不多见,但就整体的网络管理已经产生了一些立法性文件。"[1] 有统计表明,世界上有33%的国家正在制定有关互联网的法规,而70%的国家只是对原有的法规进行修改以适应互联网媒介的发展。[2] 德国、英国、美国在这方面具有一定的代表性。各国互联网立法情况见表6-1。

表6-1 各国互联网立法情况

	美国	英国	德国	加拿大	澳大利亚	新加坡
沿用传统法规	沿用传统法,形成新的网络专门法	沿用《刑法》、《黄色出版法》及《公共秩序法》	沿用《刑法》、《行政法》、《传播危害青少年出版物法》、《著作权法》	沿用《刑法》《人权法案》	沿用《诽谤法》、《煽动法》、《维护宗教融合法案》	—
网络专门法规	《传播净化法》、《儿童在线保护法》、《互联网免税法》、《儿童在线隐私保护法》、《儿童互联网保护法》	—	《多媒体法》	《菲勒修正案》	《互联网审查法》	《网络管理办法》、《互联网行为规范》、《网络内容指导原则》

资料来源:个人整理。

德国最早对互联网进行了立法规范。其联邦议会于1997年通过了《多媒体法》,用来制止通过网络传播违法内容,如暴力、色情、恶意言论以及谣言和反犹太主义的言论,并严格规范了有关纳粹的言论、思想及图片等相关信息。但该法是由三个新的联邦法律和《刑法》、《行政法》、《传播危害青少年出版物法》和《著作权法》等现有法律适用于新媒体的附属条款所组成。它一方面继承了原有的法规,另一方面又对原有的法规作出了部分修改和调整,典型的如德国《刑法典》中对那些发布含有违禁内容"出版物"的人施以处罚,如指煽动民族仇恨、描写暴力或某些色情的内容,但这些刑法条文不适用于"实时"传输的信息(即未进行某种形式固化的信息),因此《多媒体法》扩大了《刑法》中"出版物"的概念,"出版

---

[1] 梁宁:《信息内容:网络安全法制的非常地带——国际社会互联网管理的特征及面临的问题》,《信息网络安全》2003年第3期,第18页。
[2] 王雪飞等:《国外互联网管理经验分析》,《现代电信科技》2007年第5期,第29页。

物"不只包括电子的、视觉的介质,还包括存储在计算机内存或网络中但未"打印出"的电子数据等。

在英国,政府并未对互联网的内容监管作出相关的法律规定,一般将网络内容视为出版物的一种。传统法规中的刑法、猥亵物出版法及公共秩序法(如《黄色出版物法》、《保护儿童法案》、《录像制品法》、《禁止泛用电脑法》和《公共秩序法》等)同样适用于互联网。如对网上影视的管理,主要依照英国 1990 年的《广播法》(Broadcasting Act)。

在美国,尽管制定了一些网络政策法规,但它们也是在传统法规的基础上发展而来的。如在个人隐私的保护方面,1966 年颁布的《信息自由法》明确表明保护政府档案中的个人数据,后来在此基础上发展为 1995 年的针对网络环境下保护个人数据资料的《个人隐私与国家信息基础结构》以及 1998 年的保护儿童群体的《儿童在线隐私保护法案》、1999 年颁布的《互联网保护个人隐私的政策》。从最初对个人数据资料的立法保护,后来逐步延及到对网络中个人隐私的立法保护。

在新加坡,传统的《诽谤法》、《煽动法》、《维护宗教融合法案》等相关内容也适用于互联网的内容管理,任何危害国家安全或煽动、诽谤性的内容都禁止在互联网上交流。

在欧盟的成员国内,专门对互联网内容进行管制的立法并不多见,通信立法、保护未成年人法律、刑事法律中的一些一般性规定也同样适用于互联网的内容监管。

在加拿大,沿用《刑法》、《人权法案》等法律来处罚互联网非法内容。负责管制网络媒体的机构——加拿大广播电视和电信委员会(CTRC)于 1999 年发表过《新媒体报告》,指出管制网络媒体主要依据现有的法律和行业自律。

由上可知,对于互联网的治理和监管,很多西方国家都沿用了传统法律,即使是新的网络法规也是在此基础上的一种沿袭与改进。

由于网络媒介与思想传播、言论出版自由等有着密切的关系,同时它具有商业潜能,很多国家普遍将其视为未来新经济的支柱而不希望限制、阻碍其发展,加之立法过程与互联网络本身的快速发展难以协调,这就决定了这些国家的网络立法迟迟未能出台。① 这恐怕也是这些国家沿用传统法规的主要原因。

---

① 梁宁:《信息内容:网络安全法制的非常地带——国际社会互联网管理的特征及面临的问题》,《信息网络安全》2003 年第 3 期,第 18 页。

当然，对传统政策法规体系的继承和发展，也有利于保持网络政策法规的连续性和渐进性，从而形成较为成熟的网络内容监管体系，以保证网络媒介拥有良好的监管环境。

2. 责令采取内容分级和信息过滤

除了法律法规手段之外，西方国家一般还责令网络服务供应商采用技术手段对内容进行控制，如内容分级和信息过滤等。目前最常用的方法是通过互联网内容评级协会（Internet Content Rating Association，ICRA）[①]的过滤软件对互联网上的内容进行分级管理。

美国麻省理工学院最先以"使用的控制，而非检查"为理念推出PICS网络分级制度。它后来发展成为技术成熟的RSACi分级系统，对那些不符合法律、道德规范的有害信息内容直接屏蔽。

在此基础上，各国都先后成立了专门的机构对网络内容进行评估，按等级划分，以判定哪些内容可以在网络上传播，并帮助父母过滤掉对儿童不利的内容。如1999年澳大利亚广播局颁布《关于成年身份验证系统的决定》，规定含有R级内容（18岁以下青少年必须有家长陪同方可观看）的网站必须核实其用户确为18岁以上的成年人。

另外，政府在无法对无数用户进行有效控制的情况下，还可以通过责令ISP（互联网服务供应商）开发有效的过滤软件并使用它来过滤通过自己服务器上的内容，实现对内容的控制。过滤的通常做法是制定一个封堵用户访问的"互联网网址清单"。如果某网站被列入该"清单"，访问就会被禁止。如"网络保姆"，它通过提供"文字通信监控"，对有关信息进行防堵。从技术角度讲，过滤一般使用基于路由器的IP封堵、代理服务器以及DNS重新指向等技术。1999年澳大利亚互联网协会公布《网上业务规范草案》，要求网络服务提供商向用户提供必要的网络内容过滤软件。

德国1997年通过《信息与通信服务法》，提出ISP（互联网服务供应商）应当对自己提供的网上信息、内容全部负责；对来自他人的内容如果知道是违法的，应该及时采取措施将其删除或让用户无法读取；而对于仅仅提供了通道的网上信息不负责任[②]，如同自来水管道公司不承担因自来水质量而产生的责任。因为此种情况下对内容负责的应该是内容发布者而不是互联网服务

---

① 参见 http://www.fosi.org/cms/。
② 参见 http://www.iid.de/ramen/iukdgebt.html#al。

提供商。

英国于 2000 年由网络观察基金会（IWF）确立了网络内容的分类标准。它采用"网络内容选择平台"PICS 系统对网上内容进行分类。其分类指标体系为：裸露、性、辱骂性语言、暴力、个人隐私、网络诈骗、种族主义言论、潜在有害言论或行为以及成人主题（adult themes）。[①] 它将有关这些指标的电子标签植入网页中，作出标记。用户可以根据自己的意愿选择需要浏览的信息。

近年来国外互联网内容分级及过滤政策的实施情况如表 6-2 所示。

表 6-2　国外互联网内容分级与过滤情况

国家/地区	网络内容过滤与分级措施
美国	对中小学和图书馆的电脑实行联网管理，监控学生在网上接触到的不良信息，并安装色情过滤系统，对影响儿童身心发育的网站进行屏蔽
法国	2006 年法国法律增设"互联网服务供应商必须向用户介绍并推荐使用内容过滤软件"的条款
日本	利用网络过滤系统防堵有关犯罪、色情与暴力的网站；研发"聪明晶片"，以防堵青少年与儿童接触不适宜内容
欧盟	安装过滤软件，并采取技术手段处理有害内容，确保用户对信息的选择接受权利
新加坡	公布一些网站名字和需要过滤的关键词，强行要求互联网服务供应商进行封堵
韩国	推行实名制，身份证号码网上认证系统，以纠正网络不良行为，加强对未成年人的保护

资料来源：个人整理。

有学者认为，通过互联网服务供应商对内容进行分级、过滤，很容易导致民众失去寻求信息的权利，并且还无法对此作出抗争，因为大多数人都会不知道自己的表达自由是否受到了侵害。因此我们更应当对通过互联网服务供应商进行内容控制的模式保持警惕。[②]

3. 辅以强制性的网络内容审查和监控

针对网络上传播的一些不良信息和有害信息，一些国家、地区除了要求行业自律和实施技术过滤之外，有时还辅以强硬性的网络内容审查。

韩国是第一个专门为网络审查进行立法的国家。1995 年出台的《电子

[①] 苏丹：《提倡自律，重在协调——英国的网络内容管理》，《中国记者》2004 年第 12 期，第 68~69 页。
[②] 王四新：《网络空间的表达自由》，社会科学文献出版社，2007，第 244 页。

传播商务法》规定韩国信息传播伦理部门可以对有害的网络内容进行审查。韩国信息部还可以根据需要，命令信息提供者删除或限制某些网络内容。

新加坡也是主张国家强制介入互联网内容监管的国家之一。其《互联网行为准则》明确规定："禁止那些与公众利益、公共道德、公共秩序、公共安全和国家团结相违背的内容。"同时传统的《诽谤法》、《煽动法》、《维护宗教融合法案》等中的相关内容也适用于对互联网的管理，有关内容提供商被强制要求用代理服务器对某些网络信息进行过滤。新加坡的信息通信发展局（IDA）专门负责监控各种有关色情的、政治的、宗教的、种族的网络有害信息等。

在澳大利亚，2000年政府开始实行《互联网审查法》，确立了互联网内容分级体系（其依据是1995年《出版物、电影及电脑游戏分级法》），将网络内容分为允许内容、禁止内容以及潜在禁止内容等，规定网站不得提供X级（暴力、性暴露等内容）和RC级（拒绝分级的内容）的内容，对于R级（包含有害或困扰青少年的内容，未满18岁青少年必须由家长陪同方可观看）内容必须设立进入限制系统（成年身份的验证系统）。同时互联网内容的监管部门澳大利亚广播局，可以根据用户的举报对登载禁止内容的国内网络业者发出撤除警示，要求其将禁止内容立刻撤除。甚至还可以由广播局直接对相关网络进行查处。[①]

在美国，尽管宪法第一修正案不允许政府干涉个人的言论自由和新闻自由，但实际上这也是有限制的。"9·11"事件后美国政府颁布了《爱国法》和《国土安全法》。《爱国法》授权国家和相关的执法机构可以大范围地截取嫌疑人的电话通话内容或互联网通信内容，还可秘密要求网络和电信服务商提供客户的详细资料，不需要证明某电话和计算机正在被嫌疑犯或行动目标使用。《国土安全法》增加了有关监控互联网的条款。

即使是一直倡导自律为主的欧盟，也在一定程度上允许对互联网网站内容进行监控，只不过这种监控限于被授权的警察和民间组织。警察的监控主要是为了防止严重犯罪，民间组织的监控主要是为了进行举报。被监控的对象一般主要是网络上非法的和有害的内容，如与儿童相关的色情内容等。

可见对待网络上的不良信息和违法信息，西方国家的态度和做法基本

---

① 参见 http://www.eaf.org.au/Issues/Censoreenshistoyr.html。

上是一致的。它们大多采取强硬手段实施事前监管,对网络内容直接进行审查和监控。

4. 建立社会投诉举报机制

在很多国家和地区,还建立了网络内容投诉举报机制。

在英国,1996年就已经设立了投诉举报机制。由网络观察基金会(IWF)专门负责接待公众的举报或投诉。互联网用户可以通过电子邮件、电话和传真的方式向网络观察基金会热线举报他们认为不合法的网络内容。网络观察基金会接到投诉后,会评估该内容是否违法,并将有问题的网络内容及网站移交给相应的执法机构来处理。同时,对于已认定为"非法信息"的内容,网络观察基金会会通知互联网服务供应商将该内容从服务器上删除甚至还有权起诉互联网服务供应商。法国同样建立了与英国网络观察基金会相类似的机构——互联网理事会来对互联网内容进行管理。

在欧盟,设立市民热线打击网络非法内容。公众通过热线向司法机关举报非法内容,然后由热线网络将相关信息报告各主管部门。市民热线还通过构建专家中心,就何为非法内容等问题向互联网服务供应商提供指导。并建立了相应的指标数据库,以实现网络热线资源数据的共享。同时欧盟还要求各国都应把热线的建设融入到国家战略计划中,对其提供资金支持,并区分热线与公共部门的职能。

在澳大利亚,2000年政府通过了《互联网审查法》,规定设立网络警示机构(NetAlert),并由网络警示机构开通互联网安全帮助热线(1800880176)和网站(www.netalert.net.au),为用户安全使用互联网提供免费咨询,并接受对网上冒犯性内容的举报。①

这些投诉举报机制的建立,有利于发挥社会监督的力量。和官方机构利用职权开展互联网内容的查处相比,投诉举报机制对互联网的内容监管具有更强的针对性,其效果也相对来说会要明显得多。

5. 倡导行业的自我协调与监管

和其他媒介的内容监管不同,对于互联网当前很多国家贯彻的是"少干预、重自律"的监管思路。多建立行业协会,以行业监管为主,国家强制性管制为辅,国家与行业相互协同监管。国家主要制定指导性的内容监

---

① 参见 http://www.netalert.net.au/00903 — About — NetAlert.asp。

管机制与法规,具体的操作规范和监管执行则多由互联网行业协会来进行。

如英国在贸工部、内政部和英国城市警察署的联合支持下,英国的网络服务商成立了行业自律组织——网络观察基金会(IWF)并发表《安全网络:分级、检举、责任》,以解决色情、暴力、种族歧视尤其是色情问题对未成年人的损害。[①]

在美国,在对互联网的内容监管上,主管机构联邦通信委员会的权限主要集中在内容传播政策的指导,而内容的直接监管则一般由行业协会和民间组织来执行。

在欧盟,认为互联网的监管应遵循最低限度的立法原则,要辅之以行业自律,政策法规要与行业自律相配套。

互联网行业协会的自我协调和监管,一方面,有利于为本行业向国家争取尽可能多的权益,保证其权益不受侵害;另一方面,它作为国家和行业的沟通平台,可以推动行业实施自律,它甚至可以代表整个行业向违规者施加压力或采取严厉措施迫使其纠正传播不良内容的行为,以确保网络内容符合国家法律规定和道德要求。

与国家的直接监管相比,行业监管带有协同监管的性质。因为它具有较强的可操作性,而且有利于减少国家对网络内容的干预,减少内容管理成本,所以这种协调监管更经济更实用。

此外,美国还利用经济手段对互联网的内容施行间接的监控。美国在1998年出台《网络免税法》,对自律较好的网络商给予两年免征新税的待遇。它规定如果商业性色情网站提供给17岁以下未成年人浏览裸体、实际或虚拟的性行为,以及提供缺乏严肃文学、艺术、政治、科学价值等成人导向的图像和文字,则不得享受网络免税的优惠,期以通过税收优惠的经济驱动来促使商业色情网站采取措施来对未成年人进行限制。

有学者对目前国际上涉及网络内容管理的规范和措施进行了概括,认为它有如下三个显著特征:内容管理的方式多样化;少干预,重自律;依靠分级和过滤技术,建立网络分级制度。[②] 这种精辟的概括也不失为我们对上述内容的一个总结。

---

① 参见 http://www.iwf.org。
② 梁宁:《信息内容:网络安全法制的非常地带——国际社会互联网管理的特征及面临的问题》,《信息网络安全》2003年第3期,第18~20页。

二　西方网络媒介内容监管机制的特点

考察以上的网络媒介内容监管手段我们可以发现，它们在媒介内容管理的归属上大多沿袭了传统媒介的内容管理惯例，"以传统媒介管理模式为基础，然后结合具体的网络特点来进行网络内容的管理"①。正因为如此，以致有学者认为："其管理模式与其针对传统媒介信息传播的内容管理模式实际上并无二致，即针对不同的内容分别采取保护、规范、限制和禁止等不同的措施。"② 但事实上网络媒介的内容监管机制还是有着它不同于其他媒介的本质特征。

1. 多以非直接干预政策为主

西方国家意识到互联网与其他的媒介存在着多方面的区别，因此在建构相关的内容监管机制时，往往采取与印刷媒介、电子媒介完全不同的监管理念，多主张非直接干预，实行柔性控制政策，即"针对网络所传播的内容政府往往只采取最低限度的干预，更主要的还是依靠民间行业、企业甚至网络用户个人的自律来实现"③。各国大都重视采用各种技术手段来规范网络内容并强化行业自律，注重发挥行业组织的积极作用。其中日本和美国正式以明确的法律法规形式规定了对互联网的"不干预"政策。

1996年日本邮政省电器通信局作为互联网的主管部门发布《关于互联网上信息的流通》报告书，指出互联网的管理以自我约束为主，"不宜用法律作出新的规定"。遵照这一原则，日本互联网的内容管理基本采取行业自我监管、自我约束的方针。

1997年美国通过《数码旋风：网络与电讯传播政策》（*Digital Tornado*：*The Internet and Telecommunication Policy*），认为政府应尽量避免不必要的管制，管理传统媒体的规范不应当简单地适用于网络管理，宣布对互联网采取"不干预"政策，认为不必要的限制会妨碍互联网的发展，倡导以科技的方式对网络内容作劝导与管理。美国联邦通信委员会是这样阐述的：

> 政府需要秩序和稳定，互联网却处于一种混乱无序的状态，这给政府

---

① 钟瑛：《网络内容管理的差异性与多元化》，《新闻大学》2003年（秋），第49页。
② 梁宁：《信息内容：网络安全法制的非常地带——国际社会互联网管理的特征及面临的问题》，《信息网络安全》2003年第3期，第18页。
③ 梁宁：《信息内容：网络安全法制的非常地带——国际社会互联网管理的特征及面临的问题》，《信息网络安全》2003年第3期，第19页。

管理带来了很大的麻烦。但这并不是互联网的弱点,相反,正是它的长处和力量之源。权力分散导致弹性,弹性带来活力。在互联网领域,即使没有庞大的官僚机构和铁腕管理,秩序也会从混乱中逐渐演化出来。①

其他国家虽然没有这样明确的法律规定,但出于产业发展因素的考虑也大多主张互联网行业自律,尽可能避免对其进行直接的干预。如欧盟于2004年建立"安全互联网论坛",对希望建立自律机构的国家给予相关的建议和支持等。

2. 重视对未成年人的保护

西方国家大多从保护未成年人利益角度出发,对互联网内容实行分级分类管理,并通过提倡自律、设立热线、技术过滤和对父母进行教育等多种方式来尽可能地避免未成年人受到来自互联网的侵害。

如在法国,由教育部向教育系统推荐使用含有内容过滤功能的服务器,免费提供内容过滤软件,并设有专门机构监控校园网日常浏览的网站。法国教育部还要求下属各机构自觉连接政府设立的两个"非法网站黑名单":一是色情网站黑名单;二是种族主义、仇外主义与反犹太主义网站黑名单。通过技术手段,教育部将列入这两个黑名单中的所有网站从校园网上屏蔽掉,保证学生不受其毒害。② 同时在法律上对《未成年人保护法》中有关制作、贩卖、传播淫秽物品的定罪量刑做了部分修改,从严从重处罚利用网络手段腐蚀青少年的犯罪行为。根据修订后的法律,向未成年人展示淫秽物品者可判5年监禁和7.5万欧元罚款,如果上述行为发生在网上、面对的是身份不确定的未成年人,量刑加重至7年监禁和10万欧元罚款。而以上述两种方式录制、传播未成年人色情图像者,分别可判3年监禁和4.5万欧元罚款、5年监禁和7.5万欧元罚款;如果是长期以盈利为目的进行此类违法活动,量刑加重至10年监禁和75万欧元罚款③。

另外,各国还普遍重视保护未成年人的网络立法。为此,几乎所有的国家都为未成年人制定了专门的在线法律或采用保护未成年人的普遍性法律来对网络内容进行管制。表6-3是一些主要国家和地区在这方面的立法情况。

---

① Kevin Werbach Digital Tornado Washionton D. C. Federal Communications Commission,转引自张玉国《文化产业与政策导论》,高等教育出版社,2007,第63页。
② 刘芳:《法国:多管齐下让青少年远离网上"黄毒"》,新华网,2004年8月1日。
③ 刘芳:《法国:多管齐下让青少年远离网上"黄毒"》,新华网,2004年8月1日。

表 6-3　主要国家和地区保护未成年人立法情况①

国家/地区	法律名称
美国	《儿童在线隐私保护法案》、《未成年人互联网保护法》
欧盟	《保护未成年人和人权尊严建议》(1998)、《儿童色情框架决定》(2004)
英国	《青少年保护法》
法国	《未成年人保护法》
德国	《传播危害青少年文字法》
韩国	《青少年保护法》

这些国家和地区中，美国最为典型。它在互联网发展的各个阶段先后出台了一系列保护未成年人的互联网法律（见表 6-4），这些法律中都有具体的条款强调对未成年人的保护。

表 6-4　近年来美国对未成年人实施保护的网络内容监管立法情况

时间	出台的法规	对未成年人保护的相关规定
1996 年	《电信法》	网络信息提供者要确保色情信息不被儿童所接触，违者判处 25 万～50 万美元的罚金和 2 年以内的监禁
1996 年	《通信内容端正法》	在未满 18 岁的未成年人接触的网络交互服务和电子装置上，制作、教唆、传播或容许传播任何具有猥亵、低俗内容的言论、询问、建议、计划、影像等，均被视为犯罪，违者将被处以 2.5 万美元以下的罚金，2 年以下有期徒刑，或二者并罚
1998 年	《儿童在线保护法》	商业性的成人网站不得让 17 岁以下的未成年人浏览"缺乏严肃文学、艺术、政治、科学价值的裸体与性行为影像及文字"等有害内容 成人网站经营者必须通过信用卡付款及成人账号密码等方式对未满 18 岁的青少年进行必要的限制，以防止其浏览成人网站，违反者将被处以 5 万美元以下的罚金，6 个月以下有期徒刑，或二者并罚。如果故意违反该法规定，网站经营者在被判处有期徒刑的同时，还要接受重金处罚
1999 年	《儿童网络隐私规则》	规定与儿童有关的商业网站经营者或有意向儿童搜集个人资料的网站经营者必须遵守六条基本要求，以确保被搜集的儿童个人资料的安全性与完整性。同时也保护儿童在线参与网络活动时个人资料的安全
2000 年	《儿童互联网保护法》	规定中小学校、公共图书馆等必须在其网络服务程序的目录上提供过滤器，确保未成年人接触不到有色情内容的成人网站。政府对学校、公共图书馆建立网络过滤技术系统提供资金支持，网络技术服务商在给学校和图书馆提供过滤技术服务时要给予优惠

资料来源：Chih Wang, "Internet Censorship in the United States: Stumbling Blocks to the Information Age", *IFLA Journal*, 29 (3), 2003.

3. 实施最低限度的监管

互联网的内容监管机制与其他媒介不同。很多国家因考虑到互联网是

---

① 王雪飞等：《国外互联网管理经验分析》，《现代电信科技》2007 年第 5 期，第 29 页。

一个高速发展的新兴产业,有着很强的技术因素和巨大的商业潜能,制定监管政策的过程中不希望会制约产业的发展,因而都倾向于实行最低限度的监管,即保护言论自由的原则;限止不良、非法信息传播的原则;鼓励行业自律的原则。

比较普遍的做法是将网络的非法、不良内容以法律法规的形式作出明确的规定,以此作为对网络内容的专门治理,解决网络的产业发展瓶颈问题。如英国将互联网上的不良信息分为非法内容和有害内容两大类。澳大利亚将不良信息分为令人生厌的内容和不适合未成年人的内容。

在欧盟,将网络内容区分为非法内容和有害内容。对非法内容一般通过立法、行业自律等方式进行惩处。而对有害信息则通过过滤技术和计费机制加以规避,以最大限度保护未成年人。欧盟于2005年推出了互联网持续安全行动计划(Safer Internet Plus,2005~2008),其中一项重要措施便是治理违法和有害的互联网内容,以促进互联网的安全和在线新技术的发展。

有些国家则专门成立管制互联网内容的工作小组;国际上在信息社会世界高峰会议(WSIS)后,由联合国秘书长牵头成立了互联网治理工作组(WGIG);在爱尔兰,政府则设立了一个专门研究处理互联网非法和有害内容的工作组。[①]

在美国,政府积极推动互联网产业的发展,在行业进入、数据保护、消费者保护、版权保护、反网络欺诈等方面制定了诸多的法律法规。而对于互联网上传播的内容并没有进行严格限制,基本上采取一种自由的、非管制的态度,以倡导行业自律为主。但对于互联网上的不良节目内容则专门做出了法律规定,严加禁止。

4. 重视对个人数据的保护

网络作为大众化的传播媒介,由于其传播主体的广泛性和不确定性以及传播过程中缺乏把关人的严密控制,还有其信息的易复制性,因此它比印刷媒体、电子媒体更容易将个人信息泄露,尤其是最容易出现个人隐私在网络上被严重公开化的情况。如商业公司、网络服务商、网络设备制造商、网民、网络管理部门等,都有可能发生对个人数据的侵权行为。

但由于网络是一种新兴的媒介,其技术性很强,沿用传统的隐私保护

---

① 刘兵:《关于中国互联网内容管制理论研究》,北京邮电大学博士学位论文,2007,第47页。

法有一定的难度，因为对网络而言它显得较为笼统，显然缺乏明确具体的规定，根本难以进行实际操作。为此各国在制定互联网的内容监管机制时都特别强调以立法的方式对个人数据尤其是个人隐私实施保护。

2002年欧盟发布《个人数据保护指令》，确立了数据保密和隐私保护的基本原则，如公平、合法、目的、精确等。强调各成员国必须立法保证通信的保密性。指出在没有得到有关用户同意的情况下，严禁收听、窃听、存储、截接或监听通信和相关话务量数据；只有在侦查犯罪或国家安全受到威胁的情况下，才可以"必要、适当、适度"地公开相关信息。

美国国会提出的《消费者隐私保护法案》规定，除非网络服务公司取得网民的书面同意，否则不得将网民身份资料透露给第三者。1998年颁布《儿童在线隐私保护法案》，对儿童的隐私给予特别保护，规定企业在采集个人资料时，如果对象是12岁以下儿童须获得家长的同意等。

5. 比较重视网络媒介的素养教育

西方国家还特别注意和加强对家长的网络媒介素养教育，以保护未成年人。

在美国，联邦调查局、教育部等有关部门发布指导手册，就孩子的网上安全问题对家长进行指导。如提供相关网址，开设网上专页和电话专线，发布有关网上儿童色情活动的最新信息，让家长提高警觉。美国联邦甚至还专门开办了一个域名为"kids.us"的不含任何非法内容的网站，以供未成年人在网上学习和娱乐。

在英国，2001年内政部设立了儿童网络保护特别工作组，展开宣传，向家长介绍网络的功能、潜在危险及其对儿童可能造成的危害，提供屏蔽危险信息和网站的途径，帮助家长教育孩子不要沉溺网络。英国教育和技能培训部也设立了专门网站，向家长提供最新的网络安全信息。国家公布了24小时的儿童热线，家长和孩子可以随时就网络问题寻求帮助。

在法国，为了帮助家长保护子女远离网络不良内容，"互联网与未成年人"网站上专门开设了家长辅导专栏。该栏目规定在"互联网服务供应商必须向用户介绍并推荐使用内容过滤软件"的同时，还应该向家长提出多种建议，并详细介绍法国市场上常见的内容过滤软件等。针对一些未成年人有意无意地在网上散布诽谤、煽动仇恨、种族主义等不负责任的言论的情况，法国司法部、教育部在多种宣传材料中提醒家长，未成年人犯法，其监护人要承担民事甚至刑事责任。

在澳大利亚,由网络警示机构"NetAlert"向终端用户和公众开展安全使用互联网的教育。

三 西方网络媒介内容监管机制的启示

互联网的内容监管是各国政府共同面临的问题,通过对上述国家互联网内容监管机制的描述和分析,我们可以发现它们的政策和做法可以为我们提供如下启示。

1. 网络和内容分别管理

早在广播媒介时期,就有基础设施和内容分开管理的实践。"很长一段时间以来,美国的政策制定者试图把内容和网络分开。《1934 年联邦通信法》禁止基础设施公司在内容上有财政利益,限制它们只能是普通的提供商,它们被要求必须在对所有新来者同等对待的基础上出售它们的服务。"[①]

为了对互联网上的非法内容实行源头上的控制,西方国家也同样采取了网络和内容分开管理的办法,对互联网服务供应商(ISP)和互联网内容提供商(ICP)所承担的责任进行严格的划分,以通过加强对信息源及传输通道的控制来管制互联网内容。

在新加坡,实行分类许可和注册登记制度、审查制度等,规定互联网运营公司(如服务供应商、网吧、政治宗教信息网站等)都必须在运作之日起的 14 天内向新加坡广播局(SBA)注册登记等。在德国,《信息与通信服务法》规定:以提供节目或广告内容为主的互联网内容提供商必须对其服务内容的合法性负责;而提供网络传输管道的互联网服务供应商,尽管供第三者传送其内容之用,但如故意传输其在技术上能够制止的非法内容,也要承担一定的责任。1998 年慕尼黑地方法院判决的菲利克斯·索姆(Felix Somm)案标志着德国首次认定网络服务供应商对通过其服务进入的网络内容负有责任。[②] 法国 1996 年 6 月通过了《菲勒修正案》,它规定若网络信道提供者违反技术规定,为进入已存异议的内容提供信道,或在知情的情况下为被控告的内容进入网络提供信道,则要追究其刑事责任。

---

① 〔美〕约瑟夫·斯特劳巴哈、罗伯特·拉罗斯:《今日媒介:信息时代的传播媒介》,熊澄宇译,清华大学出版社,2002,第 292 页。
② 郝振省:《中外互联网及手机出版法律制度研究》,中国书籍出版社,2008,第 78 页。

就管理机构而言，大多数国家由广播电视管制机构负责管制网络的内容，而电信管制机构对网络内容的监管责任相对而言要少得多。这主要是因为广播电视一般负责内容的制作和传播等，而电信部门只负责提供传输通道，因此网络内容的监管机构一般由各国的广播电视管制机构来兼任。如新加坡和澳大利亚都是这种情况，它们都由广播局负责监管。唯一例外的是加拿大的无线电广播电视和电信委员会（CRTC）同时管制广电和电信两大行业。

2006年联合国信息社会世界峰会组织的"互联网治理论坛"（IGF）达成了一致的意见：网络的管制对象是内容提供商或者内容浏览者，而非网络服务供应商；应在内容自由和未成年人保护之间找到平衡，规避风险。①但就目前的实践情况来看，让网络服务供应商在一定范围内承担有限的责任似乎也是一种有效的内容监管策略。

因为为网络服务和其内容设立法规、分别管理，这种监管方式符合互联网技术特性和使用特点，有利于理顺各大管理部门的职能，明确网络服务供应商的责任，有效地对网络和内容进行管理。

2. 对网络内容实行事前监管

除了将网络和内容分别管理并对网络服务供应商和内容提供商进行责任界定之外，西方国家一般还特别强调将网上的内容进行事前分级，以减少网络不良信息对大众，尤其是对青少年的危害。

内容分级一般将网络内容分为适合大众和成年人接受、禁止未成年人接受、禁止传播等类别，它能使有害信息或不良信息得以有效地被区分或被排除出来。如英国将互联网上的不良信息分为非法内容和有害内容两大类；澳大利亚将不良信息分为令人生厌的内容和不适合未成年人的内容，甚至还将境外含有不良内容的网站列成黑名单要求互联网服务供应商加以封锁等。欧盟将网络内容分为非法内容和有害内容。新加坡的《互联网络内容指导原则》对有害信息的规定更加具体，分为治安和国防、种族与宗教和谐、公共道德等方面的内容。

针对这些分级确认后的不良或非法内容，各国都有专门的治理手段。英国1996年颁布《三R互联网络安全规则》，以"分级认证、举报告发、承担责任"的方式来专门治理不良信息。法国1997年颁布《互联网络宣

---

① 郝振省：《中外互联网及手机出版法律制度研究》，中国书籍出版社，2008，第33页。

言》,专门对明显的非法网络内容及行为进行控制。它规定互联网理事会一旦接到公众对非法网络内容的投诉,便通知其作者或相关网址的负责人立即修改或取消非法内容,如当事人在一定期限内未采取行动,网络技术服务供应商最终可能对该内容进行封锁。

内容分级是一种带有强制性的事前限制,属于事前监管。由于互联网的被管制对象非常广泛而难以及时进行监督和控制,所以大多情况下往往要求受管制者(网络服务供应商和内容提供者)自觉承担在播出或发表内容之时进行自我分级的义务。这种内容分级以处罚为后盾,它在本质上具有强制性和威胁性,如果传播者不加履行或执行不力,可能要遭受行业的相关处罚甚至最后被剥夺传播讯息的基本权利。

3. 充分发挥民间组织的作用

由于互联网具有开放性,所以欧美国家一般都积极动员公众参与,利用全社会力量监督网络上的非法、不良内容。在欧洲至少已有20个国家设立了网络有害内容举报热线。其运作方式是:政府提供资金,由民间机构设立互联网热线,民间组织进行互联网内容分类,监督互联网内容。这种方式非常有效。

在英国,据2001年网络观察基金会对投诉电话的统计,2001年该基金会收到11357份投诉报告,其中26%属于非法内容。1997年以来源自英国本土的非法内容,特别是与儿童色情相关的内容,已经从18%下降到了1%。[1]

在法国,为了动员全社会监督以未成年人为目标的色情犯罪,法国内政部、司法部在2001年11月建立了"互联网与未成年人"网站,欢迎民众举报非法色情网站,特别是具有恋童性质的网站和论坛。到2004年法国已有12000多个网站被举报,司法机关已对其中1500多个展开了调查。[2] 而且法国还成立了两个保护儿童免于不良网站毒害的组织:"电子—儿童"协会和"无辜行动"协会。它们向学校和家长免费提供家用网络管理软件,指导学校和家长对儿童进行"防毒"保护。[3] 这些软件分别针对不同年龄层的未成年人,可屏蔽掉90%以上带有不良信息的网站及一些游戏网站,并可控制孩子的上网时间。

---

[1] 钟瑛:《网络传播法制与伦理》,武汉大学出版社,2006,第113页。
[2] 刘芳:《法国:多管齐下让青少年远离网上"黄毒"》,新华网,2004年8月1日。
[3] 卢苏燕:《法国重在对未成年人进行"防毒"保护》,新华网,2007年1月4日。

2000 年，美国联邦调查局与国家白领犯罪中心设立网络欺骗控告中心，对网络内容提供广泛的社会监督。

借助民间组织和社会力量对互联网内容进行监管，一方面有利于调动公众的积极性，避免政府单方监管的被动与疏漏，另一方面更有利于避免过多的政府监管和控制，促进互联网产业化的健康发展。

四　结语

网络媒介的内容监管机制本身是一个非常复杂的问题。它牵涉到网络行业、受众、国家之间三者利益的平衡和协调。西方国家大多情况下都是通过政府指导、法律制定、技术约束、内容审查、公众投诉、行业自律等现有的政策机制来实现网络媒介的内容监管（见表 6-5）。

表 6-5　各国互联网内容监管机制比较

国家	英国	美国	新加坡
监管类型	行业自律为主	政府引导为主	轻触式管理为主
监管特点	最低限度的管制	少干预，重自律	网络和用户自我调节
法律监管	①以现有的刑法及其他相关的传统法规为主，如《猥亵物出版法》、《公共秩序法》②在原有法规的基础上设立了部分新法规，如《通信监控权法》专门规定了对网上信息的监控，《2003 年通信法》确立英国通信管理局对网络的监管权力	沿用和扩展现有的法规 1996 年《通信内容端正法》1998 年《儿童在线隐私保护法案》1999 年《互联网保护个人隐私的政策》1998 年《网络免税法案》	①制定专门网络法律，如 1996 年《网络管理办法》②沿用传统法律，如《诽谤法》、《煽动法》、《维护宗教融合法案》
行政监管	①设立英国通信管理局，加强对互联网非法内容的管制②内务部成立互联网工作组，保护未成年人；建立国家互联网儿童保护中心③成立互联网思想库，保护网上儿童④公布 24 小时儿童热线，提供援助	联邦通信委员会负责对网络内容进行监管	①传媒发展局主管内容②分类许可制度，网络服务供应商与内容提供商必须登记或注册③建立国家互联网咨询委员会，搜集社会意见制定相关政策

续表

国家	英国	美国	新加坡
行业自律	①设立互联网观察基金会 ②颁布行业自律规范《三R安全规则》 ③开通网络热线,接受公众投诉 ④利用内容分类标注技术为用户提供内容选择 ⑤进行网络安全教育	倡导行业自律、网民自律 ①建立媒体道德联盟 ②倡导"摩西十诫"、"网络伦理八项要求"	①制定内容分级标注系统 ②制定《行为内容操作守则》 ③加强公共教育,如设立互联网公共教育基金,成立互联网家长顾问组等
技术控制	①制定信息安全标准BS7799,再通过技术防火墙和人力防火墙,建构信息安全防护机制 ②安插Netintelligence软件,对相关内容监控 ③利用PICS系统对网上内容分级过滤	①内容分级系统利用分级软件PICS与P3P对有害信息内容直接屏蔽 ②过滤系统利用过滤软件对一些有害信息进行过滤和筛选	①实行内容分级标注系统 ②对一些内容进行网络审查
其他		辅以市场调节	辅以网络审查

资料来源:个人整理。

尽管这些政策措施较为全面,但互联网媒介的内容管理也面临着宪法权利保障、网络内容服务提供商的责任以及国际合作等问题。[①] 对此梁宁撰文从宪法问题、规范标准的差异性问题、司法管辖权问题以及技术方面的问题这四个方面作了详细的分析和总结[②](见前面的文献综述部分)。这些都表明当前西方国家的网络内容监管机制本身并非尽善尽美,它还需要随着网络技术的发展以及监管经验的成熟进一步完善。

尽管如此,大多数国家都主张对互联网这种新兴媒介进行内容监管这一点是不容置疑的。2006年联合国信息社会世界峰会组织的"互联网治理论坛"(IGF)达成了一致的意见:内容管制有利于确定哪些内容对国家有害,也可以为言论自由、种族问题、再版权利等的监控提供基础。[③]

事实上,"如果说,在过去十年间,报刊、广播、电视等传统媒体从严

[①] 郝振省:《中外互联网及手机出版法律制度研究》,中国书籍出版社,2008,第74~79页。
[②] 梁宁:《信息内容:网络安全法制的非常地带——国际社会互联网管理的特征及面临的问题》,《信息网络安全》2003年第3期,第18~20页。
[③] 郝振省:《中外互联网及手机出版法律制度研究》,中国书籍出版社,2008,第33页。

格管制走向减少、放松和解除管制的状态的话,那么网络媒体的法律和规范环境的发展则恰好经历了一个相反的过程,正在从无管制的放任状态日益走向加强管理的有序状态"[1]。只不过是因为这种媒介出现的时间还比较短暂,目前的监管政策体系似乎还有很多可以充实和完善的余地。

亨利·哈丁在1993年的《互联网的历史》(History of the Net)中写道:"网络是人类智慧独一无二的创造,网络是第一个人工智能生物,网络昭示着一个在旧社会母腹内不断生长的新社会,网络提出了全新的政府模式。"[2]政府如何对互联网的内容进行有效的监管,如何制定政策以科技辅助和业界自律为重要手段,在监管好网络内容的同时还能给网络产业留下一定的发展空间,这还有待于更多的探讨和更深入的研究。

---

[1] 郝振省:《中外互联网及手机出版法律制度研究》,中国书籍出版社,2008,第34页。
[2] Hardy: *The History of the Net*, http://www.vrx.net/usenet/thesis/hardy.html,转引自宋华琳《互联网信息政府管制制度的初步研究》,载陈卫星主编《网络传播与社会发展》(新世纪网络传播发展论丛),北京广播学院出版社,2001。

第七章
传媒内容监管机制的演进规律与趋势

一 传媒内容监管机制的比较分析

国家的政治制度、法律制度、文化背景、社会风俗等是传媒内容监管政策制定的直接影响因素。由于各国政治法律制度、文化背景、社会风俗等各不相同,因此决定了各国对媒介内容的监管程度有所不同。或偏重自律、或偏重立法、或偏重审查等。但排除这些不同的国别因素,单纯从各种媒介的早期内容监管机制而言,我们可作如下的归纳和比较分析。

1. 监管原因

早期对各种媒介的内容监管原因归纳如表7-1所示。

表7-1 早期对媒介内容监管的基本原因

印刷媒介	广播电视媒介	电影媒介	网络媒介
内容的批量复制	频率资源的稀缺	场所的安全管理	保护未成年人
违禁内容的增多	内容的传播影响	社会道德的维护	政治安全
知识禁锢的瓦解	公共利益的维护	官方检查的威胁	文化安全
印刷商的嚣张	反对内容的商业化	利益集团的压力	—

资料来源:个人整理。

从以上各类媒介内容监管的原因来看,印刷媒介的监管主要是基于对政治和社会秩序的维护;广播电视媒介的监管最基本的原因是基于频率资源的稀缺,这是技术上的原因,但内容监管方面的原因是基于公共利益的维护;电影媒介的内容监管最基本的原因是基于社会道德的维护,而更深层的原因是基于官方检查制度的威胁;网络媒介的内容监管主要是基于对未成年人的保护和政治、文化安全等。

单从监管原因上看,随着媒介的历史发展似乎经历着一种"去政治"

的公共利益化倾向。除了早期印刷媒介的内容监管带有浓厚的政治因素之外，对广播电视媒介、电影媒介、网络媒介的内容监管则以公共利益或社会道德维护的方式出现。

2. 监管手段

早期对各种媒介的内容监管手段归纳如表 7-2 所示。

表 7-2　早期对各种媒介内容监管的基本手段

印刷媒介	广播电视媒介	电影媒介	网络媒介
禁书目录	频率分配	执照许可	传统法规
许可制	执照续展	行业审查	内容审查
登记制	独立监管	内容分级	内容分级过滤
诽谤罪、叛逆罪	内容分级	—	投诉举报
知识税、津贴制	投诉举报	—	行业监管
行会内部审查	行业监管	—	—

资料来源：个人整理。

从以上对各类媒介的内容监管手段来看，无论是对印刷媒介、电子媒介还是对网络媒介，在内容监管手段上都强调行业的自我监管，同时比较重视社会的投诉举报。

早期印刷媒介的各种内容监管手段与经验对自由主义阶段和社会责任论阶段的电子媒介和网络媒介已经不再适用，因此印刷媒介时的源头控制模式已不可取。

另外，早期印刷媒介的主要监管手段是许可登记制，而广播电视媒介主要是频率资源国家垄断、分配与执照控制，这都属于一种以国家或政府为中心的硬性控制。

相比而言，电影媒介与网络媒介的内容监管偏向于以媒介本身为中心的自我管制，这实际上是以政府为引导的一种软性控制。

3. 监管特点

早期各种媒介的内容监管基本特点归纳如表 7-3 所示。

表 7-3　各种媒介内容监管的基本特点

印刷媒介	广播电视媒介	电影媒介	网络媒介
强调事前监管	实行独立管制	不受言论自由保护	以非直接干预为主
抑制产业功能	参照电信监管	参照戏剧审查模式	突出保护未成年人
多元监管手段	公、商分立监管	行业自我审查	强调个人数据保护
—	—	审查标准灵活	突出媒介素养教育

资料来源：个人整理。

从各种媒介内容监管的特点来看，印刷媒介强调运用多元化的监管手段与事前监管；广播电视媒介实行的是以电信监管模式为基础的独立规制，对内容实行公、商分立的二元监管；而电影媒介实行的是由戏剧审查模式演变而来的自我内容审查；网络媒介强调非直接干预，以行业自律的模式为主。

如果去除上述各种媒介本身在内容监管方面的细微差异，而按照媒介的类别特征建构内容监管方面的政策框架，我们可以将各媒介内容监管的基本框架归纳如表7-4所示。

表7-4　西方国家媒介内容监管机制的基本框架

监管框架	监管类型	基本原因	基本手段	基本特点	备注
印刷媒介	管制型	政治秩序	检查登记制	集权控制	后演变为自律型
广播电视媒介	管制型	频率资源稀缺与公共利益	执照控制	独立规制	公、商分管
电影媒介	自律型	公共道德维护	内容分级	行业自律	免于官方控制
网络媒介	自律型	未成年人保护	多元手段	非直接干预	官方主导

资料来源：个人整理。

从以上的框架来看，各种媒介的内容监管机制都独具特点。但总体而言，它们有着诸多的共同之处，即大多使用法律监管、行政监管、技术监管、社会监管、行业自律等，只不过是因媒介性质不同、国家的文化历史背景不同而使不同媒介的内容监管手段各有偏重。如英国的媒介一直强调自我监管。负责内容监管的机构如下：

- 电影：英国电影分级委员会。
- 录像制品：英国录像制品标准协会。
- 报刊：英国报刊投诉委员会。
- 广播电视：英国广播电视投诉委员会。

如果按照媒介的类别对内容监管机制进行区分的话，我们可以得出这么一个简短的结论：印刷媒介在集权主义时期受到非常严厉的内容监管，到自由主义时期对其内容监管已经变得较为宽松，最后如同一般的企业一样完全由自由市场所决定和控制；电信一直以经济规制为主，几乎没有内容方面的监管；广播电视媒介借鉴了电信的公共管理模式，但其内容一直受到严格的管理；电影作为娱乐媒介为免于政府的审查和控制而采取行业自律的方式进行自我监管；网络媒介的内容监管与印刷媒介几乎无异，大多数国家对其实行"轻触式"的宽松管理。

以内容监管为观照，纵观传媒内容监管政策发展的整个历史（从自由主义阶段开始），我们可以发现：在第一阶段，各国对媒介的传播内容基本上不加管制；发展到第二阶段，各国开始对传播加强干预，实施内容审核，追求媒介的公共服务目标；到第三阶段，由于以网络为代表的新媒体及数字技术的出现，使得政府进行内容管制的难度不断加大，政府对传播内容的管制力度也一度变小。由此可见，对传播的内容限制从无到有，再到逐渐放开，其内容监管实际上经历了一个"弱—强—弱"的过程。

这些媒介内容监管机制的不同除了媒介介质本身是一个非常重要的因素之外，恐怕更主要的是各个主权国家的政治因素。以致有学者认为："全球化、网络和计算机传播都不是由技术和历史决定，这些新模式的最终决定权是由政治所保持的。"①

二 传媒内容监管机制的制定原则

纵观西方国家的各种媒介的内容监管机制我们可以发现它一般体现和遵循了如下三个基本原则。

1. 保障言论自由的原则

印刷媒介出现以后，前后经过数百年，最后才建立言论出版自由机制。这种机制形成以后，广播电视媒介、网络媒介都受益良多，因而有关部门在制定内容监管机制的过程中都充分考虑这些媒介言论自由的底线。

如印刷媒介到了自由主义阶段已经享受着同于一般企业一样的自由。后来的广播电视媒介享受已有的言论出版自由的立法保护，是有限度的自由。电影媒介最初被当成娱乐工具而被排除在言论自由的法律保护范畴之外，后来如同广播电视媒介一样享受言论自由的立法保护。

至于网络媒介同样拥有受宪法保护的言论自由的权利。最典型的是美国的网络立法事件。1996年美国为了保护儿童不受网上有害内容的影响颁发了《通信庄重法》（简称CDA）。但该法遭到了美国公民自由联盟、杂志出版商和书商等17个组织和企业的强烈反对。1997年美国联邦最高法院认

---

① 〔美〕丹尼斯·麦奎尔：《麦奎尔大众传播理论》，崔保国译，清华大学出版社，2006，第117页。

为：该项立法对言论自由构成了威胁,"事实上禁止了成年人依据宪法而享有的接受或发表言论的自由",最后裁定《通信庄重法》违宪并宣布将其废除。这是媒介内容监管机制制定过程中尊重言论自由的一个典范,也是其他国家处理某些相关内容问题时所遵循的基本原则,它后来对其他许多国家互联网的内容监管机制产生了很大的影响。

2. 优先产业发展的原则

麦奎尔认为:传播政策的出现始于追求国家利益与工商业企业利益之间的互动。政府和产业界通过特权、法规和一些限制来追求共同利益。"在新兴传播政策阶段的早期,尤其在美国、欧洲以及英国统治的领土,传播的政治功能被大大地忽略了。一个共识是:公开的政治传播媒介应该是报纸,因为除了自我审查和相关国家法律,再也没有其他对报纸的政策限制。第一个阶段的政策主要涉及新兴起的电报、电话和无线电技术,而在19世纪、20世纪之交,对电影的政策也很快地进入了政府的管制范围。"①

在对这些媒介的最初监管政策中,国家一般倾向于将其视为一种新兴的技术型产业而鼓励其发展(如印刷媒介与网络媒介),有时对其发展甚至是自由放任(如最初的无线电广播),很少从政治角度考虑到媒介所传播的内容层面。直到媒介因形成了一定的产业规模或彻底走向商业化而对国家政治或社会产生了一定的传播影响后,这时才出台相关的传播法规对媒介的内容层面加以节制或限制。这一点从后面要论述的媒介的技术监管与媒介内容监管机制的形成过程可以看出来。所以很多情况下,媒介最初的内容监管机制都是在媒介产业优先发展的基础上形成的。印刷、电子、网络媒介都是如此。

如最初的电子媒介——广播,在加拿大并没有严格的内容管制(1913年出台过《无线电电报法案》)。到1928年,加拿大全国已经建有68个广播电台,有40万台收音机,当时广播经营执照申请费为1加元,"也没有任何内容上的限制"②。后来逐步发展成为产业趋势的广播才开始引起政府的关注。当时的皇家委员会经过调查发现,广播已经成为"培养民族精神和

---

① 〔美〕丹尼斯·麦奎尔:《媒介政策的范式转变:一种新的传播政策范式》,《欧洲传播杂志》2003年第2期,第181~207页,参见 http://www.mediaresearch.cn/user/ActiveView.php TxtID=417。

② 张玉国:《文化产业与政策导论》,高等教育出版社,2007,第74页。

保持民族认同的一个重要力量",这样政府才于 1932 年开始建立第一个监管机构对广播服务进行控制。

又如最初的互联网,美国先后实施了"信息高速公路"战略(1993)、"全球信息基础设施计划"(1994)、"下一代网络计划"(1996)、"Internet 2 计划"(1997)等一系列战略,以加强互联网基础设施的建设,促进网络产业的发展。在互联网真正发展壮大成为一种大众媒介之后,才先后出台了相关的政策加强对其内容的监管。

欧盟则认为网络媒介的管理应遵循最低限度的立法原则,除非必要时才进行专门的立法。立法的首要原则是确保互联网快速、健康地发展,尤其是必须积极促进电子商务、电子政务的发展。如欧洲议会和理事会的 276/1999 决议曾提出一个与全球网络的非法的、有害的内容作斗争的四年计划,决议指出:

> 该行动方案的目标旨在提高使用因特网的安全性以及在整个欧洲范围内形成有利于因特网产业发展的环境(见第 2 条)。
>
> 为了实现第 2 条所提出的目标,应根据欧共体委员会的指示采取下列行动来支持和促进各成员国采取措施:促进工业自我调整和内容监管体制,鼓励工业提供过滤工具和评价体制来允许父母亲和老师选择适合其所照顾的未成年人的内容……(见第 3 条)[①]

很明显,整个决议的最终目的是促进互联网产业的发展,而内容监管与行业的自我调整仅仅变成实现这个目的的一种手段和工具。

对于优先产业发展的原因,麦奎尔以无线电广播为例进行了分析。他认为:"关于传播内容,传播政策和法规中都很少提及(除了 20 世纪 20 年代末期的无线电通信)。而在大多数国家,包括无线电通信受到关注的地区,传播被有效地阻挡在公众讨论和政治争论的领域之外。这反映了政策制定两端的政府和商业都想紧密控制具有战略意义的传播业,但这也导致了新媒介政策缺乏社会文化方面的内容考虑。可是这并不意味着人们没有认识到不断增长的新兴大众媒介对于社会及政治的重要性,而是传播政策

[①] 〔英〕戴恩·罗兰德、伊丽莎白·麦克唐纳:《信息技术法》,宋连斌等译,武汉大学出版社,2004,第 500 页。

的制定被有效地非政治化了。"① 也就是说,政府和商业都希望极力开发战略性的传播业,在最初传播政策的制定时并没有考虑媒介的传播内容,从而使媒介的内容监管机制被有效地非政治化了。

3. 保护未成年人的原则

无论对何种媒介的内容监管,都强调对未成年人的保护,这也是西方内容监管的一大基本原则。

美国为对付很多广播电台播放下流的节目,20 世纪 80 年代后期联邦通信委员会曾在国会的要求下建立了一个"安全港"制度,即可以传播下流内容而不会被孩子看到的时间(晚上 10 点到早上 6 点)。1990 年通过了《儿童电视法案》,除了对侵犯儿童权益的广告和不良内容等做出了相关规定外,还要求电视台提供用来满足 1~16 岁儿童的教育及娱乐需求节目。

就网络媒介而言,美国对网上什么样的内容应该受到监管和控制还存在争议,但对于保护未成年人这一点却毫不含糊。《儿童在线保护法》就明确规定,商业网站上如置有 17 岁以下未成年人能够轻易获取浏览的"有害内容",那么它要承担刑事责任和民事责任。还有,"任何人故意或明知内容的性质,在跨州和对外国的商务中,通过互联网,以商业为目的进行通信,使那些对未成年人有害的任何内容可以被未成年人获取,应被罚款不多于五万美元,或入狱不超过六个月,或两者并罚"。《互联网免税法》也有类似的相关规定,不同的是其处罚的方式是被取消法律所赋予的免于征税的权利。必须保护儿童免受成人色情信息的伤害也是欧盟国家的共识。

三 传媒内容监管机制的演进规律

结合以上媒介内容监管机制的演变情况,我们可以发现它们有如下一些共同规律。

1. 商业化衍生规律

媒介的内容监管机制一般都是媒介商业化/产业化过程中所衍生的产物。

大众传播学者麦奎尔总结了媒介内容管制的一个规律:监督经常包括积极支持"需要的"文化传播目标,限制不需要的文化传播目标。传播活

---

① 〔美〕丹尼斯·麦奎尔:《媒介政策的范式转变:一种新的传播政策范式》,《欧洲传播杂志》2003 年第 2 期,第 181~207 页,参见 http://www.mediaresearch.cn/user/ActiveView.php TxtID = 417。

动越是被界定为有教育性、目的"严肃"或者有艺术创造性,那么就越能够要求不受到规范性的限制。这其中原因很复杂,但其中一个事实是,艺术和具有更高道德严肃性的内容通常不能触及大批受众并且被认为对权力关系无关紧要。① 即对基于教育目的和艺术目的的传播内容一般免于监管。那么基于何种目的的媒介内容才会受到监管?

各种媒介在发展起来以后先后都经历了商业化过程的转变。"不管是电信业还是传媒业,在诞生之初,都受制于技术因素,而易于从技术角度出发来构建产业的商业模式;在技术成熟之后,则更多从企业利润最大化或者股东利益最大化的企业角度来进行商业模式的构建。"② 很大程度上正是基于商业目的的这种商业化模式的媒介内容才最终导致了监管政策的出现。

以印刷媒介为例,大约15世纪中期,印刷技术被成功地运用在文本复制上,取代了手写方式,这只能算是"媒介机构"出现的第一步而已。印刷逐渐地变成一种新兴的行业以及重要的商业类别,之后,印刷业者从工匠变成出版者,而且印刷与出版这两种功能开始逐渐分离。③ 在这种商业化的批量复制情况下欧洲的书报检查制度出现了。1487年教皇就开始要求印刷商在付印前将书稿送交教会审查,此时距1450年古腾堡改进印刷术还不到40年。

电子媒介的产业化政策就更明显。"除了保护政府和国家的战略利益、促进新传播体系(电话、有线电视、无线电话、广播等)的产业和经济发展之外,并没有一贯性的政策目标。"④

最初的广播也是以一种设备消费的商品化形式产生的。"公众首先被看成设备的消费者,接着被看成可以销售的受众。"⑤ 随后广播变为一个有广告支撑的大众媒介,许多广播正式走向商业化道路。如1925年,美国商业

---

① 〔美〕丹尼斯·麦奎尔:《麦奎尔大众传播理论》,崔保国译,清华大学出版社,2006,第27页。
② 陈力丹:《中国大媒体产业的演进趋势》,《新闻传播》2006年第5期,第7页。
③ 〔美〕丹尼斯·麦奎尔:《麦奎尔大众传播理论》,崔保国译,清华大学出版社,2006,第16页。
④ 〔美〕丹尼斯·麦奎尔:《麦奎尔大众传播理论》,崔保国译,清华大学出版社,2006,第173页。
⑤ 〔美〕席勒:《大众传播与美利坚帝国》,刘晓红译,上海译文出版社,2006,第19页。

电台多达235家，占总数的43%，其中包括大部分比较有实力的电台。① 据统计，美国的广播在1921年到1936年之间拿到许可证的202家教育电台中，有164家被允许终止经营或者转让给商业利润集团，而且这大部分都发生在1930年前。② 可见其商业化程度之高。到20世纪20年代末，现代无线电广播的管制框架基本形成。美国联邦政府成立专门的机构来对广播进行频率方面的管理。20世纪30年代，联邦通信委员会对广播的正式的内容管制出现了。英国的情况与美国不同，广播一开始就引起了政府部门对其传播内容的注意并因此成立专门的机构进行控制。和印刷媒介相比，广播媒介在发展不到20年的情况下，对其内容监管的机制就出现了。

互联网的情况同样也是如此。互联网的发展大致经历了军事应用—科研应用—网络媒体三个时期。互联网一开始也并不是大众传播媒介，它最初用于专业目的，以传递军事、科研方面的信息为主，并不对一般用户开放。

但发展到1990年的万维网阶段后，它才真正在技术和信息内容上发展成为了大众传播性质的媒体。此时它已不再止于只是最初的军事手段、教育手段，而上升到了一种商业手段。据美国学者统计，1999年与互联网相关的企业创下了5000亿美元的收入。③ "对于所有的使用者来说，网络系统就是供人使用的，即使当初创立的原始动机是战略性和政治性的，其后来推动和发展的驱动力主要还是经济性的，并且其终极目标还是为了电讯传播者的利益。"④

斯坦福大学法学教授劳伦斯·莱斯格（Lawrence Lessig）指出，互联网的可规制性早期主要来源于商业力量的推动，例如电子商务的发展就要求身份验证、授权、隐私保护、交易不可抵赖等，而政府随后起了推波助澜的作用，这一趋势还在愈演愈烈。⑤ 1995年美国犹他州出台的关于电子商务

---

① 〔美〕丹尼乐·杰·切特罗姆：《传播媒介与美国人的思想——从莫尔斯到麦克卢汉》，曹静生、黄艾禾译，中国广播电视出版社，1991，第86页。
② 〔美〕席勒：《大众传播与美利坚帝国》，刘晓红译，上海译文出版社，2006，第22页。
③ 〔美〕约瑟夫·多米尼克：《大众传播动力学——数字时代的媒介》，蔡骐译，中国人民大学出版社，2004，第388页。
④ 〔美〕丹尼斯·麦奎尔：《麦奎尔大众传播理论》，崔保国译，清华大学出版社，2006，第115页。
⑤ 〔美〕劳伦斯·莱斯格：《代码：塑造网络空间的法律》，李旭译，中信出版社，2004，第51页。

运行规范的法律文件《数字签名法》,就是劳伦斯·莱斯格所言的网络商业化的一个很好例证。和前面的印刷、电子媒介相比,网络媒介在正式出现五年以后伴随着商业化的发展,其内容管理政策出现了。

从以上的分析来看,印刷媒介、广播媒介、网络媒介最初的内容监管都是在媒介发展到一定阶段逐步走向商业化的过程中出现的。

2. 历史沿袭规律

媒介的内容监管机制一般都有着一定的历史沿袭性。

罗杰·费德勒在谈到媒介的形态变化时总结了一个规律:

> 它不是孤立地研究每一种形式,而是鼓励我们考察作为一个独立系统的各个成员的所有形式,去注意存在于过去、现在和新出现的各种形式之间的相似之处和相互关系。通过研究作为一个整体的传播系统,我们将看到新媒介并不是自发地和独立地产生的——它们从旧媒介的形态变化中逐渐产生的。当比较新的传媒形式出现时,比较旧的形式通常不会死亡——它们会继续演进和适应。①

同样,作为媒介的内容监管机制,它本身也遵循着这样一个普遍的规律。新媒介的内容监管机制并非自发地或独立地产生,"现代总是'嵌入'在传统中起步,过去的习惯、思维模式和人格特征,还是不可避免地会对当下产生影响。可以看到,当执政集团及公众在面临一个陌生的新事物,而该事物又对既定结构造成冲击的情况下,各方都会首先从历史记忆中寻求解决方案"②。新媒介的内容监管机制大多是从旧媒介的内容监管机制中总结、继承演变而来。

从印刷媒介到电子媒介再到网络媒介,各种媒介的内容监管机制本身有着一定的历史相沿性和借鉴性,它们都曾试图从过去的媒介内容管理经验中寻找新媒介的监管路径。

就印刷媒介而言,它在集权主义时期形成了一套事前审查与事后追惩

---

① 〔美〕罗杰·费德勒:《媒介形态变化:认识新媒介》,明安香译,华夏出版社,2000,第28页。
② 李永刚:《中国互联网内容监管的变迁轨迹——基于政策学习理论的简单考察》,《南京工业大学学报》(社会科学版)2007年第2期,第48页。

的内容监管体系,这套监管体系并非封建统治者的独创,它最初是对教会言禁控制以及书报审查机制的一种继承,后来以国家法律的方式正式制度化。随着教会与王权的衰落,到自由主义阶段也就是 19 世纪后期,印刷媒介的新闻出版自由机制正式确立起来。后来其他媒介的内容监管机制在基本框架上都遵循并沿袭了这种机制。

如广播电视在一定程度上借鉴了印刷媒介的许可制和特许制,由国家垄断频率资源进行分配,然后以执照续展的方式来间接监控广播电视的节目内容。国家当局虽然无法对此进行事前审查,但可以借执照续展和年检实行事后追惩。

另外,就广播电视而言,它们还沿袭了原来电影、电信的内容监管机制。"广播和电视都向现有的媒介借鉴,而且最受欢迎的内容形式都是取自电影、音乐、故事、新闻与体育。"① 正因为有了这种内容形式的借鉴,所以其内容监管体系也因袭了电影的监管手段,如行业自律、内容分级等,同时还沿袭了电信监管的公共服务机制,成立了独立的监管机构,负责对广播电视的内容监管。

至于网络媒介,其内容监管机制几乎是囊括了上述各种媒介的监管举措。如立法上,很多国家一般仅仅对网络内容中的侵犯个人隐私、种族主义内容以及淫秽色情,尤其是涉及儿童色情的信息加以限制。其他如对危害到国家安全与利益、侵犯他人权利等情况都不再重新加以规定,而是传统地应用于其他媒介的法律。这是立法方面的一种沿用和拓展。由于各种非法、有害的内容在互联网上大肆扩散,以至于德国奥斯纳布吕克大学的电信和新媒体法教授恩格尔评论道:"我们从新闻法中知道的内容控制问题,在互联网上统统存在。"② 网络媒介的内容监管几乎集成和沿袭了广播影视媒介的内容分级、行业自律、社会监督等基本手段。

3. 技术管控规律

媒介的内容监管机制最初都是从对技术的关注和管控开始的。

各种媒介在发展之初并非我们今天这种严格意义上的大众媒介。它们最先都是作为一门新兴的技术产生的,然后随着传播影响的扩大而逐步形

---

① 〔美〕丹尼斯·麦奎尔:《麦奎尔大众传播理论》,崔保国译,清华大学出版社,2006,第 22 页。
② 郝振省:《中外互联网及手机出版法律制度研究》,中国书籍出版社,2008,第 33 页。

成了规模化的产业,最后发展成为我们今天的大众媒介。因此媒介的内容监管机制最先都是在技术控制的基础上进一步发展和形成的。

1450年古腾堡的印刷术出现以后,它作为一种新兴的传播技术被投入使用,但并没有马上转变和形成一种印刷媒介。直到16世纪末,用印刷术印制出来的书籍才真正"孕育了许多现代媒介的基本特征,包括最早期的能够阅读的受众"①。印刷术出现以后大约40年还不到,教皇就开始实行最早的书报检查,对这种传播技术进行管制。大约过了100多年,在商业利益诱惑下,大批量复制的书籍实在难以控制,此时教皇推出了禁书目录,借以控制由印刷术形成的大众媒介。

广播电视的情况更为典型。广播和电视最初更多地被看成一种先进的技术设备,而很少被关注其传播的内容,我们可以看到很多学者有关这方面的同一论述:

> 广播似乎是一种寻求使用的科技,而不是对新型服务和内容需求的回应,电视大体上也是如此②。

> 公众为这种新型的媒介产品着迷,迫切地购买电视机。设备的生产再一次优先于——实际上是消除了——对媒介内容的关注。③

> 和先前其他的传播技术不同,广播和电视是主要为传送和接收作为形式上的过程而设计的系统,而事先对于内容是很少甚至没有界定的。④

> 美国无线电公司的创立者们更加关注的是谁销售这种接收设备,而不是这种神奇的接收设备会产生什么。⑤

正因为如此,最初对广播电视的监管主要是源自技术的需要,基本以

---

① 〔美〕丹尼斯·麦奎尔:《麦奎尔大众传播理论》,崔保国译,清华大学出版社,2006,第16页。
② 〔美〕丹尼斯·麦奎尔:《麦奎尔大众传播理论》,崔保国译,清华大学出版社,2006,第22页。
③ 〔美〕席勒:《大众传播与美利坚帝国》,刘晓红译,上海译文出版社,2006,第23页。
④ 〔美〕丹尼斯·麦奎尔:《麦奎尔大众传播理论》,崔保国译,清华大学出版社,2006,第22页。
⑤ L. White, *The American Radio*, University of Chicago Press, Chicago, 1947, p.12. 转引自〔美〕席勒《大众传播与美利坚帝国》,刘晓红译,上海译文出版社,2006,第20页。

频率的分配为核心。"后来则演变成民主选择、国家自身利益、经济便利以及纯粹的制度习惯等需要的混合体。"① 由此受到高度管制，受到高度权威的控制或执照管理。

如美国于 1912 年出台的《无线电广播法》，它对频谱资源进行分配最初就是基于广播是一种点对点的信息传播技术而并非大众媒介。大约在 1920 年出现第一家电台以后，"到 1927 年，使用频率的重叠造成频谱极其混乱，以至于收听广播成为一种折磨。私人广播公司被迫在分配频率方面寻求政府管理当局的帮助"②。即使到 1927 年出台了协调和管制频率的广播法，但当时的执法机构联邦广播委员会的主要权力仍是"管理这种媒介的技术面"③。直到颁布《1934 年联邦通信法》才正式确立了管制机构联邦通信委员会对广播节目内容的间接监管。

英国对广播的监管最初也是从技术开始，1904 年出台《无线电报法》，将广播列为无线传输技术的一种，由邮政总局管理。1905 年颁发了第一个广播执照（较美国早六年）以进行频率管理。在 1922 年出现第一家民营的广播公司以后，英国国会意识到广播的内容对社会的影响很大，于 1927 年成立公共机构——英国广播公司来管理全国的广播。

结合以上英美国家的情况来看，自最初的无线电立法开始，到后来正式的内容监管机制的确立，它们前后大概都花了 20 多年的时间。可见内容监管机制的出台确实有一个自技术监管开始慢慢向内容监管转变的过渡历程。

4. 介质差异规律

媒介介质的不同在很大程度上影响了其内容监管机制的差别。

印刷媒介最先出现时因受到集权主义的控制而完全被剥夺了内容传播的自由。直到资产阶级革命以后的自由主义阶段，印刷媒介才彻底实现了受到宪法保护的出版自由。"其普遍的假定是：书籍是文化和教育的主要媒介，报纸则是政治生活的工具，这两者都应尽可能地免于受到控制，因此

---

① 〔美〕丹尼斯·麦奎尔：《麦奎尔大众传播理论》，崔保国译，清华大学出版社，2006，第 22 页。
② 〔美〕席勒：《大众传播与美利坚帝国》，刘晓红译，上海译文出版社，2006，第 19 页。
③ 〔美〕约瑟夫·多米尼克：《大众传播动力学——数字时代的媒介》，蔡骐译，中国人民大学出版社，2004，第 90 页。

它们应该位于公共政策的范围之外。"① 因此后来印刷媒介免除了官方的内容审查，形成了一种内容传播自由度非常高的靠市场自发调节的内容监管机制。

相反，广播电视媒介就不像印刷媒介那样受自由市场的支配，而是受到官方高度的内容控制。"几乎任何地方的广播与电视，都难以获得像报业一样自由表达意见以及独立于政治之外的权利。"②

广播电视媒介的监管机制脱胎于电信，而电信的监管以普遍性服务为基本原则，几乎很少有内容方面的严格管制。传播学者丹尼斯·麦奎尔认为：

> 电话、电报等纯粹是为了传送而进行的传播服务，这种服务本质上是一种向所有人开放的普遍性服务。对这些传播服务管制的动机，主要是基于效率和消费者利益。其媒介管理涉及基础设施和经济效益的规定，然而在内容方面仅有非常有限的规定。③

在英国，到今天我们还可以看到过去保留下来的这些非常有限的规定：

> 根据电信法，打电话者如果内容粗野或带有下流、淫秽、恐吓性质，将作为一种犯罪行为受到起诉。④
>
> 电话信息服务标准监督独立委员会是一个独立的产业资助的实体。它为电话服务的付费提供一个自我管理机制，主要体现在确保平等地对待消费者方面（昂贵的话音介绍），同时要求服务是正派得体的，避免暴力的、虐待的、残酷的、令人厌恶的、恐怖的和污秽的内容，避免不合理的侵犯隐私、鼓励危险行动或使用有害物质、加剧种族矛盾

---

① 〔美〕丹尼斯·麦奎尔：《麦奎尔大众传播理论》，崔保国译，清华大学出版社，2006，第173页。
② 〔美〕丹尼斯·麦奎尔：《麦奎尔大众传播理论》，崔保国译，清华大学出版社，2006，第22页。
③ 〔美〕丹尼斯·麦奎尔：《麦奎尔大众传播理论》，崔保国译，清华大学出版社，2006，第172页。
④ 《英国政府通信白皮书》第十章：附录A《消极内容管理》，李澍、王宇丽等译，中国法制出版社，2002，第120页。

等内容。它可以实施罚款和停业的惩罚性措施。①

网络媒介的内容监管又完全有别于电子媒介和印刷媒介。在美国，对互联网上传输的内容和广播电视节目内容实行完全不同的管制。对于互联网上的内容并没有进行严格的限制和控制，但对于广播电视节目的内容却一直进行着严格的管理。

5. 内容趋利规律

无论是哪一种媒介，最初发展起来以后为获取市场或商业利益一般在内容传播方面都趋利避害，尽可能与官方保持一致或在官方许可的范围内循规蹈矩地进行内容传播活动。

印刷媒介发展起来以后被当做一项牟利的工具。一位法国大书商1770年在回复其瑞士同行向他推荐禁书的建议时写下了一番话："我们不能接受某些类型的文章。此外，先生们，我承认，如果为了得到某些书籍而招致风险、损失和麻烦，那我将厌恶这类交易——尽管它符合我的思维方式。刚兴起的家业理应更需要安宁，而非冒险的利润……"②

电影属于这种情况。有学者认为最初出台的保护美国影业的《海斯法典》实际上不是"保护好莱坞电影业的'良药'"，"而是电影界企图逃避社会问题、压制政治异见者的险毒手段。有了这部法典，那些贷款给电影制作的华尔街银行家和股票投机商就可以堂而皇之地在影片中维护、宣扬其保守立场，并对那些足以唤醒观众政治、社会意识的影片大加讨伐"。对电影公司老板而言，法典是对付那些"不安分"的作家、剧作家及导演的上方宝剑，一旦出现"越轨"的主题、场景和对话，只要引用法典的条款就可以令他们三缄其口。③ 而英国电影审查委员会认为电影的宗旨是娱乐，"不是搞政治的地方"。为维持政治现状，皇室、政府、教会、警察、司法及友好国家都特别受保护，不得批评，也不允许表现当时社会有争议的问题，如苏维埃俄国、劳工关系（罢工）、第二次世界大战前夕法西斯主义的崛起等。电影审查委员会定期将有争议的题材向政府的对口部门汇报，寻

---

① 《英国政府通信白皮书》第十章：附录A《消极内容管理》，李澍、王宇丽等译，中国法制出版社，2002，第120页。
② 张咏华：《西欧主要国家的传媒政策及转型》，上海人民出版社，2010，第78页。
③ 孙绍谊：《从审查到分类——读解美国电影分级制度》，《世界电影》2005年第4期，第140页。

求指导,甚至鼓励政府的干预。①

最初的广播更是如此。它在传播内容上循规蹈矩,并选择了商业化道路。有学者认为,商业电台的特性从它一开始,就是由政治审查制度公开地或不露声色地塑造出来的……"事实上,无线电广播的影响力侧重于稳定而不是变革,它对现存的社会秩序小心翼翼,唯恐广播内容有什么冒犯之处。各地最好的电台都为大公司所把持,而这些大公司又仰仗于政府当局和一般公众的善心,这种关系,使它们极不情愿去冒打破常规的风险……由于电台受到控制,它反对任何煽动和挑逗独立思考的做法,认为这样做'太容易引起纠纷'。"② 典型的如20世纪30年代设在辛辛那提的美国最大功率的WLW电台就遵循一条非常明确的政策:"在我们电台的新闻广播中不涉及罢工方面的内容",当时的全国广播公司常常取消那些可能损害"公众信心和信念"的节目……③

对于这种规律,麦奎尔总结得很好。他指出:从破坏社会控制支配体系的能力来看,几乎所有的公共传播媒介都具有激进的潜在力量。它们能够提供获得针对现有秩序的新的思想和观念的途径。新形态的组织与抗争主张也可能抵达那些被控制的人群和弱势群体。尽管如此,媒介制度的成功发展通常会消除早期的激进潜力,部分是因为商业化所带来的边缘效果,部分则是因为权威当局对其扰乱社会的恐惧(Winston),根据媒介发展的一个理论,起推动作用的传播逻辑一直是更有效的社会管理和控制,而不是朝着变化和解放的方向(Beniger)。④

四 传媒内容监管机制的演进趋势

传播学者库伦伯格认为⑤,传媒政策的纵向发展分为三个阶段:19世纪中叶至第二次世界大战为传媒政策的诞生期(经济、技术因素主导期);第

---

① 石同云:《英国电影审查与分级制度》,《电影艺术》2004年第2期。
② 〔美〕丹尼尔·杰·切特罗姆:《传播媒介与美国人的思想——从莫尔斯到麦克卢汉》,曹静生、黄艾禾译,中国广播电视出版社,1991,第89页。
③ 〔美〕丹尼尔·杰·切特罗姆:《传播媒介与美国人的思想——从莫尔斯到麦克卢汉》,曹静生、黄艾禾译,中国广播电视出版社,1991,第90页。
④ 〔美〕丹尼斯·麦奎尔:《麦奎尔大众传播理论》,崔保国译,清华大学出版社,2006,第27页。
⑤ 〔美〕简·冯·库伦伯格、丹尼斯·麦奎尔:《媒体政策范式的转型:论一个新的传播政策范式》,见金冠军等主编《国际传媒政策新视野》,上海三联书店,2005,第16~17页。

二次世界大战至1990年为公共服务型传媒政策时期（政治、文化因素主导期）；1990年至现在为新时期的传媒政策时期（资本运营因素主导期）。

具体到媒介的内容监管，其发展规律是：第一阶段传媒的政治功能并未得到重视，除了基于国家安全、军事方面的需要进行相关限制外，对传播内容几乎无严格的审核，也无更多的传播限制，新媒体无严格的版权保护；第二阶段则开始重视传媒的社会功能，本着民主政治、公共利益的原则对传播内容进行干预，实行传播限制，启动版权保护；第三阶段随着新媒体尤其是互联网技术的迅速发展，使得信息传播变得难以控制，此时传媒监管政策也一度走向自由化，但是基于公共利益、国家秩序和文化安全方面的管制需要，新的网络内容管制方法也逐渐产生。[①] 这是宏观方面传媒内容监管机制的演变轨迹。

如果我们再以各类具体的媒介为考察对象，结合它们近年来的机制演变状况，可以发现当前媒介的内容监管机制总体上表现出如下发展趋势。

1. 内容监管机制的"去政治化"趋势

"'去政治化'（Depoliticizing）的主张是传播政策制定过程中长期以来未实现且最难达成的一个限制。"[②] 尽管如此，但在内容监管领域我们可以发现目前正呈现出"去政治化"的演变趋势。

各种媒介的内容监管最初都是以一种维护现实统治的方式、手段出现和存在的，发展到后来这些方式有的渐趋完善，有的因政治环境的改变而创新了原有的监管机制，但结合总的规律来看，似乎都有一种"去政治化"的文化政策化的演变趋势。

印刷媒介出现之后，最初各国的统治者都鼓励该技术的发展，法国、英国甚至积极从国外引进该技术。当印刷媒介真正发展起来以后，各国的统治者又担心其内容方面的传播影响而纷纷采取各项措施对印刷媒介加以限制和控制，从最初教会的禁书目录到王权时代的特许制、检查制以及法律检举和起诉等，基本形成了一套系统的内容监管机制。

这可以反映出当时统治者对印刷媒介所带来的内容方面的传播影响的

[①] Jan Van Cuilenburg and Denis McQuail, "Media Policy Paradigm Shift", *European Journal of Anastasia Bednarski*, From Diversity to Duplication：Mega – Mergers and the Failure of the Communication. Vol. 18（2）：181 – 207, 2003.

[②] 〔美〕Philip M. Napoli:《传播政策基本原理——电子媒体管制的原则与过程》，边明道、陈心懿译，扬智文化事业股份有限公司，2005，第334页。

担心与压制。这种压制直到二三百年后也就是资产阶级革命以后的自由主义阶段才陆续被取消，从此印刷媒介彻底摆脱了集权主义的控制，确立了以市场为主导的自由出版机制。此种情况下的印刷媒介可以像企业一样进行自由的登记注册和经营，除了法律的一些基本规定之外，集权主义时期一些政治化的监管举措彻底被自由化的市场范式所取代。"印刷媒介服从于法律，但保证言论出版自由（免除审查制度）。这个部分的特点是自愿主义和个人主动，而政府的角色被限制到了边缘。"[1]

电影媒介出现以后，最初的管制并不是基于技术、内容上的，而只是基于放映场所安全的管理。它作为娱乐媒介并不受到言论自由的立法保护。但发展到后来，出于道德维护的原因，行业内部最初制定了制作规则。后来又因面临政府管制的威胁，电影媒介为防止政府的直接干预和控制而自动地设立了内容分级系统，最后电影媒介被纳入了言论自由的立法保护范畴，最终完全实现了以行业自律为主的市场化监管机制。

广播电视的内容监管似乎也经历了一个同样曲折的过程。

麦奎尔在论及早期的传播政策时指出："公共广播最初被认为是工业和商业设备，当初为它制定法规是出于建立市场秩序、设置标准和保护官方电波使用的目的，但这样的政策目标很快就发生了转变。从20世纪20年代到30年代，在北美（如美国《1927年无线电广播法》、《1934年联邦通信法》）和欧洲（建立了不同形式的广播公有制度和政府控制制度）都出现了大量的法律和法规。根据早期的'公共利益'的观念，这些手段被用来管制媒介使用权、使用目的和执行的标准。虽然在美国早期立法中使用了这些条款，但并没有清晰地阐明它们。而当公有制被认为优先于新媒介商业价值的开发时，政府对传播内容的控制却严格起来，因此，早期的无线电广播并没有真正受益于言论自由的立法保障。"[2] 但广播电视最终确立了有别于电影媒介的以公共利益（公共服务）为核心理念的独立监管机制。

网络媒介也经历了一个先发展后监管的过程，但其内容监管的政策机制至今仍在确立和完善之中。

---

[1] 〔美〕丹尼斯·麦奎尔：《媒介政策的范式转变：一种新的传播政策范式》，《欧洲传播杂志》2003年第2期，参见http://www.mediaresearch.cn/user/ActiveView.php TxtID=417。

[2] 〔美〕丹尼斯·麦奎尔：《媒介政策的范式转变：一种新的传播政策范式》，《欧洲传播杂志》2003年第2期，参见http://www.mediaresearch.cn/user/ActiveView.php TxtID=417。

和集权主义时期印刷媒介的内容监管机制相比，我们可以发现电子媒介和网络媒介的内容监管似乎有着一个"去政治化"的发展轨迹。最初印刷媒介的内容监管主要是基于对教会与皇权的保护；而后来电影媒介的内容监管主要是基于对社会道德的维护；广播电视的内容监管主要是基于对公共利益的保障；网络媒介的内容监管主要是基于对未成年人的保护与文化安全等。从这一系列的演变轨迹我们可以发现内容监管越来越去除了政治的面纱，演变成一种传播的政策。

随着媒介产业的逐步私有化、市场化，趋利性越来越成为当代媒介产业发展的一种主流。另外，"随着卫星、光纤和互联网等新型传媒技术的发展，国家、政府规范和控制大众传播的权力逐渐缩小"①，这种"去政治化"的趋势也越来越明显。

"去政治化"并非意味着媒介的内容监管摒弃了政治方面的诉求，只不过是在媒介趋利本性的要求下，它以更为隐蔽的一种文化政策的方式呈现出来。对此，联合国教科文组织、世界文化与发展委员会曾一针见血地指出：

> 许多国家都采取措施，从地方到中央各个层面，努力使信息公开化。在这些措施中，包括建立独立的公共广播电视网，制定开放透明的法律法规框架，设立社区媒体以及制定强有力的文化政策和版权政策。最普遍的做法是用文化政策代替纯粹的政治控制。政府分别为私营和公共领域的信息传播行为制定政策，然后由独立的机构执行和监督。②

2. 内容监管机制的改良化趋势

马哈布·阿尔·哈克在《关于人的发展的思考》（1995）中指出了国家言论自由的衡量指标是：允许在公共场所和私人空间进行演讲，取消新闻

---

① 〔英〕凯文·威廉姆斯：《一天给我一桩谋杀案：英国大众传播史》，刘琛译，上海人民出版社，2008，第347页。
② 联合国教科文组织、世界文化与发展委员会编《文化多样性与人类全面发展——世界文化与发展委员会报告》，广东人民出版社，2006，第61页。

检查制度及对媒体的控制,允许私人拥有媒体,通过法律保障言论自由等①。马哈布·阿尔·哈克提出的"取消新闻检查制度及对媒体的控制",尤其是对内容的控制会成为一种可能吗?

纵观媒介的历史发展规律,我们可以发现,几乎所有的公共传播媒介在出现之初都具有激进的潜在力量,对既存的社会控制支配体系有着一定的破坏能力。"它们能够提供获得针对现有秩序的新的思想和观念的途径。新形态的组织与抗争主张也可能抵达那些被控制的人群和弱势群体。"②

尽管如此,这些早期的激进潜力最后还是都被消除了。至于其原因,"部分是因为商业化所带来的边缘效果,部分则是因为权威当局对其扰乱社会的恐惧"。但"根据媒介发展的一个理论,起推动作用的传播逻辑一直是更有效的社会管理和控制,而不是朝着变化和解放的方向"③。

因此尽管新媒介从诞生开始就对社会控制有一定的破坏潜力,但通过"社会管理和控制"(包括内容监管)最后都达到了一个新的社会平衡。只不过是因媒介的性质不同、内容监管的强弱,显性和隐性的程度也会随着媒介的历史发展而出现不同的变化。传媒内容监管最终很难随着近年来的放松管制而走向"解放",更不会随着媒介的进一步发展而渐趋消亡。这是媒介内容监管的一个永恒不变的发展规律。

随着近年来媒介私有化、市场化浪潮的出现,媒介内容监管机制的变革也更为迫切,对此联合国教科文组织和世界文化与发展委员会指出:

> 很多国家的政府都在处理一个非常棘手的问题:即如何把受政府保护的垄断性行业向私营领域开放。引起这种变化有几个方面的原因:首先是技术因素,因为卫星通信技术已经突破了所有的边界。其次是政治因素,不仅专制国家里由政府控制媒体的模式正在改变,民主国家公众对信息和表达的自由要求也越来越强烈,在这些国家里,信息传播仍然受到严格限制。再次是经济的原因,在自由竞争环境中,媒

---

① 联合国教科文组织、世界文化与发展委员会编《文化多样性与人类全面发展——世界文化与发展委员会报告》,广东人民出版社,2006,第10页。
② 〔美〕丹尼斯·麦奎尔:《麦奎尔大众传播理论》,崔保国译,清华大学出版社,2006,第27页。
③ 〔美〕丹尼斯·麦奎尔:《麦奎尔大众传播理论》,崔保国译,清华大学出版社,2006,第27页。

体是一个能够获取高额利润的领域。在这种背景下，最稳妥的办法不是讨论如何取消对媒体的管制，而是如何改良管制。①

传播政策的出现始于追求国家利益与工商业企业利益之间的互动。政府和产业界通过特权、法规和一些限制来追求共同利益。布热津斯基于1992年在《失去控制》一书中以影视产品的过度商业化为例指出："以好莱坞影片和电视片厂家为代表的商业化大众媒介，出于商业利益，迎合人们最低级的本能，倡导自我放纵和贪婪的价值观念，不断传播自我毁灭的伦理，其结果造成道德败坏和文化堕落，使社会日益腐败。"② 私有化、市场化浪潮中如何防止这种情况的出现，国家如何做到既保障媒介产业发展的同时又能使其在内容上不至于过于商业化，确实需要在原有的传播政策（规范和管制政策）的基础上加以改良和调整，也需要对相关的媒介内容监管机制做好进一步的重新梳理和改进。

比如说在印刷媒介的集权主义时期，对于暴力和色情内容一般由政府出面进行高压控制。但发展到现在，"由政府制定管理规范是一个办法，行业自律是另一个办法。由于言论自由是民主社会的重要元素，所以很多国家的媒体产业在公众舆论的压力下，一般都采取行业自律行为，而不是由政府出面对媒体内容进行管制"③。这就是内容监管机制改良和调整的一个典型范例。

3. 内容监管机制的一体化趋势

随着数字化和网络技术的发展，各种媒介出现了融合化的趋势。在这种媒介走向融合化的情况下，其内容监管机制也出现了一些新的变化。对此传播学者麦奎尔有如下观察和发现：

> 随着新时代的出现，印刷媒介以及公共传输工具（电话、邮件、线缆等）所享有的自由，将被赋予所有的公共媒介。通过电缆、电话线和卫星而进行的传播，迅速使得"由于稀少，因此要管制"的主张

---

① 联合国教科文组织、世界文化与发展委员会编《文化多样性与人类全面发展——世界文化与发展委员会报告》，广东人民出版社，2006，第59页。
② 见1996年12月17日《人民日报》。
③ 联合国教科文组织、世界文化与发展委员会编《文化多样性与人类全面发展——世界文化与发展委员会报告》，广东人民出版社，2006，第65页。

不再成立。除此之外，越来越多传播模式的整合，使得仅仅管制一种形态的媒介而不管制其他形态的媒介，变得不可能且不合逻辑。①

这里麦奎尔强调的是随着媒介传播模式的融合，过去单一的监管模式已经不再适应新的形势。

实际上，不只是传播模式的融合，媒介产业链上的诸环节也会出现融合化的趋势，这样势必造成媒介组织乃至媒介产业的融合，从而使政府对媒介相关产业的管理规制趋向融合。

具体到内容监管而言，媒介融合之前各种媒介的内容都属于不同的专业分工领域，其内容机构及其业务功能都相对确定、单一，并因此形成了以媒介内容为基础的机构型监管体制，即不同的内容业务分别由不同的部门进行监管。这种内容监管机制的优点是针对性强、专业性强。但随着媒介的逐步融合，内容业务相互交叉，根本无法像以前那样划清内容业务界限，进行明确的分类管理，从而导致了一些内容监管的严重缺位。

为了应对这种情况，目前媒介的内容监管机制出现了一体化趋势。即设立统一的内容监管机构，按相应的管理程序对内容机构的不同业务进行监管。这种监管有利于克服监管机构过多所造成的重复和交叉管理的缺陷，用统一的标准来管理各类媒介的传播内容，为媒介的融合发展提供良好的市场环境。典型的如英国，它将广播电视、电信、网络都归入一个管理机构（通信办公室）实行统一的监管。媒介融合下的不同内容按照相关标准由统一的机构进行监管。

也有重新设立监管体系以调整内容方面的监管政策的，如欧盟为适应媒介融合的趋势，于 2002 年颁布了五个统一的指令（《框架指令》、《授权指令》、《接入与互联指令》、《普遍服务指令》、《隐私与电子通信指令》），专门设立了信息通信网络的监管框架，以对电信、广播和其他信息媒体传输的网络进行统一的监管。

以上从媒介内容监管机制的总体比较、制定机制的原则以及监管机制本身的历史演变规律、趋势进行了分析和总结。最后，值得指出的是：在

---

① 〔美〕丹尼斯·麦奎尔：《麦奎尔大众传播理论》，崔保国译，清华大学出版社，2006，第 115 页。

这里我们之所以不厌其详地分析英美国家各种媒介的内容监管机制，归纳和总结其内容监管机制的历史演变规律与趋势，主要是因为它本身代表着西方媒介内容监管机制的主流。"大众媒介的技术和制度框架主要都是在西方（欧洲和北美）发展起来的，而世界上大部分的其他地区，也采纳并运用了类似的媒介技术发展成果。几乎可称作是大众传播本质特征的开放与个人选择，也被无可争议地认为是典型的西方思维。"① 尽管我们的社会制度与欧美有异，但从媒介内容监管本身的发展规律这个角度来看，英美国家的内容监管经验仍有很多地方值得我们借鉴，这也就是本研究的最终意义。

---

① 〔美〕丹尼斯·麦奎尔：《麦奎尔大众传播理论》，崔保国译，清华大学出版社，2006，第15页。

第八章
三网融合背景下传媒内容监管机制的创新

互联网出现之前的传媒基本可分为印刷、广电、电信三大块,其内容监管的基本格局是对印刷媒介实施的是基于言论出版自由保护的自由市场管理机制;对广电媒介实施的是基于有限度的言论自由保护的独立规制;而对电信媒介实施的则完全是邮政类的非内容管制机制。随着互联网技术、数字技术和三网融合的出现,新的技术条件与新的传媒生态给原有的这种内容监管体系带来了新的挑战,主要表现为传统分类监管模式的难以适应、新出现的融合内容业务的管理以及传统内容监管手段的滞后等。西方国家为应对这种新的传媒生态,对其原有的内容监管机制做了哪些创新与变革?

一 三网融合前传媒内容监管的基本格局与特点

一般而言传媒主要指传播各种信息资讯的载体,即信息传播过程中从传播者到接受者之间携带和传递信息的一切形式的物质工具。它包括承载信息的传输工具(即网络)与表现工具(包括传统媒体与新媒体等各种媒介形态)。这些工具包括电话、唱片、电影、广播、电视、手机通信等,我们将其统称为传媒。在传统的技术条件下,基本形成了印刷、广电、电信、互联网等四大传媒类别。它们各自有着不同的内容监管模式。

对于这四大传媒的监管一般是基于不同的信号传输物理介质即传播平台的不同进行分类的,如电视台、有线网属于广电监管,通信网和互联网属于通信部门监管,视频类业务属于广电行业监管,通话和网络接入服务属于广电部门监管。由于各网络传输的内容或服务比较单一,所以一般以

第八章　三网融合背景下传媒内容监管机制的创新

此分类来实现对基于该网络的内容业务的监管，并因此形成了典型的广电、电信监管模式。典型的如美国通过的《1984 年有线电视通信政策法案》，就明令禁止电信公司从事视频服务以及视频分类广告和视频节目等信息服务。对此，学者 Garry（1994）解释得很清楚："不管制模式：此模式适用于印刷媒体；共同管制模式：此模式适用于电报与电话；公共受托人模式：此模式用以管理无线广播与电视；线缆模式：此模式是混合共同载具与公共受托人的模式。"[①]

其实，上述印刷媒介的内容监管主要是基于对言论出版自由市场的保护，政府的管控范围被限制到了边缘。而电报和电话等传播媒介被列入电信范畴，国家对其所有权和相关设施进行强烈限制，并沿用惯例性的逻辑以公共邮政服务的模式进行管理，但对其传播的内容几乎不做任何严格的法律限制。而广播电视从一开始就对其频率的所有权、使用权与所传播的内容进行了严格的规定，内容监管上实施的是有限度的言论自由。这样基本上形成了按照媒介技术划分的内容监管逻辑，其中言论自由度的不同导致各种类别的媒介有着不同的内容监管机制。

广电传输采取的是"点对面"的传输方式，其本质是公共信息传播，属于大众传媒范畴。而电信传输采取的是"点对点"的传播方式，本质是私人信息的传送（如美国 1996 年电信法将"电信"定义为：电信是指两个或多个具体用户之间传输用户选择的信息，而该等信息在发送与接收中的形式与内容并未改变），属于私人通信工具范畴。所以，广电的监管特别强调的是内容的可控性，一般通过源头控制即对广电信号的安全输出来保障公共利益与文化安全。监管的关键是信号传输所形成的这个特定的节目内容平台的可控性。而电信监管主要是基于经济方面的反垄断。对于用户之间传送的内容一般实施通信自由。

随着数字、网络技术的快速发展，"数字电视、DVD、DVR、可移动存储设备和存储检索视频信息等媒体打破了计算机和电视之间的区别。当互联网服务不仅可以通过计算机业，而且也可以通过电视接入获得时，广播

[①] 〔美〕Philip M. Napoli：《传播政策基本原理——电子媒体管制的原则与过程》，边明道、陈心懿译，扬智文化事业股份有限公司，2005，第 2 页。

电视与网络空间原本清晰的边界变得模糊了"①。原有的广播电视网与电信网、计算机互联网出现了三网融合。从此三条分属不同产业部门的网络线路可以开展交叉业务：广播电视网除了提供广播电视节目服务外，还可以提供互联网接入、IP电话等服务；电信网除了提供电话服务外，还可以提供互联网接入、IP电视等服务；互联网除了向计算机终端提供服务外，还向手机、电视机等终端提供服务。

"数字技术的迅猛发展正在开辟出新的产业发展空间，但是也凸显了新的监管难题。"② "互联网已经成为可以创造出无限频道的'电视资源'，这一定会使以有限频谱资源和自然垄断为理由的广播电视业管制成为过时之物。"③ "过去管制传输工具的法律，特别是以邮件、电话、报纸、有线电视及广播电台为模式所发展出来的法规，在电子数字化的传播时代将产生法律不适应的窘境。"④ 事实上，这种监管难题涉及技术监管、行业监管、业务监管、内容监管等多个层面，但最迫切需要解决的是传输内容的安全问题，即内容监管问题。三网融合对传媒的内容监管构成了哪些挑战？欧美国家是如何应对的？我们能够吸取哪些经验与教训？这已经成为解决三网融合问题的关键。

二 三网融合后传媒内容监管面临的挑战

三网融合以后，原有广电传输的视听内容已经突破了过去传输渠道的限制与控制，可以借助电信网、计算机网传输，同时后者也可以从事广电内容业务的经营。这种融合带来了传播方式和媒介形态的革命，使得传统媒介壁垒分明的边界走向消解，媒介内容的共享成为可能。三网融合带来了内容系统的融合，也有网络的融合以及终端的融合。内容系统的融合导致新的内容业务大量出现；网络的融合则催生大量新的传播渠道，并提升了渠道的传播功能；终端系统的融合使得受众不再是被动接收的一方，同

---

① 〔美〕克里奇：《电子媒体的法律与管制》，王大为等译，人民邮电出版社，2009，第391页。
② 张晓明、胡惠林、章建刚：《走进"十一五"发展文化事业的新综合与新视野》，见张晓明主编《2007年中国文化产业发展报告》，社会科学文献出版社，2007，第16页。
③ 〔美〕克里奇：《电子媒体的法律与管制》，王大为等译，人民邮电出版社，2009，第390页。
④ 张咏华等：《西欧主要国家的传媒政策及转型》，上海人民出版社，2010，第120页。

时也成为主动的内容生产方。这种情况下传媒的内容监管出现了新的难题，具体表现在如下几个方面。

1. 对传统分类监管模式的挑战

三网融合最大的一个后果是大大拓展了视听内容传播的渠道，使原来充当"载体"角色的运营商开始进入内容领域并提供视听内容服务，从而成为视听领域的"新准入者"。由此产生内容监管职责界限应该如何重新划分的难题。

在传统的广电、电信监管模式中，电信领域主要采取结构性管制，即主要针对基础设施加以管制，注重其社会普及性，管制的依据是电信是国家公共事业（或者列为公共利益、公共服务）；而在广播电视领域则主要采取内容管制，注重其社会文化功能，管制的依据是频谱资源的有限性。三网融合以后，由于传播渠道的互联互通，使传媒的边界逐步淡化与模糊，因而传播平台随之出现了新的变化：不同传播平台可承载同一内容，同一内容可由多个传播平台传输和接收。即作为传统通信传输服务提供商的电信可以涉足内容服务，而作为内容服务提供者的广播电视能够提供宽频网络服务。不同的传输平台、传播渠道可以任意切换，这样原有的依据传播平台确立的以内容特质为基础的（即结构性管制和内容管制）广电、电信监管模式该如何调整其内容监管尺度，对各种媒介进行规范和统一，如何才能处理好新的内容业务，比如IP电视、手机电视等，已成为传媒内容监管模式的困境。

2. 对交叉准入内容管理的挑战

三网融合的最大特征是取消了过去的交叉准入限制，产生传输内容的融合。即它改变了以往某类媒介仅提供单一形态信息的特点，它将文字、图像、语音、影像等资料加以数字化并整合运用，使得媒介内容涉及了不同性质的媒介类别。大量的网络视频、音频以及彩信、图片等新业务将会出现。这样融合背景下的内容监管比原来的单一媒介的内容监管要复杂得多。典型的如媒介内容系统的融合使得交叉的内容业务（如IPTV、手机报、网络视频、手机电视等）不能明确地被纳入管理视野，从而使管理主体很容易出现监管缺位的情况。[①] 以手机视频内容为例，它本身就有通信和广播

[①] 黄春平、余宗蔚：《媒介融合背景下我国数字内容的监管难题与解决路径》，《深圳大学学报》2010年第2期。

两种方式，通信网和广播网均可实现其信号传输，所传输的信号又同时包括视频、语音和数据三重服务。所以电信部门沿袭以往的监管思路，认为它属于通信监管，监管重点在"手机"；而广电部门则认为它只是多样化的接收终端形式之一，因为它传输的属于广播电视节目信号，应该按照广电方式监管，监管重点在"电视"。对于这些新出现的图片、文字内容和视听节目内容，是按照原有的电信和广电部门分别管理，还是统一协调管理？在内容融合的新形势下，各个管理部门如何协调并及时处理好各种融合内容？另外，"在广电和通信产业汇流的情况下，个人普遍掌握了大规模复制与传播技术，在技术上还有无可能沿用原有模式实行政府直接监管"[①]，这些都是融合内容业务带来的一种新的挑战。

3. 对传统内容监管手段的挑战

对于传统的广电实施的内容监管有前端监管、中端监管和后端监管三种基本手段。

前端监管是直接规定和控制传媒的内容以及与传媒直接相关的产业的准入；中端监管是控制传媒内容的终审权和播发权，实际上也就是控制传播渠道；后端监管是对违反有关政策法规、损害公共利益的内容进行及时、有效的惩罚，实际上是一种事后监管。三者相互配合。

三网融合后，将催生出大量新的传播渠道和新的内容平台，加大了内容监管的难度。一方面，原有的广电用户将大批量地接入互联网，使广电网的内容监管面临重大挑战，另一方面，Web 2.0模式推广到其他网络后，大量的网民将通过传统互联网、移动互联网、广电网，不断地提供视听内容和创造视听内容，即受众的接收方式发生变化，由原来单一的接收终端逐步向多样化转变。受众既是网络内容的欣赏者（读者），也是内容的制造者（作者）。特别是3G技术及智能手机终端的运用将更加助推这一情况的剧变，对视听内容的安全及监管的实时性、有效性产生极大的挑战。过去的准入控制、事前审查及媒介源头控制都将失效，在个体已经成为一个个独立的内容提供者和信息发布者之后，事后追惩将带有相当的难度，诸如这些将彻底颠覆传统广电时代的内容把关与管理。新传播科技宣告了频谱资源稀缺性的终结，国家再也不能将确保清晰的讯号接收当做是介入广播

---

① 张晓明等：《应对国际金融危机挑战，大力推动文化产业实现新的跨越》，见张晓明主编《2009年中国文化产业发展报告》，社会科学文献出版社，2009，第15页。

第八章 三网融合背景下传媒内容监管机制的创新

电视管理的正当理由。"互联网已经成为可以创造出无限频道的'电视资源',这一定会使以有限频谱资源和自然垄断为理由的广电业管制成为过时之物。"①

针对以上挑战与窘境,到底应该强化原有的分类监控还是使用新的疏导方式来解决?欧美国家是如何处理好这种产业发展与内容安全问题的?下面我们不妨将三网融合背景下欧美国家传媒内容监管的若干经验加以归纳和分析。

三 三网融合后传媒内容监管的机制创新

三网融合后也出现了广电网、电信网、互联网的传播内容融合的问题,但问题的根本与关键还是在于如何处理好广电网与互联网的传输内容关系,抓好三网中互联网的内容监管。为此欧美国家都建立了相适应的监管体制框架,这方面的经验我们试归纳如下。

1. 立法整合分类监管机制

从传媒的发展史来看,欧美国家的广电网、电信网、互联网三大网络最初本属于不同行业,由不同的政府部门来实施监管,这给三网的真正融合在客观上带来了政策壁垒。

"科学技术进步常常发生在法律变化之前,这是因为规制需要时间去实践,而技术总是不断变换着和前进着。但是从规制为变革者提供构架而言,它是媒介融合出现的一个关键因素。"② 正因为规制能为变革者提供构架,所以为实现真正的三网融合,各国都积极应对,纷纷推出各种举措,整合原有的传媒管制框架。它们在监管创新上表现出的共同点是:"进行整合性管理的基础是法律。在英国、美国等国,都是首先在法律体系上做出修订和调整,从法律的角度为监管机构的融合提供依据,使管理机构对融合业务的管理有法可依,从而减少矛盾。"③

---

① 〔美〕克里奇:《电子媒体的法律与管制》,王大为等译,人民邮电出版社,2009,第390页。
② Stephn Quinn, *Convergent Journalism: The Fundamental of Multimedia Reporting*, N.Y.: Peter Lang Publishing, Inc., p. 38. 转引自黄炜《构建中国广播电视新媒体政策体系研究》,中国传媒大学博士学位论文,2007,第142页。
③ 彭兰:《关于数字媒体内容管理体系建立原则的思考》,《国际新闻界》2007年第11期,第13页。

三网融合的雏形诞生于美国。为适应这种形势美国最早出台《1996年通信法》,"从法律高度上为融合的管理体制的形成奠定了基础"①。该法授权联邦通信委员会(FCC)对广播电视和电信业进行监管。联邦通信委员会将内设的公共电信的监管机构与有线电视的监管机构合并,统一设立了一个"竞争监管局"。融合后的新机构将电信、广播电视和互联网统一纳入监管范围,统一政策,统一监管。它们之间的协调机构是通信业务机会办公室。正是通信法的确立,才整合了原来各自独立的监管体系,确立了联邦通信委员会在内容监管上的统领地位。

英国是欧洲三网融合推行最早,也是推行相对最好的国家。英国出台了通信法,将先前五家管制机构(电信管制局、独立电视委员会、广播标准委员会、无线管制局和无线通信局)合并成通信办公室,实现对广电和电信的统一监管。加拿大通过了《加拿大广播电视电信委员会法》,将广播电视与电信业置于统一的监管机构广播电视电信委员会(CRTC)之下,以保障行业发展的统一性和协调性。还有澳大利亚、新加坡、韩国等国家相继修改原有的通信法,成立统一的监管机构对广播、电视和通信实行统一监管。

统一的适用法有利于建构统一的管理机构,协调原有的监管部门,避免因分类监管造成的尺度不一、相互矛盾,政出多门、相互分隔,从而可以确保三网融合的顺利实现和内容监管职责的明确和到位。

2. 依据传输内容性质实行分别管理

三网融合以后将会方便各种内容的传输,如何有效地监管这些内容,"过去的管制方法主要是通过稀缺媒介控制来实现的。但是,数字技术使媒介从稀缺走向丰富,原有通过媒介控制的方法正在逐渐失去基础。因此,必须对各种来源的内容进行管制"②。如何对各种来源的内容从源头上进行管制? 欧盟的经验是对传输内容的性质进行区分,然后再进行宽严有度的监管。

2005年欧盟通过《视听媒体业务指令》,将电信、广播、互联网等网络传输内容(如IP电视、互联网广播电视、播客广播、手机电视和移动多媒

---

① 余晖、朱彤:《英、美、韩经验的重新解读——"三网融合"监管政策研究》,2007年5月11日《中国经济时报》。
② 赵子忠:《内容产业论》,中国传媒大学出版社,2005,第125页。

体广播等各类新兴视听节目服务）分为"线形"和"非线形"业务，分开管理。对于线形业务（指向传统电视、互联网、手机等终端定时按照节目单传送的业务）按照广播业务的模式进行内容管理，对于非线形业务（指按照用户的定制需求传送的内容，即点播形态的业务）则实施比较宽松的监管。

具体到欧盟成员国国家内部，对三网融合后的内容业务尤其是一些交叉性业务，它们也习惯于按照内容的性质将其列入广电模式进行监管。以IPTV为例，法国、德国、荷兰、比利时、瑞典都视为广播业务，而奥地利则视为内容业务，纳入一般媒体的管制框架，但也有个别国家如丹麦、芬兰、爱尔兰等目前还没有将其列入广播业务范畴，视为一般的通信传输管理。[①]

美国同样是如此。利用有线电视网络、卫星、广播电视网络传输影视节目都属于媒体局的管辖范围。而利用互联网络传输影视节目则需要对其进行业务界定——是有线电视服务还是信息服务，如属于有线电视服务，仍属媒体局监管范围，如属于信息服务，则属联邦通信委员会放松监管的范畴。对此，美国《1996年联邦电信法》对它们的业务准入许可有明确规定。该法第621条特别强调"任何有线电视运营商不得因其提供任何有线电视业务而被视作公共电信运营商或公共电信使用者进行监管。"同时该法第303、653条鼓励有线电视运营商经营有线电信业务，并明确规定无需另行申请许可证，但电信运营商要经营有线电视业务，则必须另行取得有线电视的业务许可。

3. 建立内容监管机构，统管融合内容业务

三网融合出现以后，各国都积极应对，纷纷推出各种监管举措。许多国家都在原有监管机制的基础上成立了专门的内容管理机构或将新的融合业务纳入原有的内容管理机构之下。如美国的媒体局、英国的内容委员会、加拿大的广播电视电信委员会（CRTC）、澳大利亚的通信媒体管理局（ACMA）、新加坡的媒体发展局（MDA）、韩国的信息道德委员会（ICEC）、法国的最高视听委员会（CSA）等，这些机构都专门负责对广播内容的监管，很显然都属于广电监管独有的内容而与电信监管无关。

[①] 汪卫国：《管制政策对IPTV发展的影响分析》，http://policy.catr.cn/zcyj/200705/t20070531_573545.htm。

在这些专门性的内容监管机构中，具体情况有异。如美国的媒体局附属于统一的监管机构联邦通信委员会之下，专门负责除电信业务之外的广电内容的监管。而英国的内容委员会则附属于统一的监管机构英国通信办公室之下，专门负责广播的内容监管。相反，加拿大和澳大利亚的内容管理机构除了管理广播电视内容之外，还负责兼管电信业务。可见，西方国家成立这些专门性的内容监管机构，一方面是为了对传统媒体的内容继续保持管控，另一方面也是为了对三网融合衍生的交叉、融合内容业务实施及时的监管。

4. 强化功能监管，使内容监管更有针对性

三网融合以后传媒的载体功能在逐步被强化，出现了立体的、多功能的、多样化的载体。针对这种情况欧美国家传媒的监管特点也有新的变化：弱化过去的机构监管，逐步强化功能监管。

机构监管[①]指按照媒介介质的类别分别设立机构进行监管。不同的机构各自监管不同的媒介。机构监管的优点在于监管的专业性强，但随着传播科技的发展与三网融合的出现，这种按照媒介介质类别所实施的机构监管，往往容易形成监管真空或监管交错与重叠。

而功能监管主要是指按照传媒的业务功能如内容、技术、基础设施等进行分类，然后各由某一特定的机构或部门进行监管。功能监管的优点在于针对性强。它有利于按照媒介内容、技术或设施特点，确立好相应的监管机构，制定具体的监管规则。

三网融合以后欧美各国尽管大多建立了融合内容监管机构，但在监管过程中更多的还是倾向于依据功能监管原则对广电、电信、互联网区别对待。对电信、互联网上的内容监管较为宽松，而对广播电视系统的内容继续进行严格监管。因为前者属于基础设施，而后者属于内容。典型的如英国三网融合后所建立的监管机构基本上是按通信业务功能在内部设立各个职能部门，下设执行、政策、运营和内容四个委员会，分设内容标准、技术标准、频谱、战略市场发展、频谱政策和竞争市场六大部分。

功能监管的强化，能有效解决三网融合后传媒内容监管的归属问题，避免出现内容监管真空和监管职能的重叠，从而使内容监管更具有针对性、

---

① 李红祥：《媒介融合下传媒监管模式的变革》，《新闻爱好者》2010年第9期，第12页。

第八章 三网融合背景下传媒内容监管机制的创新

实效性。

四 三网融合背景下传媒内容监管机制创新的启示

长期以来，西方国家已经形成了严格、规范的传媒内容监管机制。一种新媒介出现时，最初新媒介的内容监管手段很大程度上都是沿袭旧媒介的传统管理方式，"将新的传播科技挤压套用在既存的管制模式之中"①，如美国国会也曾试图将"网际网络强迫套用在广播电视的管制模式之下"②。在三网融合背景下，目前呈现出的内容监管趋势总的而言基本沿袭了传统媒体的监管思路，如技术监管、行业自律、立法监管等。"尽管政治和管制的逻辑仍然存在着，但这种逻辑将是无法持久的。"③ 正因为如此，西方国家都对原有的监管机制进行了重新创新，这种创新给我们提供了如下若干启示。

1. 统一监管体系

马克思在谈到出版法时认为有关出版的法律应当随着社会的发展而进步，他要求废除过时的书报检查制度，"制定新的法律来调整这种新的社会状态"④。

事实上，欧美国家为了应对三网融合的趋势，也正是通过立法来重建、调整原有的监管体系，对三网实施统一监管。但在这种体系内部大多还是遵循原有的分类监管方式，同时对网络层、内容层分别管理，强化内容业务的监管，这是一种监管思路的创新，有其合理之处。

传统的分类监管的实施为统一监管奠定了良好的前期基础。媒介融合以后遵循原有的分类监管方式，自然有其合理之处。因为，"从总体上看，由于经过了较长时间的磨合，传统媒体时期的各监管机构对各自的职责区域大都有清晰框定，相互间的配合也较默契"⑤。所以在实施统一监管时，

---

① 〔美〕Philip M. Napoli：《传播政策基本原理——电子媒体管制的原则与过程》，边明道、陈心懿译，扬智文化事业股份有限公司，2005，第2页。
② 〔美〕Philip M. Napoli：《传播政策基本原理——电子媒体管制的原则与过程》，边明道、陈心懿译，扬智文化事业股份有限公司，2005，第2页。
③ 〔美〕丹尼斯·麦奎尔：《麦奎尔大众传播理论》，崔保国译，清华大学出版社，2006，第173页。
④ 马克思、恩格斯：《马克思恩格斯全集》第1卷，人民出版社，1956，第93页。
⑤ 郭平、樊亚平：《数字化对媒体内容监管的冲击和挑战》，《兰州大学学报》（社会科学版）2008年第5期，第16页。

西方国家在大多数情况下认为"更多地应考虑将现有的各级各类管理部门纳入到一个统一的管理体系中,在数字媒体的核心管理部门的领导与协调下,来重新进行各个部门的分工"①。

正是监管机构的融合,才有利于改变通信产业政出多门、相互分割的状况,建立统一监管体系,形成协调的政策,解决内容监管的难题。一方面将电信与广电网络由一个机构统一实施监管,另一方面在融合性的监管机构之下再另设内容监管部门。这样既有利于网络层、内容层甚至技术层的融合,打破部门利益限制,又有利于融合媒介内容的安全与保障。

2. 渠道与内容分开监管

"三网合一"的技术变革,确实改变了广电传输业与电信传输业相互隔离的外部关系,"但却并没有也无法消除它们各自独立的内在特性,从而也没有改变广电传输和电信传输实行分业监管的基础"②。

欧美国家大多建立了带有融合性质的统一的监管机构,但在这种统一性的监管机构的内部仍然保留着原有的基于类别媒介为基础的分类监管。这种分类监管主要是按照媒介的功能特点将传输内容与传输管道分开,将带有强烈内容属性的广电与传输性很强的电信分开,然后由统一的监管机构来负责各个监管部门之间的协调与合作。这种监管机构合并只是两种业务监管在主体形式上的改变,但在具体的内容监管事务上的差别并没有因此而消失。

如加拿大建立了广播电视电信委员会这一统一的监管机构,但监管机构内部的广播部则专门负责对广播电视的内容进行监管,电信部则对电信传输通道进行监管。美国的联邦通信委员会也是如此。电信业由有线竞争局和执行局具体监管;广播电视业由媒体局监管。二者的监管遵循各自独立的规则。英国尽管不对广电和电信进行区分,而是统一监管,但在广播方面也设有内容委员会这样的专门的内容监管机构。

继续保持渠道与内容的分开监管的确有利于将传媒内容独立出来实施重点监管,以保证三网融合以后内容的安全与控制。我国行政特区香港就是在这方面对西方国家实施借鉴成功的典型范例。该地区也是采取内容监

---

① 彭兰:《关于数字媒体内容管理体系建立原则的思考》,《国际新闻界》2007年第11期,第14页。

② 何平:《"三网合一"究竟意味着什么》,2005年8月29日《中国计算机报》。

管与网络监管分离的管制政策，电信和广电双方分别定位为业务传输和内容监管，这样既保证了通信业务、融合业务服务的普遍性，又保证了传播内容的健康与安全。

3. 明确内容业务标准

三网融合以后欧美国家对媒介内容业务实施具体的区分，依据媒介传输的内容性质制定了明确的内容业务监管标准，做出有针对性的监管。

前面提到的欧盟"线性"服务与"非线性"服务的分类，规定它们都必须接受基本义务的约束，对"线性"服务的内容监管实施的是广电内容标准，而对"非线性"服务的内容监管则有：保护未成年人、尊重人类尊严、区分广告与节目、禁止烟草制品和处方类药品广告的播出等最低标准。如果传媒服务提供者兼用线性和非线性两种方式，向公众提供内容相同的一项视听传媒服务，则应当要求非线性服务履行对线性服务的规定。① 这实际上是一套比较全面的内容监管标准。

再如美国，联邦通信委员会依据内容业务性质的不同对三网融合后的电子通信、大众传播和一般信息服务进行了区分，并实施不同的内容业务监管标准：电信服务继续遵循"促进本地市场竞争"原则、"普遍服务原则"、"E911"强制原则以及"隐私保护"原则；一般的信息服务则遵循"放松管制"原则；而对于大众传播则遵循"反低俗"原则、青少年保护原则、内容分级原则。② 此外，还明确规定了运营商的不同内容业务标准。《1996年联邦通信法》没有对电信运营商规定任何义务，但规定消费者不得使用电信设施猥亵、骚扰他人（第223条）。相反，对于广电传输内容，《1996年联邦通信法》的第611、612、641条分别规定了禁止有线电视运营商传输的特定节目以及有线电视运营商传输成人节目必须加密等。

只有制定明确的内容业务标准，才能确保对三网融合以后内容业务的监管不至于失控。这样视听媒体行业或传播个体在实施传播行为时也有自己的底线和规则，这不失为从内容源头上解决监管问题的一个好办法。

4. 重视自律性监管

自律分为行业自律和受众自律。行业自律是让运营机构和有关的社会

---

① 唐建英：《〈视听媒体服务指令〉与欧盟新媒体内容规制初探》，《第六届亚太地区媒体与科技和社会发展研讨会论文集》，2008，第135页。
② 王朋进：《三网融合条件下欧美电视内容管制的适应与调整》，《中国电视》2011年第1期，第72页。

团体、非政府机构一起，自愿采取一些共同适用的原则进行内容管制，一直以来行业自律是西方传媒内容监管有效施行的一种重要手段。印刷媒介与电影媒介的内容监管基本靠的就是行业自律。至于广播电视与网络媒介，尽管有时甚至采用强硬性的内容审查，但总体而言也是以行业自律为主。此外，西方国家还一直重视受众的媒介素养教育和受众的自律，这种内容监管方式也行之有效。

对于媒介融合背景下的传媒内容，同样可以推行传媒的行业自律。如日本的数字媒体基本上采取的是伦理道德约束，取得了很好的效果。甚至有学者认为："针对数字传播特点，研究数字媒体受众的媒介素养的构成，对终端用户加强媒介素养教育，将是一种长远而有效的方法。"① 英国手机电视通过行业守则要求手机运营商向父母或者监护人提供"内容过滤"、"年龄识别"以及"上网进入控制"的服务，以解决手机电视的内容监管难题。

德国的"自愿自控多媒体服务提供商协会"提倡采用在线问卷调查表来帮助网站、移动内容提供商和其他电信媒体来甄别色情、暴力等内容，通过"分级标志加过滤软件"来设置年龄许可标志，实施融合媒体内容的自行分级。②

不过，自律性监管不可能彻底取代政府监管，当行业自律达不到法律规定的目标时，仍然应当实施国家干预。

5. 尊重各自的国情

内容监管模式的选择必须考虑各个国家与民族的个性特征、媒介性质以及本国三网融合的现状；同时内容监管机制的设计与安排要有一定的弹性，必须能为传播科技的发展和未来三网融合的趋势与变化预留一定的能够适时调整和变革的空间。

如最初欧盟委员会制定《视听媒体服务指令》时就遇到了"公共利益与产业利益"之争。以政府机构和社团为代表的一方基于公共利益的维护主张，"把有关电视内容的法规修订成适用于所有关于视听传媒服务的综合性法规体系"；而电信公司、互联网和宽带服务提供商、互联网内容服务商

---

① 彭兰：《关于数字媒体内容管理体系建立原则的思考》，《国际新闻界》2007年第11期，第17页。
② 班玮：《德国拟推互联网内容分级制度》，新华网，2010年10月16日。

第八章 三网融合背景下传媒内容监管机制的创新

等，都主张对新兴视听节目服务实行"不规制"或"轻规制"政策，强调市场机制的调节，鼓励行业自律，反对国家干预，以免影响这个新兴产业的发展。最后欧盟委员会在这两者之间进行了调和，并制定了一个共同的发展框架，但将内容监管的具体措施与规定留给各成员国自己掌控，各国可根据具体国情作出不同的监管规则。

法国因为工业、经济、文化和政治等各方面因素的影响，在三网融合的过程中并没有像英美国家一样将监管机构进行合并，而只是将电信、广电与互联网三者的监管范围做了调整。即根据传播对象性质的不同，将融合以后的电子传播分为两类：面向公众的电子传播（视听传播与互联网）和面向私人的电子传播，并明确了载体和内容的监管分工。电子传播和邮政管理局（ARCEP）管理载体，视听最高委员会（CSA）管理内容。

另外，英美国家传媒内容监管机制的重建与创新也是以三网融合的产业发展趋势为前提的。英美国家的广电产业一直实行商业化运作，内容安全是底线，产业发展是根本。三网融合之后一系列的改革措施也都是以此为前景进行设计与安排的。内容监管主要是出于公共利益的维护及对未成年人的保护，非内容化部分继续保持原来的商业化运作，这就是它们的国别特征。

新科技带来新的传播媒介，新的传播媒介需要新的监管政策法规。为了适应新技术带来的新变化，我们现在正面临的是数字技术和网络技术共同作用和影响下的媒介融合，如何在这种背景下进行有效的内容监管？如马克思所言"制定新的法律来调整这种新的社会状态"[①]，这固然是解决当前难题的一个重要手段，但更重要的是要遵循媒介内容监管的历史发展规律，改变传统媒体时期以审查、封堵、准入等方式为主导的内容监管模式，转而采取疏导与控制相结合的多样化监管模式。因为我们必须意识到："在传统媒体内容监管时代，控制既是监管的目的，也是监管的手段；在数字化时代，对媒体内容的控制仍是必需的，但它已不再是监管的有效手段。"[②]所以三网融合背景下对传媒内容的监管和控制是必需的，但要根据内容的性质注意加以区分监管的力度，尽可能争取以疏导来达到控制的目的，西方的这些经验很值得我们思考，并根据我国的具体国情加以借鉴。

---

① 马克思、恩格斯：《马克思恩格斯全集》第1卷，人民出版社，1956，第93页。
② 郑保卫：《数字化技术与传媒的数字化革命》，《国际新闻界》2007年第11期，第10页。

结　语

传播大师斯拉姆等认为："对于民主社会来说，长期存在的问题是要决定公众通信工具发表意见的自由限度在哪里……在民主范围内施加什么样的限制才算不违反自由原则呢？不幸至今还没有形成一种有助于解决这些问题的一般性原则。唯一的指导性的准则是历史形成的某些特殊限制，而不求助于统一的概念。"[①] 以历史发展的眼光来看，西方大众传媒的内容监管机制正是如此，它们都是历史上形成的某些特殊限制。

前印刷媒介时期，即手抄传播时期，生活在古希腊的柏拉图最早注意到传播媒介（尤其是影响广泛的诗歌）的内容所产生的影响，以至于他在著作《理想国》中提出了如何控制诗歌的内容传播，并开出了以诗禁为典型的传播内容控制的药方。历史证明，后来欧洲的教会与封建君主就是根据柏拉图最早开出的方子来管理本国印刷媒介的。

印刷术的发明使以纸质作为传播媒介的图书、报刊代替了过去的手抄本，并在传播的数量和传播的规模上得到了空前的扩张。在商业利益诱惑下逐渐扩大的图书报刊市场对教皇和王权构成了严重的威胁。当时出身于技术工人的印刷商（早期的因此成为巨富，地位堪比当时的王侯贵族）甚至可以说："只要有二十六个铅字兵，我就可以征服世界！"为此，教皇和王权不得不建立专门的书报检查机构，加强对印刷出版物的内容监管。除了实行禁书目录、特许制外，还普遍实行了书报检查制度。此后又出现了诸如诽谤罪、叛逆罪以及保证金制、知识税等内容监管方式。前后经历了二三百年的时间，印刷媒介才彻底摆脱了集权主义的严酷禁制，形成以市

---

① 〔美〕斯拉姆等：《报刊的四种理论》，中国人民大学新闻系译，新华出版社，1980，第63页。

场调节为主的出版自由机制。在这种市场机制之下，鉴于印刷媒介的技术条件比较简单，影响也相对有限，所以内容监管的重点就在于保障新闻出版自由，仅仅对内容底线和事后救济手段做出非常有限的相关规定。为此有些国家甚至仅仅直接以宪法和普通法律对其予以规范之。

以广播、电影、电视为代表的电子媒介，是人类传播史上的第二次革命。它们以声光为介质，无远弗届、瞬息可达，再次极大地拓宽了印刷媒介所不可比拟的人类传播的时空。西方各国基于种种原因和目的（或出于保护未成年人，或出于政治军事原因，或出于公共利益，或出于频率资源分配，或出于社会道德等）都加强了对电子媒介内容的监管。

考察发现，早期广播媒介的内容管制模式最早脱胎于带有公共传输性质的电信监管范畴。后来逐步独立，形成了自身独有的内容监管机制，其常用的监管手段除了控制频率、电波资源外，一般还实行执照续展、内容分级、技术控制等。将不符合统治者价值观念的节目内容剔除在大众传播范围之外。与印刷媒介内容监管不同的是，广播媒介的内容监管机制尽管秉承了印刷媒介的言论出版自由传统并以独立规制的方式而存在，但它实质上最终还是受到政府的间接控制。"具有讽刺意味的是，虽然对传媒业的管制已走过了近百年的历程，但原来对无线电广播强调的管制重点，政策和法规至今依然存在。"[1]

而早期电影媒介的内容管制模式却更有意思，它脱胎于当时剧院的剧本审查。早期的电影媒介并没有享受到印刷媒介经过艰难斗争所获得的言论出版自由的好处，它作为娱乐媒介被排除在言论自由的立法保护范畴之外。直到后来才被等同于一般媒介获取这种殊遇。基于社会道德的维护，更基于官方审查的威胁，电影媒介通过自身努力实施行业自律，最终摆脱了被官方控制的厄运，这一点它又要比广电媒介幸运得多。

而且，早期印刷媒介和电子媒介的内容监管机制基本上以事前的管理和监督（当然，电子媒介也有事后追惩制性质的执照续展）为主。书报检查制度和影视节目审查制度在很大程度上可以说是从传播内容上对媒介的一种直接监管。而影视节目的内容分级制度则是从传播渠道（方式）上对传播内容的一种间接监控。无论是直接监管还是间接监控，它们对传统媒

---

[1] 〔美〕克里奇：《电子媒体的法律与管制》，王大为等译，人民邮电出版社，2009，第389页。

介的传播内容一般能起到较好的监管作用。此外,还有其他内容监管手段如执照续展、技术监控、行业自律等,经过实践已经表明都比较有效。

到了网络媒介时期,由于传播主体、传播对象与传播方式发生了变化,传统的媒介内容以比特的方式进行复制和传播,此时传统的内容监管方式面临着新的难题,原有的内容审查和传输渠道的监控以及事后惩罚似乎都难以为继。最终许多国家转而采取完全有别于电子媒介(独立规制)而比较接近于印刷媒介(自由市场机制)的柔性控制机制,而且产业的发展再次优先于内容的管理,行业的自律主宰着对海量内容的控制。与电子媒介内容监管最大的不同是:"新媒体却不受公共利益标准的制约,看起来它们正把内容推向限制的极致。"①

媒介汇流时代,数字、网络化技术使得原有泾渭分明的传统的分类监管机制不得不破碎重来。各国政府都在积极改革,对原有的传媒内容监管机制进行创新。此时传媒内容的统一监管是大势所趋,各国纷纷建立专门的内容监管机构,将渠道与内容分开监管,重新确立内容监管标准并积极倡导行业自律。

纵观各种媒介的内容监管机制可以发现,它们制定的基本原则是以保障言论出版自由为前提;多以产业发展为先;多以保护未成年人为重。在传媒内容监管的发展演进中其规律是:内容监管在媒介的商业化过程中产生;多从技术控制开始;监管手段与措施有一定的历史沿袭性。目前传媒内容监管呈现的发展趋势是:内容监管机制的一体化、"去政治化"与改良化。

丹尼斯·麦奎尔认为:"当新技术上看起来似乎已经普遍保证了传播的自由时,持续性的制度性控制,包括市场的控制对于实际的传播流动与接受的影响还是不应该被低估。"② 事实上西方传媒的内容监管也正是如此。无论传播技术如何发展,传播的环境如何自由,但以往的这些传媒内容监管机制并不会因此被废弃,相反,它们作为一种根深蒂固的制度一直在不断地改进、创新与持续。所以对它们的变化加以探析在今天仍然有着非常重要的意义。

---

① 〔美〕克里奇:《电子媒体的法律与管制》,王大为等译,人民邮电出版社,2009,第390页。
② 〔美〕丹尼斯·麦奎尔:《麦奎尔大众传播理论》,崔保国译,清华大学出版社,2006,第27页。

参考文献

中文文献

(一) 媒介理论部分

1. 〔英〕詹姆斯·卡伦:《媒体与权力》,史安斌、董关鹏译,清华大学出版社,2006。

2. 〔日〕佐藤卓己:《现代传媒史》,诸葛蔚东译,北京大学出版社,2004。

3. 〔美〕丹尼斯·麦奎尔:《麦奎尔大众传播理论》,崔保国译,清华大学出版社,2006。

4. 〔美〕尼尔·波斯曼:《技术垄断》,何道宽译,北京大学出版社,2007。

5. 〔美〕林文刚编《媒介环境学——思维沿革与多维视野》,何道宽译,北京大学出版社,2007。

6. 〔美〕席勒:《大众传播与美利坚帝国》,刘晓红译,上海译文出版社,2006。

7. 〔美〕约瑟夫·多米尼克:《大众传播动力学——数字时代的媒介》,蔡骐译,中国人民大学出版社,2004。

8. 〔英〕格雷姆·伯顿:《媒体与社会:批判的视角》,史安斌译,清华大学出版社,2007。

9. 〔美〕泽勒尼:《传播法:自由、禁制与现代传媒》(影印本),清华大学出版社,2003。

10. 〔美〕罗伯特·W.麦克切斯尼:《富媒介穷民主:不确定时代的传播政治》,谢岳译,新华出版社,2004。

11. 〔英〕约翰·基恩:《媒体与民主》,邬继红、刘士军译,社会科学文献出版社,2003。

12. 〔美〕T. 巴顿·卡特等：《大众传播法概要》，黄列译，中国社会科学出版社，1997。

13. 〔美〕罗杰·费德勒：《媒介形态变化：认识新媒介》，明安香译，华夏出版社，2000。

14. 〔加拿大〕文森特·莫斯可：《传播政治经济学》，胡正荣等译，华夏出版社，2000。

15. 〔美〕邓尼斯·K. 姆贝：《组织中的传播和权力：话语、意识形态和统治》，陈德民等译，中国社会科学出版社，2000。

16. 〔美〕Philip M. Napoli：《传播政策基本原理——电子媒体管制的原则与过程》，边明道、陈心懿译，扬智文化事业股份有限公司，2005。

（二）印刷媒介部分

1. 项翔：《近代西欧印刷媒介研究——从古腾堡到启蒙运动》，华东师范大学出版社，2001。

2. 沈固朝：《欧洲书报检查制度的兴衰》，南京大学出版社，1999。

3. 董进泉：《西方文化与宗教裁判所》，上海社会科学院出版社，2004。

4. 〔美〕斯拉姆等：《报刊的四种理论》，中国人民大学新闻系译，新华出版社，1980。

5. 余敏主编《国外出版业宏观管理体系研究》，中国书籍出版社，2004。

6. 陈金锋：《西方学者对近代早期英国书报审查制度的研究述评》，《历史教学·高校版》2008年第3期。

7. 陈金锋：《近代早期英国书报审查制度研究》，东北师范大学博士学位论文，2008。

8. 郑从金：《英国公共广播电视兴衰的原因分析》，上海大学博士学位论文，2008。

9. 王清：《国外书刊检查制度概观》，《出版发行研究》1996年第4期。

10. 孙五三：《英国的媒介管理》，《国际新闻界》1995年第1期。

11. 向淑君：《自由还是压制——从英国激进主义报刊的兴衰史解读出版自由》，《浙江传媒学院学报》2008年第3期。

12. 钱萍：《古登堡印刷术及其对西欧近代文化的影响》，内蒙古大学硕士学位论文，2008。

（三）广播电视部分

1. 国家广电总局发展研究中心编著《国外广播影视体制比较研究》，中国国际广播出版社，2007。
2. 国家广电总局发展研究中心课题组编著《发达国家：广播影视管理体制和管理手段研究》，北京广播学院出版社，2007。
3. 马庆平：《中外广播电视法规比较研究》，经济管理出版社，2005。
4. 〔美〕霍华德等：《广播电视节目编排与制作》，戴增义译，新华出版社，2000。
5. 陈晓宁主编《广播电视新媒体政策法规研究——国外法规与评介研究》，中国法制出版社，2001。
6. 〔美〕唐纳德·M. 吉尔摩等：《美国大众传播法：判例评析》，梁宁等译，清华大学出版社，2002。
7. 〔美〕唐·R. 彭伯：《大众传媒法》，张金玺、赵刚译，中国人民大学出版社，2005。
8. 马庆平：《外国广播电视史》，北京广播学院出版社，1997。
9. 〔美〕詹姆斯·沃克等：《美国广播电视产业》，陆地、赵丽颖译，清华大学出版社，2005。
10. 鞠宏磊：《媒介产权制度——英美广播电视产权制度变迁及其对我国的启示》，四川大学出版社，2006。
11. 〔美〕新闻自由委员会编《一个自由而负责的新闻界》，展江等译，中国人民大学出版社，2004。
12. 《英国政府通信白皮书》，李渊、王宇丽等译，中国法制出版社，2002。
13. 〔美〕尼葛洛庞帝：《数字化生存》，胡泳译，海南出版社，1997。
14. 〔英〕戴维·冈特利特：《网络研究——数字化时代媒介研究的重新定向》，彭兰译，新华出版社，2004。
15. 〔美〕克里奇：《电子媒体的法律与管制》，王大为等译，人民邮电出版社，2009。
16. 张咏华等：《西欧主要国家的传媒政策及转型》，上海人民出版社，2010。
17. 〔美〕约瑟夫·多米尼克：《美国电视的自我规范与道德准则研究》，刘宇清译，《世界电影》2007年第5期。
18. 〔美〕约瑟夫·多米尼克：《美国电视法规与管理研究》（上、中、下），刘宇清译，《世界电影》2006年第2期、第4期。

19. 梁山：《中美广播电视宏观管理体制比较（下）》，《中国广播电视学刊》2003年第10期。

20. 温飚：《发达国家广播电视监管体系与机制浅探》，《中国广播》2005年第2期。

21. 王朋进：《美国电视节目内容管制分析》，《中国电视》2007年第6期。

22. 宋华琳：《美国广播管制中的公共利益标准》，《行政法学研究》2005年第1期。

23. 戴姝英：《电视节目分级——美国特色的低俗内容监管》，《新闻界》2008年第6期。

24. 杨状振：《美国电视节目监管体系研究》，《南方电视学刊》2007年第6期。

25. 吴辉：《新媒体/监管要创新》，《中国电子商务》2008年第4期。

26. 马骏：《网络融合与广电监管体制》，《现代电信科技》2005年第8期。

27. 王甘文：《关于德、法两国广播电视立法情况的考察》，《中国广播电视学刊》2000年第7期。

28. 刘俐：《德、法电视管理体制探析》，《电视研究》2000年第11期。

29. 黄玉：《欧盟的视听保护政策》，《中国记者》2001年第12期。

30. 黄玉：《英国的视听保护政策》，《中国记者》2001年第8期。

31. 黄玉：《法国的视听保护政策》，《中国记者》2001年第4期。

（四）电影部分

1. 孙绍谊：《从审查到分类——读解美国电影分级制度》，《世界电影》2005年第4期。

2. 付永春：《电影审查·分级·表达自由——对美国电影制度的一种考察》，《上海大学学报》（社会科学版）2007年第4期。

3. 石同云、章晓英：《美国电影审查与分级制度》（上、下），《电影艺术》2004年第3期、第4期。

4. 徐红：《美国电影分级制度的发展变化》，《电影新作》2003年第5期。

5. 贾磊磊：《用标尺取代剪刀：百年电影分级制与审查制的分野》，《艺术百家》2005年第5期。

6. 王四新：《美国法律对影视色情与暴力内容的规范》，《现代传播》2006年第6期。

7. 石同云：《英国电影审查与分级制度》，《电影艺术》2004年第2期。

8. 《中国电影审查标准》，《中国新闻周刊》2001年第14期。

9. 尹兴：《"新兴电影运动"时期的电影审查制度》，《绵阳师范学院学报》2007年第1期。

10. 罗洪涛：《外国和我国香港地区视听产品审查制度综述》，http：//www.ccnt.com.cn/av/avmkt/load.htm lm=gaisu&fl=gs&id=032。

11. 吴志翚：《谈电影的分级制度——兼论作为传媒监管之一的电影审查》，http：//academic.mediachina.net/xsjd_view.jsp id=1914。

（五）网络部分

1. 郝振省：《中外互联网及手机出版法律制度研究》，中国书籍出版社，2008。

2. 钟瑛：《网络传播法制与伦理》，武汉大学出版社，2006。

3. 王四新：《网络空间的表达自由》，社会科学文献出版社，2007。

4. 潘天翠：《透视国外互联网管理》，《网络传播》2007年第5期。

5. 梁宁：《信息内容：网络安全法制的非常地带——国际社会互联网管理的特征及面临的问题》，《信息网络安全》2003年第3期。

6. 王雪飞等：《国外互联网管理经验分析》，《现代电信科技》2007年第5期。

7. 谢新洲：《美国政府对互联网信息传播的管理及其启示》，《北京联合大学学报》（人文社会科学版）2009年第1期。

8. 康彦荣：《欧盟互联网内容管制的经验及对我国的启示》，《世界电信》2007年第4期。

9. 刘兵：《关于中国互联网内容管制理论研究》，北京邮电大学博士学位论文，2007。

10. 姜群：《英国互联网管理体制透视》，华中科技大学硕士学位论文，2006。

11. 王静静：《从美国政府的互联网管理看其对中国的借鉴》，华中科技大学硕士学位论文，2006。

12. 朱金周：《英国三网融合的体制与政策及对中国的启示》，《通信世界》2007年第12期。

13. 黄为群：《关于互联网视听服务的内容监管》，《中国广播电视学刊》2008年第9期。

14. 郭平、樊亚平：《数字化对媒体内容监管的冲击和挑战》，《兰州大学学报》（社会科学版）2008年第5期。

15. 钱伟刚：《网络媒体的发展与管制》，浙江大学硕士学位论文，2004。

（六）文化政策部分

1. 张玉国：《文化产业与政策导论》，高等教育出版社，2007。

2. 张玉国：《国家利益与文化政策》，广东人民出版社，2005。

3. 张昆：《传播观念的历史考察》，武汉大学出版社，1997。

4. 陈力菲：《传播史上的结构和变革》，江苏文艺出版社，2001。

5. 柏拉图：《理想国》，郭斌和、张竹明译，商务印书馆，2002。

6. 〔意〕尼科洛·马基雅维利：《君主论》，何丛丛译，西苑出版社，2002。

7. 〔美〕丹尼尔·杰·切特罗姆：《传播媒介与美国人的思想——从莫尔斯到麦克卢汉》，曹静生、黄艾禾译，中国广播电视出版社，1991。

8. 胡慧林：《文化政策学》，书海出版社、山西人民出版社，2006。

9. 李怀亮：《当代国际文化贸易与文化竞争》，山东人民出版社，2005。

10. 金冠军等主编《国际传媒政策新视野》，上海三联书店，2006。

11. 许正林：《欧洲传播思想史》，上海三联书店，2005。

12. 支庭荣：《西方媒介产业化历史研究》，广东人民出版社，2004。

13. 徐浩然：《文化产业管理》，社会科学文献出版社，2006。

14. 胡文佩：《发达国家新闻媒体管理制度》，时事出版社，2001。

15. 霍华德·裴伯：《传媒政策与实务》，昝廷全等译，中国传媒大学出版社，2006。

16. 肖燕雄：《传播科技与新闻法规政策的因变研究》，http：//xyxnews.bokee.com/1284998.html。

外文文献

1. Napoli, M. Philip (2001), *Foundations of Communications Policy: Principles and Process in the Regulation of Electronic Media*, Hampton Press Inc.
2. David Goldberg, Tony Prosser, Stefaan Verhulst, *EC Media Law and Policy*, London: Longman, 1998.
3. Chih Wang, "Internet Censorship in the United States: Stumbling Blocks to the Information Age", *IFLA Journal*, 29, (3), 2003.
4. Michael E. Chapman, "Censorship: A Dialectical Process or Social Change and National Expression", *Journal of Contemporary History*, 2008, Vol. 43, No. 2.
5. Louise Cooke, "Controlling the Net: European Approaches to Content and Access Regulation", *Journal of Information Science*, 33 (3), 2007.
6. Larry Willmore, "Government Policies toward Information and Communication Technologies: A Historical Perspective", *Journal of Information Science*, 28 (2), 2002.
7. Shelton A. Gunaratne, "Freedom of the Press: A World System Perspective", *International Communication Gazette*, 2002, Vol. 64 (4).
8. Julie L. Henn, "Targeting Transnational Internet Content Regulation", *Boston University International Law*, Vol. 21, 2003.
9. Denis McQuail, "Media Policy Paradigm Shifts: Towards a New Communication Policy Paradigm", *European Journal of Communication*, 2003, Vol. 18 (2).
10. Van Cuilenburg, J. and P. Slaa, "From Media Policy towards a National Communications Policy", *European Journal of Communication*, 1993, 8 (2).

后　记

在这个剽窃、抄袭让人触目惊心又层出不穷的浮躁时代，我本人对本书的出版诚惶诚恐，颇有风声鹤唳之感。唯恐有一天某人揪出文中的某段材料说没有标明出处，有剽窃之嫌。其后果便是声名狼藉，斯文扫地。为此，在行文过程中我尽可能小心翼翼，多标出材料的出处。这是对其他学者及其成果的尊重，更是最起码的学术底线与为人道德。

因限于篇幅及时间仓促，本人肯定未能对全书所用材料的全部出处一一作注。尤其是书中部分地方只注明了材料的原始出处，而未能特别注明转引自某学者的某篇论文，这样不免掠人之美，为此特致歉意。在此对学术先辈们（无论年龄大小，先行研究即为先辈）的前期研究为本文所作的贡献深致谢意。这是关于全书材料方面本人所做的一个特别说明。

另外，就本书的学术创新而言，中国传媒大学齐勇锋教授以及中国社科院哲学所李河研究员、章建刚研究员等曾为本书的思路与创新提出了宝贵建议，本人的博士后合作导师张晓明给本书的框架设计进行了指导，并曾多次指点迷津，可惜本人学力有所不逮，最后未能达到诸位专家所要求的专业水准。创新之处更是微乎其微。

研究期间深圳大学传播学院的领导吴予敏、王晓华一直关心本人的研究进展，并给予了诸多鼓励、便利以及工作上的支持。

对以上诸位专家和领导的帮助，本人深致谢意。感谢哲学所博士后流动站和文化研究中心对本人的培养，也感谢深圳大学出版基金使本人的成果得以面世。

黄春平
2012 年春节

图书在版编目（CIP）数据

西方传媒内容监管机制的历史考察/黄春平著.—北京：社会科学文献出版社，2012.6
（深圳大学学术文库）
ISBN 978-7-5097-3257-1

Ⅰ.①西… Ⅱ.①黄… Ⅲ.①传播媒介-监督制度-史料-研究-西方国家 Ⅳ.①G219.19

中国版本图书馆 CIP 数据核字（2012）第 054365 号

·深圳大学学术文库·
西方传媒内容监管机制的历史考察

著　　者／黄春平

出　版　人／谢寿光
出　版　者／社会科学文献出版社
地　　　址／北京市西城区北三环中路甲 29 号院 3 号楼华龙大厦
邮政编码／100029

责任部门／财经与管理图书事业部　（010）59367226　　责任编辑／王莉莉
电子信箱／caijingbu@ssap.cn　　　　　　　　　　　　责任校对／孙光迹
项目统筹／高　雁　　　　　　　　　　　　　　　　　责任印制／岳　阳
总　经　销／社会科学文献出版社发行部　（010）59367081　59367089
读者服务／读者服务中心（010）59367028

印　　装／三河市尚艺印装有限公司
开　　本／787mm×1092mm　1/16　　　　　印　张／17
版　　次／2012 年 6 月第 1 版　　　　　　　字　数／278 千字
印　　次／2012 年 6 月第 1 次印刷
书　　号／ISBN 978-7-5097-3257-1
定　　价／49.00 元

本书如有破损、缺页、装订错误，请与本社读者服务中心联系更换
　版权所有　翻印必究